BEA

ROMPRE
SANS TOUT CASSER

Données de catalogage avant publication (Canada)

Bérubé, Linda
  Rompre sans tout casser

  1. Divorce. 2. Séparation (Psychologie). 3. Familles recomposées.
  4. Couples. I. Titre.

  HQ815.B47 2001   306.89   C2001-940244-9

DISTRIBUTEURS EXCLUSIFS :

- Pour le Canada
  et les États-Unis :
  MESSAGERIES ADP*
  955, rue Amherst
  Montréal, Québec
  H2L 3K4
  Tél. : (514) 523-1 182
  Télécopieur : (514) 939-0406
  * Filiale de Sogides ltée

- Pour la France et les autres pays :
  HAVAS SERVICES
  Immeuble Paryseine, 3, Allée de la Seine
  94854 Ivry Cedex
  Tél. : 01 49 59 11 89/91
  Télécopieur : 01 49 59 11 96
  Commandes : Tél. : 02 38 32 71 00
          Télécopieur : 02 38 32 71 28

- Pour la Suisse :
  DIFFUSION : HAVAS SERVICES SUISSE
  Case postale 69 - 1701 Fribourg - Suisse
  Tél. : (41-26) 460-80-60
  Télécopieur : (41-26) 460-80-68
  Internet : www.havas.ch
  Email : office@havas.ch
  DISTRIBUTION : OLF SA
  ZI 3, Corminbœuf
  Case postale 1061
  CH-1701 FRIBOURG
  Commandes : Tél. : (41-26) 467-53-33
          Télécopieur : (41-26) 467-54-66

- Pour la Belgique et
  le Luxembourg :
  PRESSES DE BELGIQUE S.A.
  Boulevard de l'Europe 117
  B-1301 Wavre
  Tél. : (010) 42-03-20
  Télécopieur : (010) 41-20-24

Pour en savoir davantage sur nos publications,
visitez notre site : **www.edhomme.com**
Autres sites à visiter : www.edjour.com · www.edtypo.com
www.edvlb.com · www.edhexagone.com · www.edutilis.com

L'Éditeur bénéficie du soutien de la Société de développement des entreprises culturelles du Québec pour son programme d'édition.

Nous reconnaissons l'aide financière du gouvernement du Canada par l'entremise du Programme d'aide au développement de l'industrie de l'édition (PADIÉ) pour nos activités d'édition.

© 2001, Les Éditions de l'Homme,
une division du groupe Sogides

Tous droits réservés

Dépôt légal : 1er trimestre 2001
Bibliothèque nationale du Québec

ISBN 2-7619-1617-4

ROMPRE
SANS TOUT CASSER

LINDA BÉRUBÉ

À Joan

Remerciements

Je remercie toutes les personnes qui, de près ou de loin, m'ont encouragée et soutenue dans l'écriture de ce livre. D'abord toutes celles qui ont si généreusement accepté de lire mon manuscrit : ma sœur Audrey, dont la séparation m'a inspiré l'idée d'écrire pour ceux qui vivaient cette expérience ; Gisèle Larouche, travailleuse sociale et collègue au Centre de médiation Iris Québec, avec qui ce projet d'écriture a été entrepris. Danielle Lambert, travailleuse sociale et avocate, mon associée au Centre de médiation Iris Québec, qui a lu et relu mes écrits pour en vérifier les aspects légaux. Annie Babu, médiatrice familiale et directrice de l'Institut européen de médiation familiale (Paris) avec qui je collabore depuis plus de 10 ans à enseigner et à promouvoir la médiation familiale. Lucie Blanchard, conseillère en orientation et médiatrice familiale. Christine Audet, notaire et médiatrice familiale. Ginette Hallé, épouse, mère de famille et amie.

Je remercie enfin toute l'équipe de médiateurs du Centre de médiation Iris Québec, mes collègues de travail, pour leurs encouragements constants.

La vie ne finit pas avec la séparation du couple. L'ouvrage *Du nouvel amour à la famille recomposée. La grande traversée,* de Gisèle Larouche, constitue un excellent guide pour nourrir la réflexion sur le vécu des personnes et des familles après une rupture, pour tous ceux qui croient toujours profondément au bonheur de bâtir un couple et une famille.

Avant-propos

Après avoir lu ce livre, ma sœur m'a dit : « C'est une mine d'or, mais tu ne t'imagines pas que les gens vont lire ça du début à la fin ? » Je suis d'abord demeurée interloquée, puis j'ai pris conscience qu'elle avait raison. Moi-même, il m'arrive souvent d'acheter des livres et de n'en lire que des passages. Voici donc quelques suggestions pour mieux profiter de ce livre.

Il y a autant de façon de vivre la séparation qu'il y a de personnes. La trajectoire de la rupture que je dépeins comporte des dimensions communes à tous les couples, mais elle peut aussi varier beaucoup en fonction des individus. Elle peut s'étendre sur une période plus ou moins longue ; les recherches font part d'une durée moyenne de deux à cinq ans pour effectuer la transition à partir de la prise de conscience des difficultés dans le couple jusqu'à la reconquête de soi en tant qu'individu et au désir de s'investir dans de nouveaux projets.

Ce livre s'adresse aux personnes qui sont déjà séparées ou qui songent à cette éventualité ; il s'adresse aussi aux personnes qui souhaitent comprendre leurs proches qui vivent cette réalité ainsi qu'aux professionnels qui accompagnent les individus qui vivent la rupture.

Si vous songez à la séparation, vous vous sentirez peut-être plus concerné par les premiers chapitres qui abordent la décision de mettre fin à la relation et les enjeux de la séparation physique ; en revanche, si vous êtes déjà séparés, vous serez peut-être plus intéressé par les chapitres qui traitent des enfants ou de la négociation des aspects matériels et financiers. Il se pourrait aussi que vous soyez déjà divorcés et que vous souhaitiez renégocier certains éléments de votre entente, que ce soit concernant les enfants ou les aspects financiers.

Quelle que soit l'étape où vous vous retrouvez sur le chemin de la rupture, vous pouvez choisir de négocier vous-même ou de faire appel à un médiateur. Bien que ce livre soit principalement conçu pour vous servir de guide dans ces deux situations, il pourra aussi vous intéresser si vous négociez à l'aide d'avocats.

Bien entendu, ce livre n'est pas un roman ; il se veut une source de références à consulter à divers moments de votre réorganisation personnelle et familiale. Au fil de votre progression dans les étapes de la rupture, vos besoins se transforment; c'est pourquoi chaque aspect du processus de séparation est abordé, des aspects émotionnels aux aspects financiers. Certains propos retiendront votre attention alors que d'autres paraîtront moins pertinents à votre situation, à vous de choisir ce qui vous convient en ce moment.

Introduction

Les contes de notre enfance se terminaient toujours par une promesse de bonheur : « Ils se marièrent et ils eurent beaucoup d'enfants. » Et on se prenait, en refermant le livre, à rêver au prince ou à la princesse qui allait nous rendre heureux.

Le rêve de l'amour, du couple et de la famille est profondément inscrit en nous dès notre plus tendre enfance. Un jour, quelqu'un va panser nos blessures, prendre soin de nous, nous faire sentir important et nous aimer pour la vie, comme dans les contes de fées. Nous allons rencontrer l'âme sœur, nous marier et filer le parfait bonheur jusqu'à ce que la mort nous sépare.

Un jour, enfin, notre rêve se réalise, nous rencontrons l'amour. Tout va pour le mieux. Quand nous sommes dans la meilleure partie de ce rêve, il est difficile d'imaginer le pire. Pourtant, même si elle nous offre beaucoup de beau et de bon, la vie n'est pas un conte de fées et elle nous met souvent devant des situations que nous aurions préféré éviter. Les contes d'aujourd'hui ressemblent plutôt à ceci :

Il vécut avec ses deux parents pendant plusieurs années.
Il vécut avec sa mère, après le divorce de ses parents.
Il vécut avec sa mère et son beau-père.
Il vécut seul au début de sa vingtaine.
Il se maria.
Il divorça.
Il vécut seul à nouveau.
Il se remaria.
Il vécut seul après la mort de sa conjointe[1].

---

1. Johnson, G. B. « American Families : Changes and Challenges », *Families in Society. The Journal of Contemporary Human Services,* Vol. 77, n° 8, octobre 1991.

Combien de personnes ont franchi, malgré eux, ces étapes totalement inexistantes dans leur beau rêve initial ? Lorsque la rupture du couple survient, les grandes questions existentielles reviennent : « Qui suis-je ? » « Où est-ce que je vais ? » « Devant tant de souffrance, que faire ? Ne rien faire ? Travailler sur ce qui existe ? Quitter ? » Nous devons faire face à des choix.

Les personnes qui décident de se séparer veulent tout simplement cesser de souffrir et être plus heureuses. Elles ne souhaitent pas bouleverser leur vie et celles de leurs proches, ou enfin, le moins possible. Elles vous diront pourtant que la séparation fait mal, qu'elle prend du temps et qu'elle coûte cher.

Perdre, du jour au lendemain, ses repères, ses rêves, ses projets et sa sécurité entraîne de profondes perturbations. Tout change ; il faut prendre une foule de décisions à un moment où on n'a plus toute sa tête. Pour négocier le virage de la rupture sans déraper, il est important de pouvoir se référer, du moins temporairement, à des balises qui pourront remplacer les anciens repères.

Depuis plusieurs années, en tant que médiatrice familiale, j'accompagne les personnes, surtout celles qui ont des enfants, sur cette route de transition vers une vie nouvelle. J'agis comme guide pour les aider à identifier les étapes qu'elles auront à franchir, les obstacles qu'elles risquent de rencontrer et je les aide à réfléchir sur les orientations à prendre. En somme, je les accompagne dans la négociation d'une entente dans le respect de chacun, parce que les enfants, eux, ne se séparent pas et qu'ils continuent d'avoir besoin d'un papa et d'une maman.

La rupture du couple n'est pas un événement ponctuel, c'est un long voyage qui conduit à une transformation pour tous les membres de la famille, adultes et enfants. Renouveau de soi comme personne ; changement dans la relation avec son ancien partenaire ; nouveaux rapports avec ses enfants ; modification des conditions économiques et matérielles, et de sa situation juridique. Le voyage de la séparation traverse des zones d'inconnu et de turbulence ; il comporte des dangers, mais il offre aussi des occasions de croissance. Le chemin se trace au fur et à mesure dans un nouveau pays à découvrir et à imaginer. Les personnes plus conscientes de tous les changements à vivre et des étapes à franchir pourront mieux relever cet immense défi.

J'ai voulu, dans ce livre, aider les couples en voie de séparation à trouver leur chemin dans un territoire inexploré. En m'inspirant de la démarche de la médiation familiale, je propose des moyens de s'y retrouver. Les personnes engagées en médiation y trouveront des réflexions et des informations utiles à leur démarche; celles qui se sentent capables de négocier par elles-mêmes y trouveront une marche à suivre.

La séparation du couple comporte une série d'étapes à franchir: la décision, le choc, la séparation physique, la période de transition et la légalisation.

On estime de deux à cinq ans la durée de cette transition. Ces étapes ne se vivent pas de façon linéaire; elles se chevauchent souvent et il arrive qu'on puisse avoir l'impression de reculer au lieu d'avancer. Le processus de séparation peut prendre plus ou moins de temps, selon les personnes en cause.

La séparation est faite de plusieurs petites séparations:
- séparation émotionnelle;
- séparation conjugale;
- séparation parentale;
- séparation économique;
- séparation sociale;
- séparation juridique.

Tout en décrivant le parcours de la séparation, je traiterai des changements rencontrés et des tâches à accomplir pour y faire face. Je fournirai des outils pour vous aider à négocier, en médiation ou par vous-même, les questions comme le partage des responsabilités parentales, le partage des contributions financières et le partage des biens.

Selon votre position dans les étapes de la séparation, ce livre peut vous servir de différentes façons. Si vous songez à vous séparer, il vous aidera à planifier votre démarche; si vous êtes déjà en processus de séparation, il vous accompagnera dans vos réflexions et vos décisions; enfin, si vous êtes déjà séparés depuis un certain temps, il vous fera prendre conscience du chemin parcouru et vous aidera à mieux comprendre ce que vous avez vécu.

Et comme dans le cœur des enfants, la famille ne meurt jamais, ce livre vous propose de réaliser la séparation de votre couple tout en négociant les bases d'une nouvelle vie pour vous et vos enfants.

Phase 1

La décision de se séparer et le choc de la rupture

Chapitre premier

LA DÉCISION DE SE SÉPARER

LES SIGNES AVANT-COUREURS DE LA CRISE

La séparation peut se produire de façon tapageuse ou silencieuse ; elle peut être soudaine ou se tramer pendant plusieurs années. Chaque couple a sa façon bien particulière de cheminer. On dit souvent que le mariage est un coup de dé. Et si ce n'était pas que cela ? À part le fait d'être tombé sur le bon ou le mauvais numéro, qu'est-ce qui fait que des couples se séparent et d'autres pas ?

Conflit, source de séparation ou source de réparation ?

Pour tous les couples, les occasions de conflits sont innombrables. La vie est faite de changements et d'obstacles qui se présentent sous de multiples visages :
- gestion de l'argent
- éducation des enfants
- choix des loisirs
- relations avec les amis ou les familles
- fidélité ou manière différente de vivre sa sexualité
- partage des tâches domestiques
- perte d'un emploi
- trop grand investissement dans le travail
- maladie du conjoint ou d'un enfant
- handicap ou décès d'un enfant.

Et vous pouvez compléter la liste.

Les conjoints développent leur propre style de réaction aux conflits :
Nous devenons petit à petit ce que nos choix nous font.
Dire oui, dire non.
Demander, offrir.
Accepter, refuser.
Aller de l'avant, reculer.
Nos choix et ceux de l'autre, fondent le couple[2].

---

2. Kaufman, J. C. *La trame conjugale : analyse du couple par son linge*, Paris, Nathan, 1992.

La manière de gérer le conflit contribue à façonner l'avenir du couple. Dans les lignes qui suivent, Pierre et Martine témoignent des tangentes qui peuvent conduire à la séparation ou à la « réparation » du couple. Dans un premier scénario, Martine évite le conflit ; dans un second scénario, le conflit éclate. Voyons ce qui se produit.

Une histoire qui finit mal, une histoire qui finit bien.

Quand ils se sont épousés, Pierre et Martine filaient le parfait amour. Elle avait 19 ans, il en avait 26. Il était grand et fort, elle était jolie. En se mariant, Martine comblait son grand besoin de tendresse, son besoin de l'attention d'un homme qui lui avait tellement manqué, puisque son père est décédé alors qu'elle n'avait que quatre ans. Elle était aussi très heureuse de pouvoir s'émanciper d'une famille où elle se sentait brimée. Pierre, quant à lui, avait besoin de sentir qu'il comptait plus que tout au monde pour quelqu'un, il désirait être celui qui ouvre la voie et protège. Leur rencontre fut un vrai coup de foudre, il était tout ce qu'elle recherchait et elle était tout pour lui.

Martine et Pierre ont eu une petite fille qu'ils ont prénommée Sandrine. Peu à peu, le quotidien les a rattrapés. Il s'est mis à travailler tard le soir, elle restait seule avec la petite. Son travail de secrétaire l'ennuyait. Pierre se faisait de plus en plus critique envers Martine qui commençait à en avoir marre de se faire disputer comme une enfant.

Pour donner un peu de piquant à sa vie, Martine a eu l'idée d'un retour aux études. Elle parla à Pierre de son désir de s'inscrire à l'université pour compléter ce baccalauréat en sociologie qu'elle avait abandonné pour se marier.

Scénario 1. Martine et Pierre évitent le conflit

Pierre n'a pas très bien réagi à cette idée, il ne voyait pas comment elle pourrait se trouver un emploi avec ce cours. De toute façon, il se disait tout à fait capable de la faire vivre. Martine n'a pas réussi, à ce moment, à lui dire ce qui comptait vraiment pour elle.

Tant que Martine a accepté d'oublier ses rêves de retour aux études pour éviter les commentaires négatifs de Pierre, elle a pu éviter les disputes, mais elle a renoncé à son rêve. À long terme, ce choix allait être dangereux. Martine a sacrifié son désir, mais elle en a fait une dépression.

Pendant cette période, Martine a fait la connaissance d'un nouveau collègue de travail qui est devenu son confident. Au début, c'était juste un ami, mais un ami dont elle recherchait de plus en plus la présence. Puis ce qui devait arriver arriva, elle est devenue amoureuse de lui.

Lorsque Martine a annoncé à Pierre qu'elle le quittait, il ne l'a pas prise au sérieux. La crise a vraiment éclaté lorsqu'il a su qu'elle avait une relation avec un autre homme. Hors de lui, il s'est mis à l'accuser de tous les maux de la terre...

Scénario 2. Le conflit éclate entre Pierre et Martine

Pierre n'a pas très bien réagi à cette idée, il ne voyait pas comment elle pensait se trouver un emploi avec ce cours. Martine a insisté en rappelant à Pierre qu'elle avait travaillé pendant qu'il était aux études et qu'il serait normal qu'elle puisse faire la même chose maintenant.

Il continuait de critiquer le projet de Martine et de faire voir tous les inconvénients que ce retour aux études allait créer. Le ton a monté et Martine est restée sur ses positions. Elle jugeait qu'il était temps de faire quelque chose pour elle à ce moment de sa vie et ne voulait plus se sacrifier pour la famille.

Pierre a accepté d'écouter Martine, en se disant qu'il saurait bien la convaincre d'abandonner sa stupide idée de retour aux études. Ils ont discuté du projet. Martine avait pris des informations : en prenant un congé un jour par semaine, elle pourrait combiner études et travail, et obtenir son diplôme en deux ans.

Bien sûr, ces solutions ne sont apparues qu'après de longues discussions. C'est néanmoins grâce à ce conflit que Martine et Pierre ont retrouvé un bien-être à vivre ensemble...

Les conflits sont toujours des moments difficiles ; on peut les éviter ou y faire face pour trouver un meilleur équilibre. Je rencontre souvent des personnes en médiation qui me disent : « On n'a jamais eu de conflits. » Ces couples n'ont jamais eu de conflits parce que, dans certains cas, les deux ont tout fait pour les éviter, quitte à sacrifier leurs besoins personnels ou, dans d'autres cas, l'un des deux partenaires s'est soumis à la volonté de l'autre pour éviter les disputes. S'ils n'ont jamais eu de conflits, ils n'ont pas pu apprendre à fonctionner en équipe. La peur du conflit les a privés d'occasions de s'ajuster pour répondre à leurs besoins mutuels.

Les conflits bien gérés sont des indices de notre capacité d'ajustement en tant que couple.

Le grand défi du couple : trouver la juste distance

Ce qui cause des difficultés à beaucoup de couples, c'est le manque d'intimité qui se traduit par le manque d'intérêts communs, d'écoute mutuelle, de sexe, de temps passé ensemble et d'activités partagées. Souvent, l'un des partenaires qui aurait besoin d'une plus grande proximité se sent très seul, alors que l'autre est très bien dans ses projets personnels. Dans ces couples, une des personnes ne parvient pas à combler ses besoins d'affection et de complicité. Avec le temps, ces deux conjoints risquent de se perdre de vue.

D'autres couples, au contraire, sont étouffants. Les individus sont incapables de prendre des initiatives personnelles sans que l'autre ne s'en offusque. Les partenaires manquent de temps pour leurs activités personnelles et pour le développement de leurs goûts particuliers. Contrôle et dépendance sont les deux faces d'une même relation fusionnelle où chacun n'arrive pas à développer son identité en dehors de l'autre. Ce type de relation empêche l'accomplissement personnel et il y a fort à parier qu'un jour ou l'autre, l'un d'eux va vouloir retrouver son autonomie et se dégager de ce carcan ; c'est ce qui arrive dans le premier scénario de l'histoire de Pierre et Martine.

Pour vivre en harmonie, les partenaires doivent apprendre à danser ensemble en trouvant la bonne distance et le bon rythme. Les problèmes conjugaux proviennent souvent de la difficulté à trouver la distance juste entre la place faite à l'espace conjoint que nous pourrions nommer le « nous » et la place faite à l'espace personnel que nous pourrions nommer le « je ».

Pour illustrer le travail que doivent faire les partenaires pour trouver la juste distance dans leur relation, voici la fable des porcs-épics.

> *La fable des porcs-épics*
>
> *Il était une fois deux porcs-épics qui vivaient au pôle Nord. Ils se prénommaient Henriette et Hector et s'aimaient d'amour tendre. Ils décidèrent donc d'habiter ensemble.*
>
> *Comme tous les amoureux du monde, ils aimaient vivre collés, collés. Foi de porcs-épics, à force de vivre ainsi, ils se sont trouvés bien mal en point. Leurs épines étaient trop pointues. Ils décidèrent donc qu'ils ne pouvaient continuer de se faire mal ainsi et ils s'éloignèrent l'un de l'autre.*

> *Lorsque la nuit arriva, ils se retrouvèrent bien gelés et bien seuls. Il fallait faire quelque chose !*
>
> *Après avoir tout essayé, ils se rendirent compte qu'en se parlant, ils pouvaient, au besoin, se rapprocher doucement, sans se blesser, ou s'éloigner juste ce qu'il fallait pour ne pas geler. Mais pour parvenir à ce minutieux ajustement à deux, ils devaient absolument exprimer ce qu'ils ressentaient.*
>
> *Et c'est ainsi qu'Henriette et Hector décidèrent de se dire l'un à l'autre quand ça piquait trop ou quand c'était trop froid. Ils parvinrent ainsi à conserver entre eux la bonne distance pour se garder bien au chaud sans se piquer.*

Comme Henriette et Hector, tant que les deux partenaires collaborent pour affronter ensemble les difficultés de parcours et les inévitables conflits que peut engendrer la vie au quotidien, beaucoup de problèmes se règlent. Tantôt un partenaire sacrifie un désir personnel au profit du bon fonctionnement du couple, tantôt il peut faire des choix pour lui-même et se centrer sur le développement de ses aspirations. Tantôt, ensemble, ils inventent une formule nouvelle qui répond aux besoins de chacun. C'est cet équilibre entre le « nous » et le « je » qui fait que les partenaires sont bien ensemble. Il leur est possible d'être véritablement eux-mêmes tout en appartenant à une cellule où ils deviennent de véritables complices.

Les couples qui n'arrivent pas à trouver cet équilibre ne parviennent pas à résoudre ensemble et de façon satisfaisante les conflits normaux de la vie. Des désordres plus importants peuvent alors apparaître : alcoolisme, aventures extraconjugales, problèmes avec les enfants, maladies psychosomatiques, ennui, violence, etc.

Il y a toujours un des deux conjoints qui souffre le plus d'une situation problématique et qui va y réagir avant l'autre. Il commencera à ressentir de l'insatisfaction causée par trop de solitude et d'ennui ou encore des sentiments d'étouffement, de frustration ou d'anéantissement causés par trop de conflits non résolus. Il prendra de plus en plus conscience des moments où il ne se sent pas bien et commencera à ronger son frein.

Ce mécontentement est d'abord gardé secret. La routine quotidienne se poursuit sans qu'il ne laisse rien paraître. Avec l'augmentation du malaise, les plaintes commencent, mais demeurent vagues : « On ne sort jamais ensemble ! », « Je ne peux même pas aller m'acheter une robe toute seule ! », « Tu es toujours sur Internet. » L'un demande à l'autre de changer un comportement sans exprimer ce qui est vécu intérieurement. L'intention est positive, mais ne réussit pas à changer la situation. Il arrive aussi que la personne ne dise rien, qu'elle boude ou s'isole, ce qui ne fait que créer un climat de tension sans rien régler.

Si tous ces signaux ne réussissent pas à sensibiliser l'autre au problème, le conjoint insatisfait va se mettre à travailler de plus en plus, à jouer au golf ou aller à la pêche plus souvent, à se concentrer sur les enfants ou encore à rechercher de plus en plus la compagnie de personnes qui vont l'écouter parler de ses problèmes de couple.

Ne prenez pas à la légère les récriminations de votre partenaire comme : « On ne sort jamais ensemble ! », « Je ne peux même pas aller m'acheter une robe toute seule ! », « Tu es toujours sur Internet. » Ce sont des perches qu'il vous tend pour vous exprimer son insatisfaction. Si vous prêtez l'oreille et cherchez à savoir ce qui ne va pas, vous ouvrirez une occasion d'échange où il sera possible à chacun de partager ses perceptions de la situation et de trouver des pistes de solution.

Quand le fossé s'élargit

Plus le temps passe, plus la personne insatisfaite se sent mal. Elle continue de réfléchir intérieurement et évite la confrontation ouverte avec l'autre. Pourquoi en est-il ainsi ? Crainte de la réaction de l'autre ? Peur de blesser ? Incapacité d'avouer son malaise ? Refus de mettre le couple en péril ? Quelle que soit sa raison d'agir, cette difficulté de parler de la situation contribue au malaise.

Tant que ce conjoint tait son insatisfaction et que l'autre ne porte pas attention aux signaux lancés, le problème n'est pas reconnu par les deux conjoints ; il est donc impossible de le résoudre ensemble. Le fossé continue de se creuser.

Déjà, un des partenaires commence à faire le deuil de la relation. Il retourne dans sa tête toutes sortes d'idées. Il va même jusqu'à s'imaginer hors du couple. C'est ainsi que, petit à petit, une autre histoire commence et l'histoire commune s'amenuise. Le couple semble continuer son chemin, mais le partenaire qui ne prend pas conscience que l'autre est sérieux dans l'expression de son insatisfaction ne voit pas les nuages noirs qui se forment à l'horizon.

La distance qui grandit entre les partenaires envenime la situation et engendre de plus en plus d'insatisfactions. Cette situation peut durer très longtemps. Certains couples n'arrivent jamais à affronter franchement leurs problèmes ; amers et résignés, ils continuent de vivre ensemble toute leur vie dans un climat malheureux.

Si vous songez à la séparation comme solution à vos problèmes, il est encore temps d'agir pour éviter qu'elle ne se concrétise. Si vous tenez à votre couple, ne laissez pas l'idée de la séparation se développer sans en parler à votre conjoint. C'est le moment d'agir et de dire clairement et sans équivoque, sans en faire une menace, qu'il vous arrive de penser à la séparation. Si cet aveu est fait dans un climat de respect, sans accusation, la mise en commun de votre idée vous permettra de faire comprendre que la situation actuelle n'est plus acceptable et que vous souhaitez un changement.

La goutte qui fait déborder le vase

Si rien n'est fait pour changer la situation, c'est souvent un facteur extérieur qui viendra précipiter la crise et mettre en évidence la menace à la survie du couple ; par exemple, un moment de transition de la vie familiale comme l'arrivée d'un enfant, l'entrée à l'école, le départ des enfants de la maison, un changement ou une perte d'emploi, un retour sur le marché du travail, une aventure extraconjugale peuvent déclencher cette crise.

Le couple déjà vulnérable qui n'a pas appris à gérer ses conflits ne sera pas en mesure de déployer les efforts nécessaires pour négocier le changement ; ce sera la crise, l'impasse, et la séparation deviendra alors une avenue à prendre au sérieux.

La crise confirme le conjoint souffrant dans son idée que le bénéfice qu'il retire du couple ne vaut plus le prix qu'il doit payer pour y rester ; il va devenir plus déterminé dans son intention de rompre. La présence ou l'absence de ressources suffisantes seront des enjeux déterminants dans le fait que la personne passe ou non à l'action. L'épouse qui est demeurée à la maison pour prendre soin des enfants n'a pas la même liberté de choix que celle qui a une carrière et surtout un revenu pour assurer sa subsistance. Elle tolérera beaucoup plus longtemps une situation difficile par manque de ressources.

Attention ! Le facteur déclenchant est la goutte qui fait déborder le vase. Cette crise est sans doute la dernière chance que vous ayez de sauvegarder votre couple.

Sauvegarder la relation, c'est possible, à certaines conditions...

> *Qu'il est dommage de n'apercevoir l'étendue de notre bonheur que lorsqu'il menace de nous quitter !*
> FRANÇOIS GERVAIS

L'annonce par l'un des partenaires de son intention de rompre le pacte initial du couple, c'est comme la foudre qui frappe. L'autre prend conscience du danger imminent et c'est la consternation.

Mais c'est souvent au plus noir de la nuit que l'espoir renaît. Certains auront dû se rendre jusque-là pour prendre conscience que leur couple était important et qu'ils voulaient le sauver. Sauver son couple, c'est possible, à condition de ne pas attendre trop longtemps avant d'intervenir. Il faudra d'abord exprimer sa frustration ou son insatisfaction à l'autre. Le faire en parlant de soi, sans accuser. Ensuite, il s'agira de décider ensemble de l'action à prendre.

Attention de ne pas vous concentrer uniquement sur le problème immédiat qui n'est qu'un symptôme indiquant que votre relation est malade. Dès l'apparition de problèmes qui vous divisent, n'hésitez pas à consulter un conseiller conjugal afin de travailler sur la dynamique de votre relation. Beaucoup de moyens existent si le désir de rapprochement est présent chez les deux conjoints : thérapie, rencontres de couples, lectures sur le sujet, voyages à deux.

Pour certains, ces moyens sont utilisés pour retrouver un fonctionnement « normal », autrement dit, pour ne pas changer, pour échapper à la menace qui guette. L'un des conjoints va se « soumettre » à la thérapie par peur, mais le cœur n'y est pas. Dans ces cas, les pronostics de succès sont faibles. Malheureusement, on recourt souvent à la thérapie beaucoup trop tard, alors que le point de non-retour est atteint.

Les partenaires qui réussissent à dénouer l'impasse dans leur couple apprennent beaucoup sur eux-mêmes et sur l'autre, sur ce qui compte vraiment pour eux et ce qui compte moins. La vie leur présentera sans doute d'autres difficultés, mais ils sauront qu'on peut trouver les moyens de s'ajuster s'il y a volonté, écoute et respect de la part des deux.

L'impasse : un point de non retour

L'impasse est ce moment où l'un des conjoints constate que tous ses efforts ont été vains, qu'il n'y a plus rien à faire, que tous les chemins sont bloqués.

La personne qui entame le processus de séparation perçoit alors la rupture comme la seule solution à ses problèmes. Ce n'est pas une décision qu'elle prend à la légère, car il a pu s'écouler des mois, voire des années, depuis qu'elle a pensé à la séparation la première fois. Il lui en coûte beaucoup : sentiment de culpabilité, peur d'être jugée, tristesse pour les enfants, autant d'émotions que peut ressentir la personne qui décide de la séparation. Même si elle se fait à l'idée depuis un bon moment, il est toujours extrêmement difficile de passer à l'action. Plusieurs interrogations surgissent : « Que va-t-il arriver si je pars ? Comment éviter de faire de la peine aux enfants ? Comment allons-nous régler les questions d'argent ? Quels sont mes droits ? Est-ce que je pourrai garder la maison ? »

Si vous avez proposé l'idée de la séparation, vous avez pendant longtemps imaginé ce jour où vous annonceriez à votre partenaire votre décision. Vous avez cherché le meilleur moyen de dire sans faire mal, de changer la situation sans trop briser tout autour. Vous avez tout fait pour éviter le pire. Le jour où, en votre for intérieur, vous avez pris la décision de vous séparer, vous avez vécu un tremblement de terre virtuel. Votre décision est venue tout secouer dans votre vie. Avant votre décision, vous avez douté, vous avez hésité, vous avez eu envie de reculer. Après, les mêmes hésitations et les mêmes doutes sont revenus, mais la machine était lancée, vous étiez déjà sur le chemin du départ.

Dans le prochain chapitre, il sera question du choc de la rupture, tel que vécu par les deux partenaires.

Chapitre 2

Le choc

ACCUSER LE CHOC

Partout sur terre à chaque seconde
Une fin du monde
Une panne d'amour en eau profonde
Une goutte de sang sur la mappemonde
Une microscopique hécatombe
Une toute personnelle fin du monde
Une toute personnelle fin du monde

MICHEL RIVARD

« Ce n'est pas vrai ! », « C'est impossible ! », « Ça ne se peut pas ! » À l'annonce de la rupture, tout bascule, l'impensable devient réalité. Peu importe comment votre couple est parvenu au seuil de la séparation, peu importe qui a parlé en premier, à un moment précis, vous avez vécu un choc.

Vous subissez la séparation. En un instant, votre monde s'écroule

Le jour où l'autre vous a dit « c'est fini », pour vous, la terre a tremblé. En deux mots, votre monde s'est écroulé. Une véritable catastrophe, la fin de tout ce qui vous paraissait si solide. Vous vous êtes senti abandonné, trahi ou perdu. Vous avez bien essayé de tout retenir, mais il était trop tard.

« Et les enfants ! Comment les aider, quand c'est déjà si difficile ? La famille, les voisins, que vont-ils dire ? Et mes droits dans tout cela ? », vous êtes-vous demandé.

Une réalité que vous n'avez pas choisie s'impose. Peut-être vous sentez-vous victime de la situation ou peut-être vous en voulez-vous : « Qu'est-ce que j'ai fait pour mériter cela ? » Vous avez peut-être blâmé l'autre : « Tu as fait ceci et cela, tu es comme ceci et comme cela. » Si vous n'étiez pas d'accord avec la séparation, vous avez mis plus de temps à reconnaître la réalité de la situation. Il se peut qu'encore à ce jour, vous vous demandiez : « Aurait-il été possible de trouver une autre issue ? » Cette question sans réponse peut continuer de vous hanter un bon moment.

Vous avez décidé de la séparation. Vous avez pris une décision difficile

Un jour, vous avez compris que quelque chose s'était cassé entre vous deux. Ce moment a pu survenir brusquement ou, au contraire, il y a longtemps qu'il présentait des signes précurseurs. Dès que vous avez pris conscience de cette réalité, vous avez commencé à vivre dans un autre univers. Déjà décroché du passé, pas encore dans le futur, vous vous retrouviez dans le vide.

Vous avez accusé le choc avant votre partenaire. En décidant de la séparation, vous avez pris parti pour vous-même. Une décision que vous n'avez réussi à prendre que lorsque vous avez senti que votre situation était devenue intolérable. Peut-être avez-vous eu peur de la réaction de votre partenaire ou de ce que les autres allaient dire ; peut-être avez-vous éprouvé un sentiment d'échec ou de culpabilité. Vous vous êtes sans doute beaucoup inquiété de la manière dont tout cela allait se passer, pour vous, pour les enfants, pour l'autre.

Malgré tout, vous avez fait ce qui vous semblait être la meilleure chose à faire.

Tous les deux dans le chaos

Ce temps qui suit l'annonce de la séparation et qui précède la rupture physique est un temps de chaos et de confusion pour les deux conjoints. Les réactions les plus imprévisibles peuvent surgir. Dès que vous en parlez autour de vous, les ondes de choc commencent à se faire sentir. Petit à petit, vous êtes emportés par une immense vague qui vous submerge et vous commencez à prendre conscience des conséquences de la rupture.

Il n'y a pas de recette magique pour vivre ce moment douloureux et chacun fait ce qu'il peut pour en sortir. Il est cependant bon de savoir que ce temps de choc est normal et fait partie du processus de transformation qui s'amorce.

Points de repère pour survivre au chaos

Ce qui vous arrive, c'est la fin d'un monde, mais ce n'est pas la fin du monde. Sachez dès maintenant que ce que vous vivez est une étape de votre vie et que cette étape douloureuse aura une fin. Vous êtes fort, vous allez survivre.

Reconnaître que vous avez perdu quelqu'un ou quelque chose qui comptait vraiment pour vous, c'est le premier pas de la guérison. Plus vous allez nier la réalité, plus vous allez mettre de temps à créer une nouvelle réalité plus satisfaisante.

Vous pouvez ressentir toute une gamme d'émotions

- *La peur. Peur d'être seul, peur des difficultés qui risquent de survenir, peur de ne plus aimer ou être aimé. Il est normal d'avoir peur. Apprivoisez ce sentiment, traitez-le comme un allié qui vous aidera à trouver une réponse à vos vrais besoins, ne le laissez pas vous envahir ou vous paralyser.*
- *La déprime. Il est normal, certains jours, de n'avoir envie de rien. Dites-vous que cela ne va pas durer, que la vie va refleurir.*
- *La culpabilité, une sorte de colère contre vous-même. Il est normal de ressentir de la culpabilité lorsque l'on dérange ou blesse nos proches, même si ce n'est pas ce qu'on voulait faire. On se sent coupable de prendre pour soi et de faire souffrir les autres. La culpabilité excessive empêche d'avancer dans la nouvelle direction de votre choix. Assumer ses choix est en revanche un geste responsable.*
- *La colère. Surtout si vous vous êtes senti trahi ou abandonné. Cette colère peut vous envahir ou elle peut être plus diffuse, plus enfouie, plus difficile à exprimer. La colère est une façon de s'affirmer, il s'agit d'une émotion essentielle dans le processus de rupture du couple. Un jour ou l'autre, sous une forme ou une autre, la colère doit s'exprimer pour mettre fin au lien. Reconnaissez et vivez ce sentiment. Attention, toutefois, de ne pas tomber dans le ressentiment, vous risqueriez de vous y perdre comme dans des sables mouvants. La colère qui perdure détruit. La colère qui s'exprime sainement provoque le changement.*

Il est normal de vivre des émotions douloureuses, ne les niez pas. De toute façon, elles vous traversent et ne se laissent pas oublier. Si vous les observez, vous verrez qu'elles se transforment avec le temps, qu'elles s'atténuent ou augmentent selon les circonstances, vous verrez qu'elles se calmeront petit à petit. Les émotions étouffées restent enfouies au fond de vous et referont surface un jour ou l'autre ; en revanche, la douleur ressentie vous aide à faire votre deuil et à vous en sortir plus vite.

Lorsque toutes ces émotions vous assaillent, résistez à l'envie de revenir en arrière. Il est nécessaire de renoncer à l'ancien si l'on veut créer du nouveau.

Les tâches psychologiques à accomplir pour progresser

La décision de la séparation a créé une brisure. Votre quotidien a pris un goût de cendre, les couleurs les plus chatoyantes ont perdu leur éclat, plus rien de ce qu'était votre vie n'apparaît sous le même jour. Dorénavant, il y aura un avant et un après. Vous avez maintenant des tâches psychologiques nouvelles à accomplir pour vous en remettre, pour franchir cette transition entre l'ancien et le nouveau.

Si vous avez été laissé

Vivre le rejet ou l'abandon sans vouloir faire revenir la personne qui part et sans mettre tous les torts sur son dos. Ce désir de réunification peut durer très longtemps avant que se fasse l'acceptation véritable de la situation qui vous est imposée.

- Accepter votre colère contre l'autre pour devenir capable de vous en séparer.
- Apprendre à vivre le quotidien sans l'appui de l'autre, sans le regard de l'autre.
- Donner un sens à ce qui est survenu dans votre couple, commencer à dépasser le blâme pour avoir plus de recul en ce qui concerne la séparation.
- Accepter. Vivre la douloureuse perte de l'autre et de tout ce qu'il représentait, dans le meilleur comme dans le pire. Pleurer.

- Combler le vide laissé par le départ de l'autre.
- Apprendre à vous regarder avec des yeux neufs pour vous redécouvrir.
- Vous mettre à l'écoute de vos nouveaux besoins et apprendre à les affirmer.

Si c'est vous qui avez décidé de la séparation

- Vous affirmer en dépit de la culpabilité et ne pas vous laisser dévorer par ce sentiment destructeur.
- Apprendre à vivre sous les regards désapprobateurs des enfants, de la famille et des amis tout en gardant l'estime de vous-même.
- Avoir le courage de ne pas laisser d'espoir au partenaire, si la décision est vraiment prise.
- Prendre conscience que vous n'êtes plus la personne qui peut aider l'autre dans l'épreuve.
- Apprendre à vivre le quotidien seul.
- Apprendre à vous redécouvrir, à combler le vide.
- Donner un sens à votre séparation.
- Vous mettre à l'écoute de vos nouveaux besoins.

Un temps pour chaque chose

Vous vivez un deuil qui vous conduira à une nouvelle vie. Quelque chose ou quelqu'un d'important vous a été enlevé. Dès que vous reconnaissez vos pertes, un processus de guérison s'amorce en vous.

Le deuil se fait en trois temps

- Le temps de la paralysie :
  choc, refus et inertie.
- Le temps de la confusion :
  peur, colère et dépression.

- Le temps de la résolution :
  compréhension et acceptation.

Le deuil prend du temps. Plus les pertes sont importantes, plus chaque étape sera intense et plus elle durera. Prévoir les étapes émotionnelles à franchir vous aidera à vous rappeler que vous êtes tout à fait normal et non pas, comme vous pouvez parfois le penser, que vous êtes en train de devenir fou.

Dans le premier temps du deuil, tout votre être dit non. C'est le choc, le refus, l'inertie. « Non, c'est impossible, c'est un cauchemar, je vais me réveiller. » Vous êtes incapable de comprendre ce qui vous arrive, votre esprit refuse la réalité. Cette étape de paralysie est une protection. Elle vous évite de ressentir l'effroyable blessure en anesthésiant vos sentiments. Elle vous aide à garder vos forces pour ce qui s'en vient.

Dans un deuxième temps, très vite, la douleur s'installe. Des sentiments horribles vous hantent, vous perdez du poids, vous avez du mal à dormir, vous vous considérez comme moins que rien, vous vous sentez seul, et enfin, vous avez l'impression que tout est fini. Pendant ce temps, vous ferez le deuil de l'ancien, vous prendrez conscience de tout ce que vous avez perdu.

Dans un troisième temps, vous comprenez ce qui vous arrive et, peu à peu, vous l'acceptez ; vous commencez alors à entrevoir ce que l'avenir peut vous réserver. Vous avez le goût d'entreprendre de nouveaux projets, de construire votre nouveau monde. Et oui, ce temps viendra…

Les deux perspectives du deuil

Que vous ayez amené l'idée de la séparation ou que vous la subissiez, vous vivrez les mêmes étapes du deuil, mais dans une perspective différente. À titre d'exemple, prenons la situation de Gilberte et de Raoul.

Lorsque son mari lui a signifié qu'il allait la quitter, Gilberte ne l'a pas cru. Mariée depuis 32 ans, elle n'a pas pressenti la séparation. Elle n'a pas pris conscience du fait que, depuis plusieurs années, ses enfants, ses activités dans différents groupes sociaux et son retour sur le marché du travail avaient pris le meilleur de ses énergies et que Raoul, son mari, s'était senti relégué au dernier rang de ses préoccupations.

Lorsqu'il a rencontré Ginette, Raoul a trouvé ce qu'il cherchait, quelqu'un avec qui il pourrait passer du bon temps. Bien que la séparation ait provoqué beaucoup d'anxiété chez lui, l'espoir d'une nouvelle vie plus conforme à ses aspirations l'a aidé à négocier positivement.

Gilberte, quant à elle, a vécu la perte d'un mariage qu'elle croyait en bonne santé. Elle a sombré dans une grande dépression et ce sont ses filles de 19 et 22 ans qui l'ont aidée à en sortir. Après 18 mois de séparation, elle commence à prendre de la distance par rapport à cet événement, mais elle demeure amère de s'être fait tirer le tapis de sous les pieds et elle le fait sentir à Raoul tout au long de ses négociations avec lui.

La séparation a été vécue par Raoul et Gilberte à partir de deux perspectives très différentes et, même s'ils sont parvenus à s'entendre au sujet de leurs enfants, leur façon de vivre leur deuil n'a pas emprunté la même direction.

Si vous subissez la séparation, vous avez un retard à rattraper. Vous avez été propulsé dans une vie que vous n'avez pas choisie. L'autre a eu le temps de réfléchir pendant des mois avant de prendre une décision. Vous n'avez eu que quelques jours ou quelques semaines pour parcourir le même chemin. Comme la situation ne résulte pas de votre choix, il y a de fortes chances que vous résistiez longtemps avant d'accepter l'idée de la séparation. Ce long travail, qui passe du refus à l'acceptation, est long et douloureux.

Si vous avez pris l'initiative de la séparation, il vous a fallu beaucoup de courage pour mettre fin à un fonctionnement qui durait peut-être depuis des années, même si cette façon de vivre était insatisfaisante pour les deux. Ce courage n'est pas souvent reconnu par l'entourage. Vous susciterez moins de compassion que votre conjoint ; on aura plutôt tendance à vous percevoir comme le méchant ou la méchante responsable de tout ce qui arrive. Si vous avez une nouvelle personne dans votre vie, ce sera peut-être elle qui deviendra le bouc émissaire sur qui on rejettera tout le blâme.

Peu de personnes sont conscientes de ce qui pouvait se passer dans l'intimité de votre couple, et encore moins dans votre for intérieur, et de ce qui a motivé ce long cheminement qui a abouti à la séparation. On est cependant prompt à juger… Ce regard des autres sur vous peut rendre votre deuil plus difficile, mais ce qui compte vraiment, c'est votre propre regard sur vous-même. Si vous avez vraiment le sentiment d'avoir fait le meilleur choix compte tenu de la situation, vous serez plus en paix avec vous-même et serez plus patient avec ceux qui ne comprennent pas encore votre décision.

TENIR LE COUP

Il vaut mieux allumer une seule et minuscule chandelle que de maudire l'obscurité.

ANONYME

La séparation est imminente, mais vous demeurez toujours sous le même toit. Une foule de questions et de décisions à prendre se précipitent. Une vague de fond emporte tout ce qui semblait si solide, si assuré. Vous avez l'impression, même si vous avez pris l'initiative de la rupture, de ne plus rien contrôler.

Les questions émotives se mêlent aux questions plus pratiques. C'est la ronde des émotions : vous passez soudain de l'euphorie à la colère, de l'ambivalence à la dépression, de la culpabilité à des actions folles. L'autre n'est plus ce qu'il était ; vous ne vous connaissez plus, le pacte est rompu.

Du jour au lendemain, vous voyez s'écrouler votre stabilité et vous vous retrouvez sur une mer déchaînée, sans trop savoir comment y naviguer et où elle vous mènera.

Suggestions pour garder la tête hors de l'eau

Vous n'êtes pas seul, regardez autour de vous, il y a des personnes qui vous aiment. Allez vers eux, ils vous accueilleront.

À chaque jour suffit sa peine. Vivez 24 heures à la fois.

La guérison prend du temps, surtout si la perte est grande. Donnez-vous du temps.

Ne prenez pas de décisions importantes concernant les enfants sans en parler à l'autre parent. Si votre partenaire prend de telles décisions, exprimez-lui votre désaccord et cherchez ensemble une solution.

Soyez bon pour vous. Acceptez les hauts et les bas du processus de guérison.

Il est inutile de vous faire des reproches sur ce que vous auriez dû faire ou ne pas faire. Vous êtes une bonne personne, vous avez fait ce que vous pensiez être la meilleure chose à faire. Même si les résultats ont été décevants, votre intention était bonne.

Entourez-vous de choses vivantes : des plantes, des poissons rouges, une perruche, un chat ou un chien.

> Côtoyez des gens qui ont vécu une séparation. Il existe des groupes de support. Consultez votre CLSC.
>
> Écrivez vos réflexions dans un journal personnel.

Victime ou survivant ? Tout est dans l'attitude

Beaucoup de questions vont vous assaillir : « Puis-je survivre seul ? », « Qui suis-je sans l'autre ? », « Comment vais-je réagir à cette situation ? » Que la séparation soit votre choix ou non, ces questions vous renverront à vous-même et votre réponse sera fonction de l'attitude que vous choisirez d'adopter. Vous n'avez peut-être pas choisi de vous séparer, mais vous pouvez choisir la manière de réagir à cette situation.

Il est extrêmement pénible de se faire imposer une réalité. C'est ce qui arrive au conjoint qui subit la séparation. Dans cette situation, il est normal, dans un premier temps, de vous sentir victime de la situation. Vous maintenir trop longtemps dans cet état freine votre processus de guérison.

Une fois le premier choc passé (ce choc peut durer de six à huit semaines), même si ce n'est pas vous qui avez pris l'initiative de la séparation, vous avez un choix à faire : allez-vous vivre comme victime ou comme survivant ? Les mots qui vous viennent à l'esprit sont des indices de votre attitude.

Exercice
Cochez les mots que vous utilisez le plus souvent depuis qu'il est question de séparation dans votre couple ?

1. *Je n'y peux rien.* _____
2. *Je préfère...* _____
3. *Si j'avais pu.* _____
4. *Regardons les possibilités.* _____
5. *Si seulement.* _____
6. *Je peux faire autrement.* _____
7. *Je n'ai pas le choix.* _____
8. *Je vais choisir la solution appropriée.* _____
9. *Je dois faire cela.* _____
10. *Je choisis de...* _____

> *11. Je contrôle mes émotions* ____
> *12. Je ne peux...* ____
> *13. Il faut que...* ____
>
> *Si vous avez coché les phrases 1, 3, 5, 7, 9, 12 et 13, vous avez tendance à adopter le langage de la victime.*
>
> *Si vous avez coché les phrases 2, 4, 6, 8, 10 et 11, vous avez tendance à adopter le langage du survivant.*

L'attitude de la victime vous maintient dans une position de dépendance par rapport à la position de votre conjoint. Elle vous empêche d'accéder à vos forces intérieures. L'attitude du survivant fait de vous une personne qui lutte pour sa survie et pour son bonheur. Elle vous permet de prendre pour vous et de vous concentrer sur ce qui importe vraiment pour vous.

Que vous ayez choisi ou non de vous séparer, vous devrez déployer beaucoup d'énergie pour faire face à la situation. Vous avez le choix de votre attitude et de la manière dont vous utiliserez cette énergie : vous pouvez penser à l'autre pour lui faire payer ce qu'il vous a fait ou pour tenter de le retenir, ou encore penser à vous pour guérir et vous reconstruire.

Ne prenez pas de décisions à la hâte

Vous devez affronter, tous les jours une foule de situations plus loufoques les unes que les autres. « Comment suis-je censé réagir à cela ? » vous demandez-vous sans doute. Les anciens rôles ne sont plus et rien ne les a encore remplacés. Que faire en l'absence de règles claires ?

Vous devez prendre beaucoup de décisions au moment où des émotions intenses brouillent votre vision. Des questions importantes se posent, par exemple : « Qui va partir et quand ? » Donnez-vous du temps, ne tentez pas de répondre à cette question immédiatement. Des questions plus banales surgissent aussi : « Que faire des vacances prévues en famille, un chalet est déjà réservé ? »

En cette période de transition, toutes les activités du quotidien qui étaient routinières doivent maintenant faire l'objet de réflexion. Vous pouvez par exemple vous demander : « Vais-je coucher au sous-sol ou dans la chambre ce soir ? » Tout comportement d'un membre de la famille est sujet à interprétation dans le nouveau contexte. Les agissements d'un nouveau compagnon ou d'une nouvelle compagne sont scrutés à la loupe par l'entourage.

Les façons de prendre les décisions, à ce moment, constituent des indices de ce qui est susceptible de se produire dans l'avenir. Une nouvelle règle est en train de s'établir et cette règle risque de susciter des conflits ; l'un de vous deux peut se sentir ignoré ou rejeté.

Même si vous avez souhaité la séparation, il se peut que vous soyez étonné de la force du lien qui vous retient encore à l'autre. En dépit d'émotions négatives, le sentiment d'attachement peut persister longtemps.

Si vous subissez la décision de l'autre, vous serez encore plus ballotté par la tempête. La perte de contrôle de votre vie risque de susciter chez vous un grand sentiment d'impuissance. À partir du moment où vous reconnaissez que la séparation est un choix irréversible, vous pouvez décider de ce que vous allez faire. Une jeune femme qui a subi la séparation m'a dit un jour : « Je n'ai pas choisi le divorce, mais je vais choisir la manière dont on va le régler. » Elle souffrait, mais elle voulait se prendre en main.

L'accumulation des difficultés, à ce point tournant, engendre souvent des situations de crise. Il est important de ne pas prendre de décisions importantes à ce moment. Donnez-vous du temps.

Parez au plus urgent

Une fois le choc initial passé, lorsque les secousses ont diminué et que vous avez repris quelque peu vos esprits, des mesures d'urgence s'imposent.

Prenez soin de vous

Vous n'êtes plus la même personne, vous ne savez pas encore très bien qui vous êtes. Vous vous sentez plutôt zombi. Il faudra du travail pour vous adapter à tous les changements qui surviennent dans votre vie. Si vous vous en donnez les moyens, la crise que vous vivez peut se transformer en occasion de mieux vous retrouver vous-même. Mais pour le moment, prenez d'abord soin de vous.

Recherchez la présence des personnes qui vous écoutent sans vous dicter votre conduite.

Quand vous avez l'impression que plus rien ne marche, savourez tous les petits bonheurs simples qui parsèment votre quotidien : un sourire de votre enfant, un bon film, un mets savoureux, une promenade avec votre chien...

Conservez vos habitudes de loisirs ; découvrez de nouvelles activités.

Ce n'est pas le temps de vendre ni d'acheter quoi que ce soit. Évitez les décisions hâtives. Faites des changements temporaires si nécessaire.

Protégez vos enfants

Le choc de la séparation va les heurter. Comment faire en sorte qu'ils souffrent le moins possible ? Il n'est pas facile de trouver les mots pour leur parler dans ce nouveau contexte. Voici des informations qui pourront vous aider à les aider.

Comprendre l'impact de votre séparation sur vos enfants

Vos enfants ont peut-être compris depuis longtemps que quelque chose ne va pas entre leurs parents. Mais quand vous allez leur annoncer que vous vous séparez, vous allez provoquer des réactions intenses chez eux, et c'est normal.

La manière et le moment de parler aux enfants est une question importante, car elle vous ramène à une dimension de votre relation qui va continuer, celle de parents. Pour eux, vous devenez capables de prendre des décisions et de faire les choses du mieux que vous le pouvez ou, du moins, c'est ce que vos enfants souhaiteraient.

Il est impossible d'éviter aux enfants de souffrir de votre séparation. Toutefois, si vous les informez de ce qui les concerne, vous les aiderez grandement à traverser cette crise dont ils devront subir les bouleversements. Les enfants sont très sensibles au climat qui règne dans la famille. Les enfants d'âge scolaire ont un sens aigu de la justice et ils vous le feront sentir. Les bébés sont d'autant plus touchés qu'ils ne peuvent mettre de mots sur la souffrance qu'ils ressentent. Les adolescents peuvent garder leur distance par rapport à ce qui vous arrive ; ce n'est pas de l'indifférence, ils ne cherchent qu'à se protéger sur le plan émotif.

Certains parents, avec la bonne intention d'éviter à leurs enfants de souffrir, vont tenter de tenir secret le plus longtemps possible leur décision de se séparer. J'ai même connu des parents qui, au moment de la séparation physique, voulaient envoyer leurs enfants en vacances chez les grands-parents pour leur éviter d'être témoins du départ de leur père. Après discussion, ils ont accepté d'apprendre à leurs enfants qu'ils se séparaient et de les faire participer au déménagement. Cela permet aux enfants de se familiariser avec le nouveau milieu dans lequel ils passeront désormais une partie de leur vie.

Comment en parler à vos enfants ?

Si vous voulez aider vos enfants, informez-les. Mieux vaut affronter la situation lucidement que de les tenir dans l'ignorance, d'autant plus qu'ils sentent ce qui se passe. Il est plus sécurisant de savoir que de se poser mille et une questions.

Si possible, il est préférable que vous et votre conjoint soyez tous les deux présents lorsque vous parlez à vos enfants du fait que vous allez vous séparer. Même si seulement l'un de vous prend la parole, les enfants vont percevoir que ce qui est dit n'est pas contredit par l'autre. Si vous êtes le parent qui parle peu, vous pourrez toujours compléter, nuancer ou préciser ce qui aura été dit.

S'il était difficile, dans votre situation, d'en parler ensemble, assurez-vous de ne pas blâmer l'autre dans vos propos. Il sera plus facile pour vos enfants de vivre cette situation s'ils ne sont pas pris entre deux feux. La manière dont vous les aborderez leur donne le ton sur la manière dont vous voulez que l'on parle dorénavant de ces choses. Si vous passez votre temps à critiquer et à blâmer l'autre, vous risquez de susciter chez eux un conflit de loyauté. Ils se sentiront obligés de prendre pour maman ou pour papa, ou encore ils diront noir à l'un et blanc à l'autre pour éviter de vous faire de la peine.

Quand en parler aux enfants ?

Lorsque l'un de vous deux est fermement décidé à mettre fin à la relation et qu'il en a informé l'autre, vous pouvez commencer à discuter du moment où vous en parlerez aux enfants. Il est préférable d'attendre que vous soyez tous les deux prêts à leur en parler, tout en étant conscients que si vous attendez à la dernière minute, ils n'auront pas beaucoup de temps pour s'ajuster à la situation. Il est aussi bon, lorsque vous en parlez aux enfants, d'être en mesure de leur donner une idée des changements que cela va provoquer dans leur vie. Pourront-ils ou non rester dans la maison ? Vont-ils devoir déménager dans un nouveau quartier ?

Si vous n'êtes pas en mesure de donner des informations concrètes aux enfants, ne vous empêchez par de leur parler, dites-leur que vous êtes en train de discuter de ces questions et que vous les informerez dès que vous aurez pris des décisions.

Quoi qu'il en soit, rassurez-les sur ce qui ne va pas changer, c'est-à-dire l'amour que vous avez pour eux. Faites-leur sentir qu'ils ne sont aucunement responsables de ce qui arrive. C'est à ce moment que vous pouvez vous engager envers eux à faire le maximum pour qu'ils continuent d'avoir deux parents qui vont prendre soin d'eux.

Vous avez un grand défi à relever, celui de découvrir une nouvelle façon de poursuivre votre rôle de parent. Parfois, vous serez un parent seul avec les enfants, parfois, vous serez un parent seul sans les enfants ; vous aurez à inventer de nouvelles habitudes de vie. Vous apprendrez bientôt à saisir les occasions de bonheur à votre portée : une sortie au cinéma, un petit voyage, une balade avec un de vos enfants, etc.

Apprenez à composer avec votre « futur ex »

Vous ne reconnaissez plus votre partenaire. Vous ne pouvez plus prévoir ses réactions et, bien souvent, vous n'arrivez pas à prévoir les vôtres. Un jour vous faites comme avant, un autre jour vous vous surprenez à réagir tout autrement.

Il s'agit d'une période de réajustement difficile. Vous aurez peut-être envie de cultiver l'idée de son retour et de vous attacher aux moindres signes de réconciliation ; ces efforts de retrouvailles retarderont votre guérison. Vous aurez peut-être envie de vous venger. Attention, la vengeance est un soulagement de courte durée qui se retournera contre vous. Vivre dans le ressentiment et haïr ce que vous avez aimé entretient la relation avec l'ex-partenaire et vous empêche d'en faire le deuil.

Pour guérir, il est nécessaire de vivre la perte, de laisser aller son partenaire. Il reste pourtant des choses à régler, des décisions à prendre, des questions à discuter concernant les enfants. Votre premier défi sera donc de faire le deuil de votre relation de couple, tout en continuant à prendre des décisions à deux pour les enfants. Vous devrez dire adieu aux habitudes et aux routines qui vous sécurisaient, même si elles vous pesaient, adieu à ce que vous aimiez encore chez l'autre et adieu aussi à la vie de famille. Si un nouveau partenaire est présent, il vous faudra apprendre à lui faire une place. C'est de cette façon que se bâtiront vos rapports l'un avec l'autre dans l'avenir.

Informez vos parents, vos amis et vos voisins

L'éclatement de votre couple provoquera des ondes de choc dans votre environnement. Vous êtes connecté plus que vous ne l'auriez cru à beaucoup de personnes autour de vous. Votre couple représentait une continuité rassurante.

Quand vous les informerez de votre séparation, vous comprendrez à quel point vous êtes reliés, en tant que couple, à vos parents, à vos amis et à votre communauté. Et cela, pour le meilleur et pour le pire. Des personnes se rapprocheront de vous, d'autres s'éloigneront. Des personnes vous béniront, d'autres vous maudiront. Il faut savoir filtrer toutes ces réactions pour accueillir celles qui vous aideront et ignorer celles qui peuvent vous faire du mal.

Vos rapports avec votre entourage se transformeront. Vous développerez de nouvelles relations en tant que personne et non plus en tant que couple. Au début, les gens qui vous entourent ne sauront pas trop comment se comporter avec vous et avec votre ancien partenaire. Ils s'éloigneront peut-être des deux, ils choisiront peut-être de conserver une relation avec un seul d'entre vous ou ils voudront peut-être continuer à vous voir tous les deux. La réorganisation du système de relations qui vous entoure dépend à la fois de vous et des autres, mais votre attitude déterminera en grande partie la réaction des autres.

Lorsque la famille que vous avez fondée est menacée, il est naturel de vous retourner vers votre famille d'origine : votre mère, votre père ainsi que vos frères et sœurs. Bien sûr, ces derniers sont perturbés, eux aussi, de ce qui vous arrive. Examinons la situation de Sylvie et de Robert.

Sylvie et Robert sont séparés depuis un mois. Ils recevaient toute la famille dans le temps des Fêtes depuis des années. « Que va-t-il se passer à Noël cette année ? » se demande tout le monde. Sylvie voudrait bien inviter Robert, mais elle ne veut pas entretenir l'illusion de son retour. Robert aimerait bien passer Noël avec Sylvie et rencontrer les beaux-frères et les belles-sœurs avec qui il a une bonne relation. Les enfants sont déchirés, passeront-ils Noël avec papa ou maman. Tout le monde est mal à l'aise.

Plusieurs scénarios peuvent être envisagés. Il est possible que la famille de Sylvie fasse une fête qui se tiendrait dans un hôtel un autre jour que Noël ; que la fête se déplace chez un autre membre de la famille ; que Robert passe le réveillon avec ses enfants et que Sylvie passe avec eux le jour de Noël.

Pour vous comme pour votre famille, la première année est l'année la plus difficile. Tant qu'à faire du changement, vous pouvez penser à une activité qui se distingue vraiment de ce qui se faisait avant.

Comment composer avec les réactions de votre entourage ?

Vos parents peuvent conserver une bonne distance par rapport à ce que vous vivez et savoir prêter leur appui quand c'est nécessaire. Il peut arriver qu'ils prennent parti pour vous contre l'autre méchant ou méchante, allant même jusqu'à trop se mêler de vos affaires. Il se peut aussi qu'au moment où vous auriez le plus besoin de leur support, vos parents ou l'un d'entre eux désapprouvent votre décision et vous le fassent sentir.

Quoi qu'il en soit, vos parents sont très touchés par ce qui vous arrive. Après votre mariage, certains problèmes que vous aviez avec eux ont pu être mis en sourdine ; la séparation vient souvent raviver ces conflits familiaux. Le grand bouleversement que vous vivez peut être une occasion de régler ces vieux problèmes et de rétablir de meilleures relations avec les vôtres.

Vous surprendrez peut-être votre entourage qui vous considérait comme le « beau petit couple » du coin. Vous dérangerez peut-être des couples prétendument « stables » autour de vous. D'autres conjoints qui vivent eux aussi leurs hauts et leurs bas et qui n'ont pas toujours le courage de trouver des solutions à leurs insatisfactions, se remettront sans doute en question à la suite de votre rupture.

Des gens se ligueront avec vous, contre l'autre. Même si elles vous procurent du réconfort, méfiez-vous de ces personnes qui cherchent à faire des coalitions, car elles risquent de vous entraîner dans une guérilla dont il vous sera difficile de sortir. Il y aura des personnes qui refuseront de s'allier à l'un ou l'autre d'entre vous et qui respecteront votre décision. Ces personnes peuvent être de précieux supports en ces temps difficiles.

Peu importe la réaction des gens autour de vous, vous n'avez aucun contrôle sur ces comportements. Vous pouvez toutefois faire sentir aux personnes concernées que leur attitude vous aide ou vous dérange.

Si quelqu'un désapprouve votre décision, vous pouvez lui dire que vous comprenez qu'elle peut penser ainsi et que vous respectez son opinion mais que pour vous, il existe un autre point de vue qui fait que vous avez pris cette décision. Ne lui demandez pas son approbation, laissez-lui le temps de se faire à cette idée.

Attention aux sauveteurs bien intentionnés

Lorsque les gens apprendront la nouvelle de votre séparation, chacun ira de son conseil pour vous aider. Et ces conseils seront aussi contradictoires les uns que les autres. Tout le monde a connu quelqu'un qui était dans votre situation et à qui il est arrivé ceci ou cela. Attention ! Ces intentions bienveillantes peuvent semer la confusion. Vous seul savez le fin fond de votre histoire. Cette histoire est unique, et ce qui a été bon pour un voisin ne l'est pas nécessairement pour vous.

Votre entourage va réagir, c'est bon signe. Cela veut dire que des gens se préoccupent de vous. À vous de faire en sorte de vous entourer de ceux qui vous soutiennent et d'ignorer les autres ou de leur faire comprendre que vous avez besoin de leur appui et non de leurs critiques.

Les ondes de choc provoquées par votre séparation ne dureront pas indéfiniment. Les réactions de votre entourage s'estomperont peu à peu si vous ne vous en servez pas pour alimenter le conflit entre vous et votre partenaire, et si vous reconnaissez que ces réactions sont normales, compte tenu du changement que vous provoquez, indirectement, dans la vie de ceux qui vous entourent.

Ayez la sagesse d'accepter de l'aide

> *L'individu qui se trouve dans la zone neutre (là ou l'on se trouve entre deux façons de faire et d'être : l'ancienne, désormais perdue, et la nouvelle qui reste à trouver) pourra mieux supporter cet état d'incertitude dès lors qu'on lui donne les outils qu'il lui faut pour agir sur sa situation et des moyens de soutien provisoires.*
>
> W. BRIDGES[3]

La séparation vous place dans un état de vulnérabilité où vous ne pouvez plus compter sur le soutien de votre partenaire. Vers qui vous tourner lorsque vous vous sentez partir à la dérive ? À quoi ou à qui vous accrocher ?

Il est important, dans la tourmente, de savoir qu'il existe de l'aide. Cette aide peut prendre la forme d'amis, de parents, de thérapeutes, de médiateurs familiaux, d'un groupe de soutien ou d'une association de parents séparés. Il faut savoir vous entourer lorsque vous changez de cap, car les courants sont forts et votre gouvernail risque de ne pas orienter votre barque vers la direction souhaitée.

Plusieurs personnes hésitent à recourir à de l'aide ; ils ont peur de passer pour fou ou peur de révéler une fragilité ou une incompétence. Demander et accepter de l'aide en période de turbulence, c'est faire preuve de sens des responsabilités.

> *La nuit n'est jamais complète.*
> *Il y a toujours, puisque je le dis,*
> *Puisque je l'affirme,*
> *Au bout du chagrin*
> *Une fenêtre ouverte,*
> *Une fenêtre éclairée,*
> *Il y a toujours un rêve qui veille,*
> *Désir à combler, faim à satisfaire,*
> *Un cœur généreux,*
> *Une main tendue, une main ouverte,*
> *Des yeux attentifs,*
> *Une vie, la vie à se partager.*
>
> PAUL ÉLUARD

---

3. Bridges, W. *La conquête du travail*, Montréal, Village Mondial, 1995.

EN BREF : LE CHEMINEMENT PENDANT LA PÉRIODE DE LA PRISE DE DÉCISION ET DU CHOC

Dimensions	Étapes à franchir	Obstacles possibles	Que faire ?
Conjugale	• Un des deux décide de la séparation • Annonce à l'autre • Marchandage • Accord ou désaccord sur la séparation	• Négation et refus du conjoint laissé • Ambivalence du partenaire qui a pris l'initiative de la séparation • Activation des conflits ou repli sur soi	• Le conjoint qui prend l'initiative de la séparation doit être franc et ne pas laisser de faux espoir • Consulter pour faire le point et se définir par rapport à la relation conjugale • Prendre soin de soi, trouver des confidents fiables, aller chercher de l'aide professionnelle • Accepter qu'on n'est pas superman ou superwoman
Émotionnelle	Amorce du processus de deuil : • Négation • Colère • Dépression, peine	• Difficulté de prendre cette décision • Difficulté de se faire imposer une situation • Refus d'envisager la situation • Forte émotivité	• Reconnaître que vous vivez une période de crise et rechercher de l'aide • Trouver des bouées de sauvetage pour survivre au choc • Vous donner du temps
Parentale	• Informer les enfants de la séparation • Décider de leur(s) lieu(x) de résidence • Informer les enfants et recevoir leurs commentaires	• Les enfants ne sont pas informés ou reçoivent des informations contradictoires	• Informez vos enfants • Rassurez-les • Évitez de vous disputer devant eux

Phase 2

La séparation physique
Un moment charnière

Chapitre 3

La séparation physique

INCERTITUDE ET DÉSTABILISATION

Votre relation de couple prend fin et vous ne voulez pas encore le croire. Les semaines qui viennent de s'écouler ont créé beaucoup de turbulence. Vous en avez parlé à vos enfants, à vos amis et parents, mais dans le quotidien, vous vivez toujours sous le même toit. Et si ce n'était pas vrai ? Si c'était un cauchemar ? Si vous pouviez éviter cette rupture ? Mais la réalité prend le dessus, l'atmosphère devient de plus en plus irrespirable dans la maison, il faut faire quelque chose. Mais quoi, quand et comment ? Des milliers de questions vous envahissent :

- Est-ce que je risque de perdre les enfants si je pars ?
- Est-ce qu'il acceptera de partir ?
- Est-ce que je perds mes droits si je quitte la maison ?
- Est-ce que mon budget me permet de louer un appartement ?
- Est-ce que l'un de nous pourra garder la maison ?
- Est-ce que j'aurai autant de pouvoir de négociation si c'est moi qui pars ?
- Est-ce qu'elle ne pourrait pas aller vivre chez sa mère en attendant ?
- Est-ce que l'on peut partager les meubles ?
- Qui va payer l'hypothèque ?
- Devrions-nous attendre d'avoir vendu la maison ?

Toute la période qui suit la prise de la décision, mais pendant laquelle les partenaires ne sont pas encore séparés est un moment difficile à vivre. C'est un peu comme lorsqu'un membre de la famille décide de partir en voyage ; les bagages sont prêts, et tout le monde attend le moment du départ. Il est difficile de vivre lorsque toute l'énergie est concentrée sur ce voyage imminent. Ce temps d'attente forcée se prolonge souvent en raison de la difficulté à accepter la séparation, du refus des deux de partir ou parce que les ressources financières ne permettent pas de payer un second logement.

Les grandes décisions à prendre

La séparation physique entraîne toujours un moment de tension. Vous savez que la rupture va changer votre vie du jour au lendemain, que vos habitudes seront bouleversées, que vos rapports avec vos enfants, votre ex-conjoint et vos amis ne seront plus les mêmes. Vous hésitez à faire le saut sans en connaître toutes les conséquences. Vous voudriez tout prévoir. Vous vivez un moment charnière entre la fin d'un temps et le début d'un autre, c'est en quelque sorte un « non-temps ». Il n'y a pas de remède pour empêcher ce sentiment de déchirure. N'essayez pas de trouver tout de suite des réponses à toutes les questions. Comme les couples qui ont vécu ces moments d'indécision avant vous, vous trouverez progressivement vos réponses aux grandes questions au fur et à mesure que vous expérimenterez votre nouvelle vie.

La séparation physique devrait être envisagée comme un premier pas vers le divorce. Il serait sage de vous entendre sur un mode de vie temporaire, pendant que vous négocierez les conséquences à plus long terme de votre séparation : partage des biens, pension alimentaire, partage du temps des enfants chez chacun. Ces accords temporaires dont vous conviendrez constitueront une plate-forme pour vous sécuriser pendant la période de transition qui s'amorce.

Cette entente temporaire doit répondre à plusieurs questions.

Qui va partir ?

Cette décision délicate dépend de plusieurs facteurs liés au contexte familial et à la manière dont s'est prise la décision de la séparation.

- Si vous n'avez pas d'enfants, la décision est plus facile à prendre, car il n'y a que des adultes en cause.

- Si vous avez décidé de vous séparer d'un commun accord, il sera plus facile de vous entendre sur la personne qui doit partir.

- Si vous avez un partage de tâches traditionnel, la mère à la maison et le père au travail à l'extérieur, c'est souvent le père qui partira.

- Si, pour l'un de vous deux, la situation est devenue absolument intolérable, il est probable que celui qui souffre le plus de la cohabitation, quittera les lieux.

- Si vous n'êtes pas d'accord avec l'idée de la séparation, il se peut que vous refusiez de bouger de la maison, obligeant l'autre à partir, même si ce départ accommode moins les deux parties.

- Si vos enfants expriment le désir de demeurer dans la maison et que vous êtes en mesure de répondre à leur désir, celui qui

prendra la charge des enfants y restera aussi, à moins que vous ne décidiez d'une résidence alternée.
- Il arrive que des parents choisissent de laisser les enfants habiter la maison et y reviennent en alternance.

Quand ?

Vous pourriez envisager de vous séparer à divers moments.

- Quand vous aurez les moyens de vous payer un autre logement ;
- Quand vous aurez tout réglé : résidence des enfants, partage des biens, pension alimentaire ;
- Quand vous aurez trouvé un endroit où aller ;
- Quand l'année scolaire sera terminée ;
- Quand la maison sera vendue ;
- Quand vous aurez trouvé un emploi ;
- Quand les enfants partiront de la maison.

Ces motivations sont très différentes et elles peuvent se combiner pour hâter ou retarder la séparation. Plusieurs personnes éprouvent le besoin de tout planifier avant de se séparer. Dans la période de confusion où elles se trouvent, cela est plutôt irréaliste. La prudence est de mise, mais il est impossible de tout prévoir.

Les raisons matérielles qui empêchent la séparation sont, ou bien très réelles, ou des prétextes que les personnes se donnent pour retarder le moment fatidique. Quand la vie commune est vraiment devenue intolérable pour les conjoints, ils mettent rapidement un terme à leur cohabitation et ce, peu importe le prix.

De façon temporaire ou définitive ?

Beaucoup de séparations se font de façon progressive. Un des conjoints s'installe ailleurs provisoirement, question de réfléchir et de permettre de réévaluer la relation de couple. Beaucoup de thérapies se font pendant ces périodes de séparation à l'essai. De ces expériences, plusieurs se confirment par une rupture définitive, c'est une façon de partir sans être trop brutal.

D'autres couples se séparent et se réconcilient plusieurs fois avant de mettre un terme final à leur union. Il arrive même que des couples divorcés reprennent vie commune. Attention à ceux qui espèrent une réconciliation, ce phénomène est vraiment très rare!

Il arrive que l'un des conjoints se trouve un emploi à l'extérieur et que cet éloignement soit le prélude à une séparation plus importante.

Plusieurs séparations se font de façon définitive par un déménagement dans un endroit transitoire, en attendant de partager les biens et d'avoir les liquidités nécessaires pour se réorganiser de façon plus permanente.

Enfin, il se peut que l'un de vous quitte le domicile conjugal pour acheter sa propre maison ou pour louer un appartement.

Qu'elle soit temporaire ou définitive, la séparation est toujours l'indice qu'un changement majeur est nécessaire au sein du couple. Ce changement marquera-t-il la fin ou le renouveau du couple? Là est la question.

Pour aller où?

Les conjoints qui se séparent choisissent des modes de logement très variés. Nous verrons plus loin que le lieu choisi par celui qui part est en grande partie déterminé par ses capacités financières ainsi que par ses responsabilités parentales.

Il arrive que des conjoints n'ayant pas les moyens de prendre un nouveau logement se séparent en faisant chambre à part dans la même maison. Ces ententes fonctionnent jusqu'à ce que l'un des deux trouve l'âme sœur ou que la situation devienne intolérable.

Comme nous le disions plus haut, certains parents vont choisir, du moins pour un certain temps, de laisser les enfants habiter la maison et d'y vivre chacun à tour de rôle.

Les personnes qui quittent la maison peuvent opter pour plusieurs solutions:

- Retourner temporairement chez des parents ou des amis.
- Vivre temporairement en chambre.
- Se louer un appartement.
- S'acheter un condo ou une maison.
- Aller vivre chez le nouveau partenaire.

Pour la personne qui part, l'idéal est de pouvoir se trouver un nouveau chez-soi permanent le plus tôt possible. Si le fait d'aller vivre chez son nouveau partenaire lui procure ce lieu stable, cela peut engendrer d'autres difficultés qu'il ne faut pas minimiser, surtout lorsque vient le temps de déterminer les contacts avec les enfants. C'est une question qui demande réflexion.

Comment organiser les contacts des enfants avec celui qui part ?

La réponse à cette question dépend du climat qui existe entre les partenaires au moment de la séparation et des habitudes de vie avec les enfants. La présence d'un nouveau conjoint sera également un facteur clé à considérer. Dans plusieurs situations, les parents prévoient des sorties de fin de semaine chez le parent qui part ou encore des visites du parent à la maison, si celui-ci n'est pas en mesure de recevoir les enfants chez lui. Certains parents s'entendront pour que le parent absent vienne occuper la maison sans la présence de celui qui y réside, pour y passer du temps avec les enfants. Il va de soi que de telles mesures ne peuvent être que provisoires.

Dans certaines situations, il arrive qu'un parent quitte la maison intempestivement, sans que soient prévus des contacts avec les enfants. Il peut s'écouler des semaines, voire des mois, avant que les contacts reprennent. Si c'est le cas, il n'est jamais trop tard pour tenter de renouer les liens.

Enfin, dans d'autres situations où les parents vivent des conflits importants, c'est le tribunal qui imposera des mesures provisoires, assurant ainsi les contacts des enfants avec le parent qui est parti. Avec le temps, dans ces situations, la paix peut se rétablir, mais malheureusement, dans plusieurs cas, les procédures judiciaires deviennent le mode de communication.

Comment payer les dépenses de la maison et des enfants pendant la période de transition ?

Il peut y avoir poursuite des aménagements financiers passés pendant une période de transition. Par exemple, la mère paye l'épicerie et les vêtements alors que le père continue de payer l'hypothèque. Les dépenses extraordinaires peuvent être payées par les deux si chacun a des revenus. Il arrive aussi que les couples conservent leur compte conjoint, continuent d'y déposer leur paye et s'en servent pour leurs dépenses.

Si la mère est sans revenu, le père qui quitte devra probablement continuer de payer les dépenses. Les nouveaux coûts de son loyer et de ses propres dépenses l'amèneront souvent à s'endetter.

Certains conjoints, capables et désireux de négocier, détermineront un partage des dépenses des enfants et de la maison en fonction des nouveaux besoins et de leurs revenus respectifs.

Il est très difficile de ne pas s'endetter durant cette période de transition. Avec le temps cependant, on adopte une nouvelle façon de gérer le budget qui permet d'éviter l'enlisement financier.

Doit-on partager l'ameublement ? Acheter de nouveaux meubles ?

Si l'un des conjoints loue un nouvel appartement, il lui faudra des meubles. Souvent, il prendra les meubles que la famille possédait en double et complétera en achetant des meubles neufs ou usagés.

Il arrive que des personnes louent un appartement meublé ou aillent vivre avec quelqu'un et attendent de régler l'ensemble du partage des biens avant de s'acheter de nouveaux meubles.

Lorsque l'un des conjoints garde les meubles, il peut, dans certains cas, aider l'autre à se remeubler. Certains optent pour un partage à peu près égal des meubles neufs et des meubles qu'ils possèdent déjà.

Attention : ne dépensez pas une fortune pour acheter de nouveaux meubles sans connaître les modalités du partage des biens. Cette mise en garde s'applique à tous les achats que vous pourriez avoir envie de faire.

En trouvant les réponses aux questions qui précèdent, vous amorcez le processus de négociation qui se poursuivra tout au long des prochains mois pour concrétiser votre séparation et vous réorganiser dans deux foyers. Certains choix seront personnels, d'autres se feront à deux. C'est le début d'une nouvelle façon de prendre les décisions. La façon dont vous parvenez ou non à échanger ensemble sur ces questions influencera grandement le déroulement de votre transition vers un nouveau mode de vie.

Attention à l'irrationnel qui influencera vos décisions

Lors de la séparation physique, les émotions sont intenses et la communication est souvent difficile. Il ne faut jamais oublier qu'il y a deux perspectives qui s'entrechoquent et que cela crée des émotions inévitables et normales.

En présence d'émotions intenses, les couples adoptent différentes manières de communiquer. Il y a ceux qui arrivent à maîtriser leurs émotions pour discuter rationnellement, ceux qui arrivent à peine à s'adresser la parole et ceux qui ne se parlent carrément pas, sinon pour s'invectiver. Quel que soit le style adopté, vos émotions auront une influence considérable sur vos discussions.

Vous ne pouvez pas contrôler entièrement une communication qui se fait à deux, mais vous avez la possibilité d'introduire du positif dans vos échanges, si vous le voulez. Si l'autre refuse de communiquer, cela lui appartient, vous n'y pouvez rien. Tout ce que vous pouvez faire est de ne pas être celui ou celle qui rend la communication impossible.

Dans vos discussions entourant la séparation physique, n'oubliez jamais qu'il y a le quoi, et surtout le comment. Les décisions que vous prendrez seront affectées tant par vos perceptions, vos sentiments et votre manière de communiquer que par des considérations rationnelles et objectives.

SÉPARATION VOLONTAIRE, IMPOSÉE OU NÉGOCIÉE ?

Les modalités de la séparation physique sont influencées par des facteurs contextuels comme les revenus, les ressources d'accueil, le genre de travail ainsi que le nombre et l'âge des enfants. Mais elles sont également influencées par des facteurs relationnels comme l'ambivalence par rapport à la séparation, la décision unilatérale ou conjointe de divorcer, le niveau de conflit, la capacité de négocier ou encore par la relation avec les enfants. Les divers parcours empruntés par cinq couples pour parvenir à la séparation physique illustrent à quel point les cheminements peuvent être différents.

La séparation physique

L'histoire de Benoît et Denise : un départ déguisé

Benoît et Denise sont mariés depuis 30 ans. Il est comptable dans un ministère, elle est courtier en immeubles. Leur situation financière est stable, bien que le revenu de Denise soit de beaucoup inférieur à celui de Benoît. Ils sont parents de deux jeunes de 27 et 24 ans, Julien et Claude. Claude est sur le point de quitter la maison pour compléter ses études à l'étranger.

Depuis plusieurs années, Benoît ne se sentait plus à l'aise à l'intérieur de son mariage. Il avait consacré beaucoup d'énergie à son travail et au soin des enfants, mais sa relation avec Denise était devenue petit à petit comme une coquille vide. Quand Claude a quitté la maison, Benoît a compris qu'il n'y avait plus de vie pour lui dans son couple. Il a retenu ses insatisfactions jusqu'à en faire une dépression. Lorsqu'il a décidé de partir de la maison, c'était pour lui une question de survie. « Je serais mort si j'étais resté », dit-il.

Quand Benoît est parti de la maison, ce soir-là, il n'a pas dit à Denise qu'il la quittait. Il le savait pourtant, mais il se sentait incapable de faire face à sa réaction. Il a expliqué qu'il avait besoin de se retrouver et qu'il s'était loué un petit appartement. Après trois mois, Benoît n'avait pas eu le courage de faire part à Denise de sa décision.

C'est Julien, leur fils aîné, qui a finalement fait comprendre à sa mère que son père ne reviendrait plus à la maison.

Benoît a décidé de quitter le foyer de façon unilatérale, sans en parler vraiment avec Denise. Plusieurs facteurs peuvent nous aider à comprendre cette décision. D'abord, cet homme éprouvait un très grand malaise. Il était, selon ses propres termes, en situation de survie. Par ailleurs, la communication avec son épouse était rompue depuis plusieurs années, il ne parvenait pas à lui faire partager sa détresse. Benoît a pris sa décision au moment où le dernier enfant est devenu autonome, il a rempli son contrat de père, il peut maintenant penser à lui, doit-il se dire intérieurement. Benoît a les moyens de se payer un appartement sans déstabiliser le fonctionnement de Denise à la maison.

Ce sont tous ces facteurs qui ont fait que Benoît est parti de la façon dont il l'a fait. Si un seul des autres facteurs avait été différent, peut-être aurait-il agi autrement.

L'histoire de Viviane et Laurent : un départ volontaire forcé

Viviane et Laurent se sont connus sur les bancs de l'école quand elle avait 16 ans et lui 17. Ils se sont mariés dès que Viviane a trouvé un travail. Laurent a quant à lui continué ses études à l'université. Ils avaient alors 19 et 20 ans. Leur petite fille, Véronique, est née peu de temps après leur mariage et leur fils Christian, quelques années plus tard.

Les années ont passé, Laurent a obtenu son diplôme d'ingénieur et il a trouvé un bon travail pour lequel il consacrait beaucoup de temps. Viviane, de son côté, travaillait beaucoup comme gérante dans une boutique et elle trouvait que Laurent ne faisait pas sa part pour s'occuper des enfants.

Les échanges entre eux sont devenus avec le temps de plus en plus tendus. Petit à petit, Viviane ne trouvant aucune gratification dans son mariage, s'est mise à fréquenter un club de randonnée. C'est là qu'elle a rencontré Richard et qu'ils ont commencé à se fréquenter. Lorsqu'elle a fait part de sa liaison à Laurent, ce dernier est tombé des nues. Comment avaient-ils pu en arriver là ? Il ne comprenait pas.

Quand il a compris que Viviane désirait se séparer, il a pris les choses en main et, souhaitant que tout se fasse très vite, il a indiqué son désir de mettre la maison en vente immédiatement.

Viviane ne se voyait pas quitter la maison de façon précipitée avec des enfants de 9 et 12 ans ; elle souhaitait évaluer la possibilité financière qu'elle avait de racheter sa part. Elle ne voulait pas bouger. Laurent estimait que c'était à elle de partir étant donné qu'elle avait fait le choix de la séparation. Elle croyait de son côté avoir autant le droit que Laurent de rester dans la maison. Elle arrivait assez bien à vivre cette période de cohabitation. Laurent qui souffrait beaucoup de la situation a décidé, après quelques semaines, d'aller vivre chez un copain de façon temporaire.

Bien qu'il soit parti de son propre chef, Laurent s'est en quelque sorte fait imposer la séparation physique. Qu'est-ce qui a joué dans cette situation ? Laurent était ébranlé par la décision de Viviane, et sa réaction fut de hâter les décisions, comme pour faire cesser la douleur. Viviane, qui a pris l'initiative de la séparation, était moins vulnérable sur le plan émotionnel, car elle avait déjà commencé à se détacher de Laurent. Le fait que Viviane était le parent le plus assidu auprès des enfants et qu'elle souhaitait, si possible, qu'ils puissent continuer à vivre dans le même milieu, lui a certainement donné beaucoup de pouvoir dans la décision. Sur le plan financier, les deux sont autonomes et capables d'assumer leur subsistance, il n'y avait donc pas d'obstacle sur ce plan. La valeur élevée de la maison pouvait constituer un problème, car il n'était pas certain que l'un ou l'autre puisse la conserver. Enfin, la présence d'une personne qui pouvait accueillir temporairement Laurent lui a permis de quitter la maison sans trop de frais.

Encore ici, les facteurs d'ordre affectif se mêlent aux considérations matérielles pour déterminer les circonstances de la séparation physique.

L'histoire d'Éric et Sylvie : un départ à l'essai

Éric et Sylvie sont des professionnels dans la quarantaine. Ils ont eu Sophie après 15 ans de mariage. Inutile de dire combien cette enfant était adulée par son père et sa mère. Mais insidieusement, c'est à ce moment-là que la situation a commencé à se détériorer. Sylvie trouvait qu'Éric avait changé depuis la naissance de la petite. Elle ne retrouvait pas l'homme qu'elle avait épousé 20 ans plus tôt, elle vivait un malaise très profond qui l'a amenée à consulter. Après quelques mois de thérapie, elle a annoncé à Éric son désir de vivre séparée pour un moment, question de réfléchir. Elle se prendrait un petit logement et il pourrait demeurer dans la maison ; bien entendu, ils se partageraient la garde de Sophie.

Les mois passaient sans que Sylvie ne parvienne à décider de son avenir. Éric, de son côté, ne voulait plus vivre en stand-by, *et a sommé Sylvie de prendre sa décision. Devant son refus de revenir, il a annoncé son intention de demander le divorce.*

La séparation physique dans cette situation s'est faite avant que la décision de se séparer ne soit prise. Au moment de prendre la décision définitive de mettre fin à la vie commune, ces conjoints sont déjà séparés. Dans un premier temps, nous assistons à une décision unilatérale de Sylvie et, dans un deuxième temps, il s'agit d'une décision unilatérale d'Éric. Sur le plan relationnel, ces conjoints sont ambivalents et demeurent liés malgré la séparation, car il y en a toujours un des deux qui ne veut pas mettre fin au couple. La séparation physique a eu lieu, mais la séparation émotionnelle reste à faire. C'est tout le contraire de la situation de Guy et Jeanne.

L'histoire de Guy et Jeanne : un départ volontaire accompagné de culpabilité

Guy est camionneur. Il voyage plusieurs jours par semaine. Jeanne s'occupe de leurs deux enfants : Jason, 4 ans et Stéphanie, 2 ans. Jeanne et Guy n'étaient plus heureux ensemble, mais ils avaient, depuis un certain temps, convenu d'une façon de vivre pour que chacun soit libre d'agir à sa guise. Sans trop se le dire, Jeanne et Guy étaient devenus des colocataires et se satisfaisaient tous les deux de cette situation.

Jeanne se rendait compte qu'elle ne vivait plus que pour ses enfants. Elle sentait bien que Guy lui échappait de plus en plus, mais y tenait-elle vraiment ? Tant qu'il rapportait son chèque de paye à la maison, elle y trouvait son compte.

C'est lorsque Guy a rencontré Nancy que tout a chaviré. Jeanne a reçu un coup au cœur lorsqu'elle a appris que son Guy était en amour. Ils avaient beau vivre comme frères et sœurs, elle était plus attachée à son homme qu'elle ne le croyait. Et qu'allait-elle devenir sans revenus ?

Guy s'en allait vivre avec Nancy. Il était prêt à laisser à Jeanne la maison et les meubles, et à lui payer une pension pour elle et les enfants. Il se sentait extrêmement coupable et souhaitait sincèrement que ses enfants ne manquent de rien.

Guy est parti de façon unilatérale et a payé pour tenter de diminuer le sentiment de culpabilité qui le grugeait. Le couple était désengagé sur le plan affectif et cohabitait par mesure de facilité. Les deux avaient déjà fait le deuil de la relation affective. La situation économique et l'âge des enfants étaient en revanche des facteurs déterminants. Le fait que Jeanne soit mère au foyer avec deux enfants en bas âge constitue un argument de poids pour qu'elle n'ait pas à quitter la maison, d'autant plus que le travail de Guy ne lui permet pas de s'occuper de ses enfants sur une base régulière. Enfin, Guy pouvait partir plus facilement, car il avait la possibilité de vivre avec sa nouvelle compagne.

L'histoire de Christine et Georges : un départ temporaire négocié

« Mon mari veut se séparer, je ne suis pas d'accord, mais je ne peux plus tolérer la situation, je dois faire quelque chose. » C'est en ces mots que Christine a pris un rendez-vous avec le médiateur. Georges, son conjoint, était ferme dans sa décision de mettre fin à leur vie de couple, mais il ne se décidait pas à quitter la maison.

La séparation physique

En médiation, Christine sentait s'affronter en elle deux forces contradictoires. D'une part, elle aurait souhaité que Georges et elle puissent se retrouver et poursuivre leur vie commune, elle n'acceptait pas du tout la séparation. D'autre part, elle ne pouvait tolérer que Georges demeure dans la maison s'il avait décidé de la quitter.

Georges et Christine ont trois enfants âgés de 12 à 16 ans. Ils ont tous les deux un emploi stable, elle est travailleuse sociale et il est directeur d'une firme spécialisée en biotechnologies. Elle a un revenu annuel de 38 000 dollars, et il gagne 65 000 dollars par année. Leur maison est entièrement payée.

Les premiers entretiens de médiation ont permis de négocier une entente temporaire de séparation qui ne les engageait pas à long terme, mais qui leur donnait une base stable. Cela faciliterait la négociation des questions ayant une portée à plus long terme comme le partage de résidence des enfants, les contributions financières et le partage des biens. C'est Georges qui a quitté la maison pour aller vivre en chambre pendant la négociation. Quelques mois plus tard, ils ont entrepris une garde partagée.

Christine et Georges ont négocié d'un commun accord leur séparation physique. Voyons les facteurs qui ont pu les influencer dans cette décision. Christine était très mal à l'aise de cohabiter avec Georges pendant qu'ils discuteraient de leur réorganisation sur les plans du partage de la résidence des enfants, des contributions financières et du partage des biens, et elle l'a fait savoir clairement. Les deux conjoints sont capables d'exprimer leurs besoins. En tant que parents, ils sont tous les deux très soucieux de ne pas faire subir aux enfants les contrecoups de leur séparation. Enfin, ils ont chacun un revenu et ne sont pas endettés, leur maison étant entièrement payée. Georges avait déjà vécu en chambre lorsqu'il travaillait à l'extérieur, il s'agissait donc pour lui d'un mode de vie connu qu'il acceptait de vivre sur une base temporaire.

Christine et Georges ont compris qu'ils ne pouvaient demeurer sous le même toit pendant leurs négociations ; la situation étant trop difficile, surtout pour Christine. Ils ont eu la sagesse de prendre une entente temporaire qui leur servirait de base pour les négociations à plus long terme.

LES CONDITIONS QUI FACILITENT ET LES CONDITIONS QUI FONT OBSTACLE À VOTRE SÉPARATION PHYSIQUE : UN PETIT TEST

La séparation vient bousculer plusieurs dimensions de votre vie : votre vie émotionnelle, votre vie relationnelle, votre vie parentale, votre vie économique, votre organisation matérielle et même votre statut juridique auquel vous n'avez sans doute pas très souvent porté attention jusqu'à maintenant.

Nous vous proposons une série de questions qui vous aideront à réfléchir aux conditions susceptibles de faire obstacle ou, au contraire, de faciliter votre séparation physique. Pour chaque section, vous pouvez remplir le questionnaire et faire le total de vos points. À la fin, additionnez ces résultats pour obtenir un portrait global de votre situation. Vous saurez alors si la séparation sera très difficile à réaliser, si elle sera difficile à réaliser ou si elle se fera plutôt facilement.

Il faut être deux pour faire un couple, mais la volonté d'un seul peut y mettre fin. Ce petit test se fait donc individuellement. Attention, il ne s'agit pas d'un test scientifique, mais bien d'un exercice pour vous aider à réfléchir sur les facteurs qui conditionneront les modalités de votre séparation physique.

Votre situation personnelle

Votre degré de malaise par rapport à la situation actuelle, votre situation financière, votre acceptation ou non de la séparation, vos craintes en ce qui concerne l'avenir sont des facteurs décisifs, sur le plan individuel, qui influenceront votre disposition à vous séparer physiquement.

Afin d'évaluer si vous êtes mûr, personnellement, pour entreprendre la démarche qui vous entraînera vers la séparation physique, répondez aux questions qui suivent. En fonction de vos réponses, indiquez vos points au bout de la ligne.

La séparation physique

	Oui	Non	Points
1. Êtes-vous personnellement autonome sur le plan financier ?	1	0	
2. Avez-vous pris l'initiative de la séparation ?	1	0	
3. Êtes-vous absolument convaincu que le retour à la vie commune est impossible ?	1	0	
4. Êtes-vous prêt à prendre un risque, c'est-à-dire faire un pas sans tout planifier avant de partir ?	1	0	
5. Avez-vous peur de perdre des droits si vous quittez le domicile conjugal ?	0	1	
6. Avez-vous peur de vivre seul ?	0	1	
7. Le fait de continuer à cohabiter est-il pour vous la source d'un grand malaise ?	1	0	
		TOTAL	

Si vous obtenez un total de 0 à 2, votre situation personnelle constitue un obstacle à votre séparation physique. Vous ne semblez pas prêt à vous séparer.

Si vous obtenez un total de 3 à 5, votre situation personnelle constitue un obstacle moyen à votre séparation physique. Vous n'êtes pas encore tout à fait prêt à faire le saut, vous hésitez. Selon vous, pourquoi ?

Si vous obtenez un total de 6 ou 7, votre situation personnelle ne constitue pas un obstacle à votre séparation physique. Vous êtes mûr, et si vous n'êtes pas déjà parti, qu'est-ce qui vous retient ?

La relation qui existe entre vous et votre conjoint

La manière dont la décision de la séparation a été prise, le type de communication qui existe entre vous, le degré de confiance qui subsiste et le niveau de conflit et de tension qui existe depuis que vous savez que vous allez vous séparer sont autant de facteurs qui auront une influence sur votre séparation physique.

Pour évaluer si votre relation de couple facilite ou non la séparation physique, répondez aux questions suivantes. Par ailleurs, n'oubliez pas que la séparation n'est pas une décision de couple, il suffit que l'un des deux décide de se séparer pour qu'elle devienne réalité. En fonction de vos réponses, indiquez vos points à la fin de chaque ligne.

	Oui	Non	Points
1. Êtes-vous d'accord tous les deux au sujet de la séparation ?	1	0	
2. Êtes-vous capable de discuter rationnellement ?	1	0	
3. Est-ce que vous parlez depuis longtemps de la possibilité de vous séparer ?	1	0	
4. Avez-vous le sentiment que votre conjoint a plus de pouvoir que vous dans la présente situation ?	0	1	
5. Croyez-vous que votre conjoint est de bonne foi ?	1	0	
6. Avez-vous peur d'avoir plus de difficulté à négocier avec votre conjoint si vous quittez la maison ?	0	1	
7. Le degré de conflit ouvert entre vous est-il élevé ?	1	0	
		TOTAL	____

Si vous obtenez un total de 0 à 2, votre relation de couple constitue un obstacle à votre séparation physique. La relation qui existe entre vous et votre conjoint laisse prévoir que la séparation ne se fera pas, à moins que l'un des deux n'en prenne l'initiative de façon unilatérale. Vous croyez qu'il est moins dangereux pour vous de ne pas partir de la maison.

Si vous obtenez un total de 3 à 5, votre relation de couple constitue un obstacle moyen à votre séparation physique. La relation entre vous et votre conjoint est tolérable. Vous avez encore des résistances à vous séparer. Quelles sont-elles ?

Si vous obtenez un total de 6 ou 7, votre relation de couple ne constitue pas un obstacle à votre séparation physique. La relation conjugale est terminée, les rapports avec votre conjoint semblent favorables à la négociation.

L'âge de vos enfants, votre relation avec eux, leurs besoins

Quand il est question de séparation, une des premières préoccupations qui vous vient à l'esprit est le bien-être des enfants et le désir de ne pas les perdre. La présence de jeunes enfants, la manière de partager les tâches auprès de votre progéniture, les réactions de vos enfants envers chacun de vous depuis que la séparation leur a été annoncée et leurs désirs sont autant de facteurs qui devront être pris en considération.

En répondant aux questions qui suivent, vous pourrez évaluer à quel point votre relation avec vos enfants facilite ou vous empêche de faire le pas vers la séparation physique.

	Oui	Non	Points
1. Avez-vous plus de deux enfants ?	0	1	
2. Avez-vous des enfants de moins de cinq ans ?	0	1	
3. Vos enfants sont-ils informés de la séparation ?	1	0	
4. Considérez-vous que vous êtes tous les deux de bons parents ?	1	0	
5. Croyez-vous que votre conjoint est apte à s'occuper des enfants ?	1	0	
6. Avez-vous peur de perdre vos enfants si vous quittez la maison ?	0	1	
7. Avez-vous le sentiment que vos enfants souhaiteraient vivre avec vous dans le cas d'une séparation ?	1	0	
		Total	_____

Si vous obtenez un total de 0 à 2, votre relation avec vos enfants fait obstacle à votre séparation physique. La relation qui existe entre vous et vos enfants vous rend inquiet quant au fait de les quitter.

Si vous obtenez un total de 3 à 5, votre relation avec vos enfants constitue un obstacle moyen à votre séparation physique. La relation entre vous et vos enfants est bonne. Vous êtes inquiet de ce qu'il adviendra d'eux et de l'évolution de votre relation avec eux. Vous voulez jouer sûr.

Si vous obtenez un total de 6 ou 7, votre relation avec vos enfants ne fait pas obstacle à votre séparation physique. Il s'agit d'une relation solide. Vous ne craignez pas que la séparation physique vous prive de vos enfants.

La situation économique de la famille

L'argent, c'est le nerf de la guerre, comme on dit souvent. Au moment de la séparation physique, c'est un des critères les plus déterminants. La mère demeurée au foyer pour s'occuper des enfants, sans métier, sans revenu, quittera beaucoup plus difficilement qu'une autre qui peut assurer sa survie et celle de ses enfants. Le père qui est l'unique gagne-pain n'aura peut-être pas les moyens de se payer un loyer. Le couple qui dispose de deux revenus peut envisager plus facilement la séparation. Mais encore là, attention, il ne faut pas s'y méprendre. La séparation entraîne toujours une baisse du niveau de vie, quels que soient les revenus.

Beaucoup de couples sont prêts, sur le plan émotif, à se séparer, mais leur séparation physique est retardée pour des questions financières. Certains couples qui voulaient se séparer sont revenus à la vie commune quand ils ont constaté les coûts qu'ils auraient à assumer pour vivre séparément. Ces seules considérations financières ne font toutefois pas des unions solides et il arrive souvent que, quelques mois plus tard, l'un des conjoints désire mettre fin à l'union et cela, à n'importe quel prix.

La réponse au questionnaire vous aidera à évaluer l'impact de vos finances sur votre séparation physique.

	Oui	Non	Points
1. Avez-vous un revenu régulier ?	1	0	
2. Votre conjoint a-t-il un revenu régulier ?	1	0	
3. Vos revenus combinés sont-ils supérieurs à 70 000 dollars par année ?	1	0	
4. Vos revenus combinés sont-ils inférieurs à 40 000 dollars par année ?	0	1	
5. Considérez-vous que vous êtes très endettés ?	0	1	
6. Avez-vous des placements dont vous pourriez disposer sans subir de pénalité fiscale ?	1	0	
7. Êtes-vous à la retraite ?	0	1	
		Total	_____

Si vous obtenez un total de 0 à 2, votre situation économique est un obstacle important à votre séparation physique. Votre situation financière rend excessivement difficile votre séparation physique.

Si vous obtenez un total de 3 à 5, votre situation économique est un obstacle moyen à votre séparation physique. Votre situation financière ne facilite pas votre séparation physique, mais ne constitue pas un empêchement majeur.

Si vous obtenez un total de 6 ou 7, votre situation financière n'est pas un obstacle à votre séparation physique.

Votre contexte résidentiel et votre organisation du temps

Selon que vous êtes propriétaires, copropriétaires ou locataires, que vos lieux de résidence envisagés sont rapprochés ou éloignés, que vos horaires de travail sont fixes ou variables, que la garderie ou l'école est à proximité ou non de votre futur domicile, que vous disposiez ou non d'une ressource pouvant vous héberger temporairement, vous façonnerez votre organisation matérielle après la séparation de façon différente.

Les décisions prises au sujet de la maison seront déterminantes. Ou bien vous voudrez absolument la garder pour les enfants ou encore vous voudrez absolument la quitter parce que la belle-mère demeure à côté ou pour obtenir votre part de liquidité pour vous installer ailleurs. Quoi qu'il en soit, la maison constitue une des valeurs les plus importantes de vos actifs et ce qui sera envisagé à ce sujet déterminera votre futur environnement.

Pour évaluer si vos circonstances résidentielles et votre organisation du temps facilitent ou font obstacle à votre séparation physique, vous pouvez répondre aux questions qui suivent.

	Oui	Non	Points
1. Êtes-vous propriétaire ?	0	1	
2. Êtes-vous un conjoint au foyer ?	0	1	
3. Pouvez-vous compter sur quelqu'un qui pourrait vous héberger temporairement ?	1	0	
4. Prévoyez-vous déménager dans une autre ville ?	0	1	
5. Avez-vous des horaires de travail variables ?	0	1	
6. Travaillez-vous à l'extérieur sans avoir de pied-à-terre ?	0	1	
7. Prévoyez-vous déménager à proximité de votre ancien partenaire ?	1	0	
		TOTAL	_____

Si vous obtenez un total de 0 à 2, votre contexte résidentiel et matériel est un obstacle important à votre séparation physique. Votre situation résidentielle et votre organisation du temps rendent excessivement difficile votre séparation physique.

Si vous obtenez un total de 3 à 5, votre contexte résidentiel et matériel est un obstacle moyen à votre séparation physique. Votre situation résidentielle et votre organisation du temps ne facilitent pas votre séparation physique.

Si vous obtenez un total de 6 ou 7, votre contexte résidentiel et votre organisation du temps ne sont pas un obstacle à votre séparation physique.

Votre situation juridique

Une recherche menée en 1998 pour le compte du ministère de la Justice du Canada par la démographe Nicole Marcil-Gratton et son équipe[4] démontre que les séparations sont plus fréquentes parmi les gens qui vivent en union de fait que parmi les gens mariés. Le statut juridique est donc un facteur qui influence la décision de la séparation physique.

	Oui	Non	Points
1. Êtes-vous marié ?	0	1	
2. Avez-vous renoncé au patrimoine familial ?	0	1	
3. Serez-vous obligé de demander une pension alimentaire pour vous-même ?	0	1	
4. Si vous êtes conjoints de fait, êtes-vous copropriétaires ?	1	0	
5. Connaissez-vous la loi entourant la séparation et le divorce ?	1	0	
6. Croyez-vous que la loi vous est favorable ?	1	0	
7. Craignez-vous de perdre des droits si vous quittez la maison ?	0	1	
		TOTAL	

Si vous avez obtenu un total de 0 à 2, votre situation juridique constitue un obstacle important à votre séparation physique.

Si vous avez obtenu un total de 3 à 5, votre situation juridique constitue un obstacle moyen à votre séparation physique. Votre situation juridique ne sera sans doute pas un facteur déterminant dans votre séparation physique.

Si vous avez obtenu un total de 6 ou 7, votre situation juridique ne constitue pas un obstacle à votre séparation physique.

---

4. Marcil-Gratton, N. *Garder contact avec papa et maman dans un contexte de fragilité des unions*, Le défi de la coparentalité suite à la rupture du couple, Québec, I.E.M.F et Centre de médiation Iris Québec, 2000.

Vous venez de faire le tour d'une série de considérations qui auront un impact sur votre décision de prendre l'initiative de la séparation physique. Le tableau qui suit vous permet de noter les résultats obtenus à chacun des questionnaires et d'obtenir une vision globale de votre situation.

Dimensions touchées par la séparation physique	Fait obstacle	Obstacle moyen	Favorise
Dimension personnelle			
Dimension relationnelle			
Dimension parentale			
Dimension économique			
Dimension résidentielle et organisation du temps			
Dimension juridique			
Total			

Il est possible que votre score soit très fort par rapport à l'une des dimensions, et moyen ou faible par rapport à une autre. C'est la combinaison des facteurs qui vous indiquera si votre séparation physique sera ou non difficile à réaliser.

Il arrive que la séparation physique soit retardée et même annulée en raison des difficultés qui se présentent. En revanche, quand une personne est vraiment mûre pour se séparer et que la situation est devenue intolérable, il est rare que les difficultés rencontrées l'empêchent de partir.

COMMENT ABORDER LA QUESTION DE LA SÉPARATION PHYSIQUE AVEC VOTRE PARTENAIRE ?

Avant d'arranger les choses, il faudra les déranger. La séparation vous force à prendre rapidement plusieurs décisions difficiles et importantes. Les discussions sur ces questions peuvent durer plusieurs semaines ou plusieurs mois, mais dans d'autres situations, au contraire, le départ est précipité, et les discussions se font par la suite. Comment cela se passera-t-il pour vous ? Tout dépend...

Les réponses aux questions « Qui part ? Quand ? De façon temporaire ou définitive ? Pour aller où ? » peuvent se prendre de façon unilatérale ou d'un commun accord, en fonction du climat qui existe entre vous.

Quand vient le temps de déterminer l'occupation de la maison, le temps de résidence des enfants chez chacun, le partage des dépenses des enfants et le partage des biens, il devra nécessairement y avoir négociation ou décision du tribunal si la communication entre vous est rompue, car ces questions vous concernent tous les deux.

Autrefois, dans le contexte où le divorce reposait sur la faute de l'un des partenaires, les couples qui se séparaient ne pouvaient que s'accuser d'adultère ou encore de cruauté physique ou mentale. Le climat n'était pas, on peut bien l'imaginer, propice à la négociation. Le seul choix qui existait était le système adversaire traditionnel.

On pensait à se séparer ? On faisait appel à un avocat pour défendre ses droits. La séparation était abordée strictement comme un événement juridique et les règles du système légal s'appliquaient, sans égard à la manière dont les enfants survivraient à ce traumatisme que vivaient leurs parents.

De nos jours, bien qu'elle soit toujours aussi pénible à vivre, la séparation ne représente plus un fait exceptionnel, puisque, au tournant de l'an 2000, un couple sur deux risque de vivre cette situation. Il est maintenant possible de divorcer sans accuser son partenaire, car on peut invoquer une non-cohabitation de plus d'un an pour indiquer l'échec du mariage et obtenir le divorce. S'il demeure un acte juridique, le divorce est de plus en plus traité en tenant compte des conséquences psychologiques et parentales qu'il entraîne pour tous les membres de la famille, spécialement pour les enfants.

Notre société permet maintenant aux personnes qui vivent la séparation d'avoir le choix entre plusieurs itinéraires pour régler leurs affaires et bâtir les nouvelles bases de leurs relations avec leurs enfants. L'entrée en vigueur de la loi sur la médiation familiale, dont il sera question plus loin, donne aux couples qui se séparent le message qu'il est important de s'entendre quand on a des enfants et qu'il est possible de le faire, même si on met fin à sa vie de couple.

Vous avez donc maintenant le choix parmi plusieurs voies pour aborder les questions entourant votre séparation physique : discussions entre vous, médiation ou avocats. Il est important de bien réfléchir à l'impact que ce choix aura sur votre vie future.

Comme vous avez pu le constater dans les petits tests présentés au début de ce chapitre, plus il y a unanimité entre vous et votre conjoint sur la nécessité de la séparation, plus il sera facile de choisir les manières de réaliser cette séparation. Par ailleurs, si l'un de vous refuse la rupture ou croit encore en une réconciliation possible, il sera difficile de vous entendre sur le moyen de mettre en œuvre la séparation. Enfin, si l'un de vous est décidé à partir et que l'autre constate qu'il ne peut rien changer à cette décision et qu'il se résigne à ce qui arrive, il sera possible de négocier, même si cela peut représenter plus de difficultés que dans le cas d'une décision commune.

La réponse que vous apportez au plus profond de vous-même à la question qui suit est très importante, car elle orientera votre choix.

Qu'est-ce qui est vraiment important pour moi et les enfants en ce moment ?

- Assurer ma sécurité et celle des enfants ?
- Me séparer au plus vite ?
- Me séparer au moindre coût ?
- M'organiser pour qu'il ou elle parte ?
- Négocier une entente de séparation physique acceptable pour les deux ?
- Obtenir ce que je veux ?
- Le convaincre de rester ?
- La laisser se compromettre ?
- Faire le moins de mal possible aux enfants ?
- Défendre mes droits ?
- Éviter de me faire avoir ?
- Autre ?

En fonction de la réponse que vous apportez à ces questions, vous saurez choisir la meilleure façon de prendre vos décisions.

LA NÉGOCIATION D'UNE ENTENTE TEMPORAIRE

Quelle que soit la voie que vous aurez choisie, il est souhaitable, afin d'éviter tout malentendu, de conclure une entente temporaire entre vous sur les questions importantes et urgentes comme les enfants, la maison et les dépenses. Cette entente constituera une plateforme qui vous aidera à franchir ce moment d'instabilité que vous vivrez.

À quoi sert une entente temporaire de séparation ?

L'entente temporaire vous permet de trouver, d'un commun accord, des réponses aux questions suivantes :
- Qui va habiter la maison et où va habiter celui qui la quitte ?
- Comment allons-nous partager le temps de vie des enfants dans les deux milieux et communiquer entre nous à leur sujet ?
- Comment allons-nous partager les dépenses relatives aux enfants ?
- Comment allons-nous partager les dépenses générales : hypothèque, coût du nouveau loyer, s'il y a lieu, et achat de meubles, si nécessaire ?

L'importance de prendre une décision éclairée

Il sera important de connaître ce qu'il en coûte actuellement pour vous loger : coût du loyer ou de l'hypothèque, électricité, chauffage, téléphone, assurances, taxes, câble, entretien, déneigement et tonte de la pelouse, s'il y a lieu.

Il vous faudra aussi déterminer les coûts qui seront encourus par celui qui part, selon qu'il habite chez des parents, en chambre, en appartement ou ailleurs.

Il vous faudra brosser un aperçu de vos dépenses à chacun, des dépenses régulières des enfants : nourriture, vêtements, loisirs, transport, et des dépenses spéciales prévisibles au cours des prochains mois.

Une fois que vous possédez ces données, vous êtes en mesure de déterminer les dépenses de chacun des partenaires et des enfants, puis de déterminer la contribution de chacun et la manière de le faire (paiement de dépenses ou versement d'une somme d'argent au parent responsable des enfants).

Lorsque vous aurez décidé du lieu de résidence de chacun, vous serez en mesure d'établir les moments où les enfants vivront avec chacun de vous. Le temps passé chez chacun contribuera à déterminer les modalités de partage des dépenses entre vous.

Les précautions à prendre avant de vous séparer

Si vous êtes en mesure de le faire, il serait bon, avant de quitter la maison, d'établir un bilan complet de vos biens et de vos dettes. N'oubliez pas d'inclure dans cet inventaire les biens auxquels vous attachez de la valeur comme les photos, œuvres d'art, disques, bijoux, etc.

Informez-vous réciproquement de vos revenus annuels, incluant les revenus d'intérêts, revenus de retraite, revenus d'assurance emploi, indemnités pour accident ou maladie, etc.

Réunissez vos papiers importants : contrat de mariage, certificats de dépôts, de placements, de REÉR, comptes de taxes, contrat de vente de la maison. Faites-en des photocopies, au besoin.

Si vous possédez un compte de banque conjoint, identifiez le solde de ce compte et décidez si vous le fermez ou non. Si vous souhaitez le conserver, il serait souhaitable de vous entendre sur son utilisation.

Si vous êtes détenteurs de cartes de crédit conjointes, déterminez-en les modalités d'utilisation, si vous ne décidez de ne pas les annuler.

Bien qu'il soit souhaitable de faire ce que je viens de suggérer, la plupart des personnes qui se séparent ne le font pas. Elles sont souvent dans un état de détresse et de panique qui rend difficile l'accomplissement de telles tâches, surtout si elles ne sont pas familières avec ces questions et qu'elles vivent de l'insécurité à ce sujet. Il ne faut pas s'inquiéter outre mesure, il n'est jamais trop tard pour bien faire. Si vous êtes déjà séparés et que vous n'avez pas encore entrepris ce travail, vous pouvez le faire maintenant, cela vous aidera à préparer les négociations d'une entente à plus long terme ou vous aidera à préparer vos démarches légales pour obtenir un divorce.

Si vous faites une entente écrite

Afin d'éviter les malentendus, il serait prudent de mettre par écrit les résultats de vos discussions. Il serait toutefois souhaitable de consulter un conseiller juridique indépendant avant de signer un tel document.

Les points à garder à l'esprit

Si vous désirez mettre toutes les chances de votre côté et partir du bon pied, gardez à l'esprit les points suivants :
- Comment assurer la meilleure continuité aux enfants tout en faisant en sorte qu'ils puissent vous voir régulièrement tous les deux ?
- Comment minimiser les coûts ?
- Comment partager les coûts de la séparation équitablement ?
- Comment tenir compte du fait que l'un de vous continue d'habiter la maison ?
- Comment s'assurer que chacun de vous voit ses besoins et intérêts considérés et soit le moins pénalisé possible ?

LES QUESTIONS FRÉQUEMMENT POSÉES AU MOMENT DE LA SÉPARATION PHYSIQUE

Est-ce que je perds des droits si je quitte la maison ?
Le fait de partir de la maison ne vous fait pas perdre de droits en tant que tel, mais entraîne un précédent qu'il est parfois difficile à changer. Il est, par exemple, plus facile de maintenir une situation de fait comme celle de demeurer dans la maison, que de chercher à y revenir si elle est occupée par l'autre.

Je suis marié (e) et mon conjoint est propriétaire de la maison, peut-il m'expulser ?
Non, à moins qu'il n'obtienne une ordonnance du tribunal en ce sens.

Je suis conjoint de fait, mon conjoint est propriétaire de la maison, peut-il m'expulser ?

Malheureusement, aucune disposition n'est prévue dans la loi pour protéger les conjoints de fait et leurs enfants à ce sujet. Votre conjoint peut donc vous expulser, car c'est la loi de la propriété qui s'applique puisque vous n'êtes pas régis par un régime matrimonial.

Je suis conjoint de fait et copropriétaire de la maison, mon conjoint peut-il m'expulser?
Non, puisque vous êtes copropriétaires et que les dispositions du Code civil concernant la copropriété indivise vous attribuent des droits égaux dans cette résidence.

Est-il vrai que si je suis celui qui a pris l'initiative de la séparation, je serai défavorisé dans les décisions du juge?
Depuis l'avènement du divorce sans faute, le juge n'a pas à tenir compte des fautes de l'un ou de l'autre, ou de qui a pris l'initiative de la rupture. Il doit rendre ses décisions à partir de critères tels que l'intérêt des enfants, les besoins et les capacités de payer de chacun, la durée du mariage, etc.

Est-il vrai que la garde des jeunes enfants va toujours à la mère?
Bien que la garde des jeunes enfants soit la plupart du temps confiée à la mère, tant par la décision des parents que par celle des tribunaux, il n'est plus vrai de dire que dans tous les cas les jeunes enfants sont confiés à leur mère. Les tribunaux accordent de plus en plus d'importance à la nécessité que les enfants conservent une relation avec leurs deux parents. Dans les cas où une mère ferait sérieusement obstacle sans raison valable aux contacts des enfants avec leur père, un juge pourrait considérer la possibilité de confier l'enfant au père si ce dernier est plus susceptible de favoriser les contacts avec l'autre parent.

Est-ce que la garde partagée est une modalité de garde qui convient à tous les enfants?
Même les experts en développement de l'enfant ont des avis différents sur ce qui est préférable, en termes de modes de garde. Notre expérience personnelle nous amène à constater que la garde partagée convient mieux aux enfants de 3 à 15 ans. Les bébés évoluent mieux dans un milieu permanent où ils peuvent bénéficier d'un lien étroit et continu avec le parent gardien, en même temps que d'une présence régulière et fréquente de l'autre parent. À l'adolescence, certains

jeunes qui ont vécu en garde partagée vont demander de se fixer dans une résidence, car ils préfèrent sortir avec leurs amis et apprécient moins les allées et venues entre les deux foyers. Sans leur collaboration, la garde partagée devient plus difficile.

Il y a toutefois unanimité chez les experts pour dire que ce n'est pas tant le mode de garde qui est néfaste aux enfants, mais les conflits entre les parents sur ces modalités de partage de temps de vie des enfants et sur les questions financières. Les conflits décuplent les effets négatifs de la séparation pour les enfants

Est-ce que je suis obligé de payer une pension alimentaire à mon épouse qui est demeurée 17 ans à la maison pour s'occuper des enfants et qui est maintenant sans emploi?

Dans un document publié par le Service de la formation permanente du Barreau du Québec[5], on rapportait les propos d'un juge sur les obligations du mariage : « Le mariage est une institution dans laquelle on s'engage par choix et qui comporte certains avantages et fardeaux, dont l'obligation réciproque de soutien. » Le conjoint qui ne peut subvenir à ses besoins est susceptible de recevoir une pension alimentaire dans la mesure où l'ex-conjoint a la capacité de la payer. Nous verrons plus loin les critères retenus par les juges pour déterminer la pension alimentaire.

---

5. Formation permanente du Barreau du Québec. *Développements récents sur l'union de fait*, Cowansville, Éditions Yvon Blais, 2000.

EN BREF : LE CHEMINEMENT PENDANT LA PÉRIODE DE LA SÉPARATION PHYSIQUE

Dimensions	Étapes à franchir	Obstacles possibles	Que faire ?
Conjugale	• Décider des mesures à prendre pour se séparer • Négocier une entente temporaire de séparation ou obtenir des mesures provisoires auprès du tribunal	• Stagnation, difficulté ou refus de faire le saut • Immobilisme du conjoint laissé • Difficulté à se parler • Attitude défensive • Menaces économiques • Menaces juridiques • Menaces de faire perdre les enfants	• Adopter une attitude affirmative • Exprimer ses craintes et ses besoins • Écouter le point de vue de l'autre • Rechercher des solutions plutôt que de s'accuser mutuellement
Émotionnelle	• Reconnaître ses émotions • Prendre conscience des différences de points de vue • Accepter la séparation physique • Se faire assez confiance pour avancer dans l'inconnu	• Malaise profond qui paralyse • Émotions intenses et désorientation • Refus ou difficulté à changer son cadre de vie • Incapacité de reconnaître le point de vue de l'autre • Vouloir à tout prix s'entendre sur toutes les questions (parentales, financières et matérielles) avant de partir	• Tenter d'observer ses réactions et ses émotions • Identifier ce qui importe le plus en ce moment • Ne pas prendre de décisions à la hâte • Prendre soin de soi et de ses enfants • Accepter que la séparation comporte une part d'inconnu et faire une entente temporaire pour se sécuriser
Parentale	• Continuer d'informer les enfants et les préparer à la séparation physique • Faire participer les enfants • Soutenir et sécuriser les enfants • Être à l'écoute des enfants et observer leurs réactions	• Un des parents veut accaparer le pouvoir unique sur les enfants. • Un parent veut absolument avoir la résidence à mi-temps même si cela ne correspond pas aux besoins des enfants ou aux horaires des parents	• S'assurer de prévoir des contacts dès la semaine qui suit la séparation • Donner le maximum de détails connus aux enfants pour les aider à s'ajuster • Si possible, maintenir les contacts avec les anciens amis et

La séparation physique

Dimensions	Étapes à franchir	Obstacles possibles	Que faire ?
Parentale (suite)	• Éviter de couper le contact avec un des parents	• Les enfants perdent contact avec un des parents • Les enfants ne sont pas informés de ce qui les attend dans la nouvelle situation • Les enfants perdent contact avec leur milieu de vie, leurs amis, leur école • Les enfants ont peur de manquer d'argent	favoriser les contacts dans le nouveau milieu • Rassurer les enfants sur la situation financière de la famille, même s'il y a des changements
Économique	• Clarifier la situation financière • Établir des prévisions budgétaires dans les deux foyers • Déterminer un partage temporaire des dépenses • Fixer la date du début du nouveau partage des dépenses • Prendre de nouvelles habitudes de gestion du budget à partir de maintenant	• Difficulté à discuter d'argent • Insécurité quant à l'avenir • Manque de ressources • Risque d'endettement • Désaccord sur les coûts • Désaccord sur qui paie quoi • Un des conjoints refuse de payer • Un des parents vit dans une situation précaire et ne peut recevoir les enfants en raison du manque d'espace • Le partage des dépenses n'a pas été prévu • Un des conjoints se retrouve sans ressources suffisantes	• Cette situation est transitoire et comporte des risques d'endettement • Période chaotique, s'il en est une. Avec le temps, des ajustements se feront. Néanmoins, il convient, si ce n'est déjà fait, de faire une entente temporaire sur le partage des dépenses • Conclure une entente temporaire permet de se constituer une plateforme à partir de laquelle pourra s'organiser une situation plus stable

Dimensions	Étapes à franchir	Obstacles possibles	Que faire ?
Économique (suite)		• Déséquilibre des niveaux de vie dans les deux foyers	• Ajuster les revenus par une pension alimentaire
Légale	• Prendre des informations auprès d'un juriste • Aucune démarche particulière, à moins qu'un conjoint refuse de collaborer	• Un conjoint refuse de partir ou de payer	• Consulter un avocat pour obtenir un jugement sur mesures provisoires

Phase 3

La période de transition
Ajustement, réorganisation et négociation

Chapitre 4

La médiation familiale
Un moyen de gérer
votre transition

> *La transition, c'est [...] le processus par lequel l'individu tourne peu à peu le dos aux espérances, aux conceptions et à l'identité qui ont été les siennes [...], et fournit les efforts requis pour vaincre le terrible sentiment de vide qui s'empare de lui dans la zone neutre, lieu de passage obligatoire avant de pouvoir repartir sur de bonnes bases.*
>
> William Bridges[6]

UNE NOUVELLE RÉALITÉ DU JOUR AU LENDEMAIN

Maman, j'ai oublié mon sac d'école chez papa !
Pourquoi tu pleures, maman ?
Est-ce que je peux amener ma bicyclette chez maman ?
Je ne veux pas aller chez papa, je n'ai pas d'amis.
La blonde de mon père n'arrête pas de me dire quoi faire.
Papa, le spaghetti a collé au fond du chaudron.
Maman, la pelouse est longue et la tondeuse est brisée.

Une foule de questions et de préoccupations nouvelles apparaissent dans votre vie. Du jour au lendemain, vous avez peut-être été catapulté dans une nouvelle réalité, vous vous retrouvez seul avec la charge des enfants ou, au contraire, vous êtes confiné dans une minuscule appartement où seul le téléviseur vous tient compagnie.

Vous vous demandez comment vous allez faire face à tous les paiements. Chaque jour, vous avez un nouveau problème à résoudre, un nouveau défi à relever. Et toutes ces émotions qui se bousculent en vous sans répit. Il y a des jours où vous auriez envie de fermer boutique. Mais les enfants sont là et ils ne cessent de vous questionner.

Même si vous vous sentez étourdi, confus ou ébranlé, la vie ne ralentit pas et, au contraire, elle vous entraîne dans une course effrénée vers vous ne savez où. Comment faire face à tout cela, maintenant que vous êtes seul ?

La transition entre l'ancien et le nouveau comporte toujours cette zone de turbulence où rien n'est plus comme avant, où on ne

---

6. Bridges, W. *La conquête du travail*, Montréal, Village Mondial, 1995.

sait plus où on va. C'est à ce moment que l'adaptation à votre nouvelle situation se fait et que se négocient les décisions à moyen et à long terme qui détermineront les fondements de votre vie future.

COMMENT NÉGOCIER VOTRE TRANSITION

La transition est un processus d'intégration au changement qui suit une perte et une rupture d'équilibre. Elle comporte trois étapes :

- laisser aller le passé ;
- assumer la transition ;
- construire une image du futur.

La période de transition qui suit la séparation physique met en branle toutes les dimensions de votre vie :

- votre transformation émotionnelle se poursuit ;
- vos rapports avec votre conjoint se transforment ;
- votre relation avec vos enfants est affectée par tous ces changements ;
- votre contexte de vie est changé ;
- vous avez moins d'argent et vous le dépensez autrement.

En un mot, vous devez vivre dans un monde que vous ne connaissez pas encore et qui se révèle à vous progressivement tous les jours. Vous devrez faire un certain travail pour vous resituer dans tous ces changements.

Si l'ensemble des étapes de la rupture jusqu'à la nouvelle réalité peut s'échelonner sur une période de deux à cinq ans, cette phase d'adaptation à la séparation physique peut durer de neuf mois à deux ans, selon le travail de deuil qui a déjà été fait avant la séparation physique. Vous aurez de nombreuses décisions à prendre pendant cette phase et vous devrez choisir une voie à suivre.

La manière dont vous vous y prendrez pour vivre votre transition dépendra en partie des sentiments que vous éprouvez envers votre conjoint. Il est possible que vous ressentiez, envers lui ou elle, des sentiments négatifs, comme il se peut que vous l'aimiez encore. Vous pouvez même vivre les deux émotions à tour de rôle. L'important est de comprendre qu'au fur et à mesure que votre deuil se fera, ces émotions se dissiperont et qu'un jour prochain, la tension entre vous s'amenuisera. Quelle relation aimeriez-vous entretenir avec votre ex-partenaire lorsque la crise sera passée ? Construisez mentalement cette relation que vous souhaiteriez atteindre un jour. Cette vision a toutes les chances de se matérialiser si vous le voulez vraiment. Vous avez différentes façons de parvenir à des arrangements en fonction de votre vision de l'avenir : par vous-mêmes, avec l'aide d'un médiateur ou encore d'un avocat.

Négociations entre vous

Lorsque le climat le permet, vous pouvez négocier entre vous les arrangements de votre séparation. La volatilité des émotions rend parfois de telles négociations impossibles et il faut alors recourir à l'aide d'un tiers.

Négociations avec l'aide d'un médiateur

Lorsque vous ne vous sentez pas suffisamment à l'aise pour négocier directement entre vous, mais que vous souhaitez parvenir à une entente équitable et satisfaisante pour les deux, et maintenir une bonne relation entre vous pour le bien-être de vos enfants, vous pouvez avoir recours à un médiateur.

Négociations avec l'aide d'un avocat

Vous pouvez avoir recours à un avocat lorsque vous ne souhaitez pas négocier vous-même les conséquences de votre séparation ou que votre conjoint n'accepte pas de discuter avec vous. Vous confiez alors à un procureur le soin de vous représenter et de négocier avec le procureur de votre conjoint, en tenant compte des lois en vigueur. Les avocats négocieront une convention et, s'ils n'y parviennent pas, vous devrez assister à une séance d'information sur la médiation avant de demander au tribunal de rendre jugement.

Si vous souhaitez négocier vous-même ou avec l'aide d'un médiateur, il vous sera utile de connaître la médiation familiale et son fonctionnement. Je partagerai avec vous les stratégies de négociation que les médiateurs utilisent pour aider leurs clients à parvenir à une entente et je répondrai aux questions qui sont le plus fréquemment posées concernant cette approche.

LA MÉDIATION FAMILIALE ET LA NÉGOCIATION DE VOTRE SÉPARATION

Les médiateurs familiaux ont développé une expertise pour aider les personnes qui le désirent à négocier une entente après une séparation. Pour vous aider à préparer votre médiation ou pour mener vos propres négociations, je décrirai, dans les prochains chapitres, les méthodes utilisées en médiation pour négocier le partage des biens et le partage des responsabilités parentales, incluant la résidence des enfants chez chacun des parents et les questions des contributions financières pour les enfants.

Mais parlons d'abord un peu de la négociation, afin de vous aider à mieux discuter avec votre ancien partenaire.

Qu'est-ce que la négociation ?

Le dictionnaire donne la définition suivante pour le mot négociation : Traiter, discuter en vue d'un accord. Monnayer un titre, une valeur. *Négocier un virage,* manœuvrer pour le prendre dans les meilleures conditions. Engager des pourparlers en vue de régler un différend ou de mettre fin à un conflit ; traiter.

La définition du terme « négocier » s'apparente donc au commerce. Faire du commerce, c'est échanger une chose pour une autre, sous forme de troc ou de paiement en argent. Le but de la négociation est de parvenir à un accord. On négocie avec quelqu'un quand on partage ensemble des biens, des lieux ou des liens, ou quand l'autre personne possède quelque chose que nous désirons et pour lequel nous sommes prêts à offrir autre chose en échange. Nous négocions donc tous les jours, que ce soit pour savoir quel film nous allons louer, qui se chargera de faire le repas, pour déterminer où nous irons en vacances ou quel prix nous paierons la voiture que nous convoitons.

La plupart du temps, du moins dans nos sociétés occidentales, nous détestons négocier et nous ne voulons pas consacrer, pour ne pas dire perdre, notre temps à cette activité. C'est peut-être la raison pour laquelle la plupart des personnes qui tentent de négocier au moment de leur séparation tombent dans des pièges qui les conduisent à l'impasse.

Toutes les négociations n'ont pas la même importance. Si on ne s'entend pas avec un concessionnaire auto, on ira chez un autre ; en revanche, si on ne s'entend pas avec ses enfants, il est difficile d'en changer. Pourtant, on utilise presque toujours la même façon de négocier, que ce soit avec un marchand ou avec le père de nos enfants. Cela est l'un des pièges qui rend la négociation difficile : on ne sait pas faire la distinction entre les choses importantes et les autres.

Quels sont les autres pièges qui guettent les personnes qui négocient ? Comment négocier, lorsqu'il est question d'enjeux majeurs et que la relation avec les personnes concernées est importante ?

Les pièges les plus fréquemment rencontrés en négociation

Voici les pièges que les personnes se tendent souvent à elles-mêmes lorsqu'elles négocient entre elles ou avec l'aide d'un médiateur : les questions comme la résidence des enfants, la pension alimentaire ou le partage de leurs biens.

Vouloir tout régler trop vite.
On ne veut pas prendre le temps d'échanger sur une question que l'on aurait préféré éviter. La négociation demande de la réflexion, un cheminement, une transformation. Négocier pour régler au plus vite ou pour que ça arrête de faire mal, c'est un piège.

Vouloir décider des différents enjeux à la pièce.
C'est vouloir régler sans avoir toutes les informations et sans avoir une vision d'ensemble de la situation.

Arriver trop vite aux solutions.
C'est ne pas prendre le temps de bien comprendre le problème et de bien cerner les intérêts et les besoins des personnes concernées.

Ne pas distinguer l'émotionnel et le rationnel.
C'est l'incapacité de faire une juste place aux émotions. Ou on les éloigne totalement ou on les laisse prendre toute la place. On se

sent coupable, on est prêt à sacrifier beaucoup pour ne plus sentir ce mal-être, ou encore on se sent victime et « en droit » de faire des demandes.

Mélanger les enjeux
C'est confondre des choses de nature concrète comme la contribution financière, le temps passé avec les enfants ou le partage du régime de retraite avec la dimension affective de la situation dont le désir de recevoir l'approbation de l'autre, le désir de se venger, etc. C'est vouloir régler un problème affectif par une solution d'ordre matériel. « Tu es parti, tu vas me payer une pension alimentaire. » « Tu ne veux pas me verser une pension, tu n'auras pas les enfants. »

Ne pas considérer toutes les possibilités avant de choisir.
C'est retenir une solution sans la comparer à d'autres.

Ne pas distinguer les besoins et les moyens.
« J'ai besoin de me reposer » correspond à un besoin, alors que « j'ai besoin de vacances dans le Sud » est un moyen.

L'un des négociateurs parle trop ou écoute trop.
C'est un manque d'équilibre dans la communication.

Si vous voulez éviter ces pièges, la médiation familiale peut vous y aider. Il s'agit d'une démarche fondée notamment sur la méthode de la négociation raisonnée élaborée par Roger Fisher et William Ury, des chercheurs de l'Université Harvard à Boston[7].

Les étapes d'une négociation

Pour mettre toutes les chances de votre côté, il est important de respecter des étapes logiques de communication qui vous aideront à progresser vers les solutions recherchées. Si vous n'êtes pas en médiation, une discussion structurée à l'aide d'étapes à respecter vous aidera à maintenir le cap sur votre objectif qui est de parvenir à une entente mutuellement acceptable.

---

7. Ficher, R. et Ury, W. *Comment réussir une négociation*, Paris, Seuil, 1982.

Dans un premier temps, vous déciderez de l'ordre dans lequel vous souhaitez aborder les sujets. Vous pouvez commencer par la question que vous estimez la plus facile à résoudre ou encore par la question qui vous apparaît la plus urgente. Nous vous proposons de ne pas arrêter de décision sur quelque point que ce soit avant d'avoir analysé toutes les questions et avant d'avoir examiné toutes les possibilités de solutions pour chacune. Dans un premier temps, vous allez partager de l'information et mettre sur la table des idées, mais vous ne prendrez pas de décisions.

Pour chacune des questions à régler, le processus de médiation respecte les étapes suivantes.

I. Un partage des perceptions : Qu'est-ce que nous voulons ?

Dans un premier temps, vous partagez vos points de vue sur la question discutée, chacun votre tour et sans vous interrompre, sauf pour obtenir des éclaircissements.

II. Échange. Qu'est-ce qui est important pour chacun de nous et quels sont nos objectifs communs ?

Dans un deuxième temps, vous parlez de vos préoccupations, de vos besoins entourant cette question. Sachez circonscrire ce qui est *essentiel, important, agréable et ce qui est non désirable*. Apprenez à distinguer entre un moyen, un caprice, une préférence, un goût, un désir ou un besoin. Distinguez les besoins qui sont communs et ceux qui sont particuliers à chacun. Il est important, à cette étape, de vous entendre sur un objectif commun à atteindre.

III. Quelles sont les solutions possibles ?

Dans un troisième temps, vous ferez un remue-méninges de toutes les solutions possibles pour atteindre vos objectifs communs. Vous les écrirez sur une feuille sans les critiquer au fur et à mesure qu'elles vous viendront à l'esprit. L'objectif de cet exercice est de faire ressortir le plus d'options possible et de permettre à votre cerveau droit d'en créer d'autres auxquelles vous n'aviez pas songé jusqu'à ce jour. Ces options peuvent être farfelues et, à cette étape, elles ne vous engagent à rien.

IV. Quelles solutions privilégions-nous pour l'instant ?

Dans un quatrième temps, vous reprendrez chacune des possibilités notées et rechercherez celle qui correspond le mieux à votre objectif commun, celle qui devrait vous satisfaire tous les deux. Vous pouvez passer en revue chacune des solutions à tour de rôle et vous prononcer sur sa pertinence. S'agit-il d'une option que je rejette tout à fait ? S'agit-il d'une possibilité dont je serais prêt à discuter ? Dès qu'une possibilité est rejetée par un de vous deux, vous la rayez ; si elle est éliminée par les deux, vous la rayez doublement. Vous poursuivez la discussion autour des options que vous n'avez pas rayées. Si vous les avez toutes rejetées, il faudra vous demander ce que cela signifie et comment vous comptez poursuivre la discussion. Rechercherez-vous d'autres solutions ? Obtiendrez-vous plus de renseignements avant de continuer les discussions ? Vous donnerez-vous un temps de réflexion ?

Les facteurs humains en négociation

Pour vous assister dans vos négociations, le médiateur vous aidera à porter attention aux facteurs humains qui peuvent susciter des problèmes dans votre négociation : les émotions, les perceptions et la communication.

Attention à vos émotions

Très souvent, au moment de la négociation, les émotions qui vous habitent sont si intenses qu'elles perturbent une résolution rationnelle et raisonnable du problème. La peur, la colère ou la culpabilité font que les décisions prises ne sont pas toujours appropriées à la situation. En voici des exemples : « *Je ne veux pas qu'il ait la garde partagée des enfants, j'ai peur de les perdre.* » « *Je veux rester dans la maison même si ça coûtera cher, parce que c'est lui qui est parti et que je n'ai pas à bouleverser ma vie en plus.* » « *C'est moi qui pars, je vais lui laisser son régime de retraite.* » « *Il m'a quittée pour une autre, il va me payer une pension.* »

Pour négocier en toute lucidité, il est important de faire la part des choses. Il faut être conscient de ce qui guide vos gestes. Il est normal d'exprimer vos émotions et il est important de le faire ; il serait toutefois dangereux de vous laisser submerger par ces émotions. Pour négocier, il faut savoir revenir à la raison quand la situation l'exige.

Apprenez à gérer votre colère

La colère est une émotion avec laquelle nous avons en général beaucoup de difficulté à composer. Certaines personnes se mettent en colère sans aucun contrôle d'elles-mêmes, alors que d'autres ne parviennent jamais à éprouver cette émotion et auront plutôt tendance à retourner leur colère contre elles-mêmes en faisant des dépressions, par exemple.

La colère est une émotion qui en masque d'autres. Elle nous évite de ressentir certains sentiments que nous préférerions ne pas ressentir parce que nous les trouvons menaçants. La colère découle toujours de sentiments comme la peur, l'anxiété, la souffrance ou l'humiliation. Nous préférons éprouver de la colère, plutôt que de souffrir ou de nous sentir coupables et cela devient, pour nous, un mécanisme de défense.

On dit que la colère augmente après la séparation. Ce phénomène engendre beaucoup de stress, car très souvent, la personne ne se reconnaît pas dans cette agressivité qu'elle ressent. Votre colère vous permet de vous identifier à vous-même en tant qu'individu, de penser à vous. Elle vous aide à rompre avec le passé et à établir de nouvelles relations. La colère a donc une fonction utile dans les négociations, car elle est l'occasion de montrer ce qui compte pour vous. Le danger serait de vous laisser emporter par une colère destructrice. La colère peut être saine lorsqu'elle est exprimée sans blesser les autres.

Chacun est responsable de ses sentiments et donc de sa colère. Ce ne sont pas les autres qui nous mettent en colère ; nous choisissons de répondre à une situation donnée par la colère. Si la colère compromet notre communication, il faut alors se demander : « Qu'est-ce que je vais faire avec ma colère ? » et non « Qui a provoqué ma colère ? »

Les perceptions sont parfois trompeuses

Les perceptions sont aussi souvent source de différends. Les facteurs compromettant parfois la communication sont les mauvaises hypothèses de départ, les fausses perceptions, les déductions et les projections. Chacun voit la réalité à sa façon, peu importe la réalité objective. L'histoire que chacun bâtit au sujet des raisons de la séparation, par exemple, est tellement différente que l'on pourrait parfois se demander si l'on a vraiment affaire au même couple.

Louis et Ginette se présentent en médiation avec chacun leur histoire. Louis explique qu'il a demandé la séparation parce que Ginette ne lui laissait aucune place dans la famille et qu'il ne voyait pas comment cela pourrait changer un jour. Pour Ginette, Louis n'a jamais su prendre ses responsabilités par rapport à leurs deux filles, car il préférait, dit-elle, aller jouer à la balle avec ses amis après le travail. Louis fuyait la maison parce qu'il percevait ne pas y avoir sa place, alors que Ginette percevait que Louis était un irresponsable. Ces deux conjoints vivaient dans deux univers forgés par leurs perceptions respectives. Ils n'étaient pas sur la même longueur d'onde.

Après la séparation, le conflit sera maintenu à moins que chacun puisse exprimer à l'autre ses perceptions et corriger les mauvaises interprétations.

Surveillez votre style de communication

Lorsque chacun s'enferme dans sa bulle, il arrive avec difficulté à dire ce qu'il veut et à écouter ce que l'autre veut lui dire. C'est ainsi que se créent les malentendus et que surviennent les impasses. Un des premiers rôles du médiateur familial est de faciliter la communication entre vous. Il pourra vous faire quelques suggestions pour améliorer vos échanges.

Attention à votre communication non verbale

L'aspect non verbal de la communication est beaucoup plus important que son aspect verbal. Le message reçu dépend davantage de ce que l'on fait que de ce que l'on dit. On estime que 55 % du message est communiqué par les mouvements du corps et l'expression du visage, 38 % est transmis par le ton, la force et la clarté de la voix ; et 7 % par l'expression verbale.

Adoptez une attitude affirmative

Il existe trois grandes attitudes de communication : l'attitude passive, l'attitude agressive et l'attitude affirmative. La passivité, c'est une façon de vous nier vous-même ; l'agressivité, une façon de détruire l'autre ; seule la communication affirmative permet l'affirmation de soi et l'ouverture à l'autre. Voici des indices qui vous permettront de reconnaître votre attitude ou l'attitude des personnes qui vous entourent.

Les personnes passives ont tendance à :
- ne pas exprimer leurs émotions ;
- adopter une attitude souriante ;
- penser aux autres avant de penser à elles ;
- écouter la plupart du temps ;
- à se dévaloriser ;
- éprouver de la difficulté à demander des choses ;
- éprouver de la difficulté à dire « non » à une demande ;
- parler d'une voix douce, à peine audible ;
- s'en remettre aux autres pour deviner ce qu'ils veulent dire.

Les personnes agressives ont tendance à :
- dire ce qu'elles pensent sans considération pour les autres ;
- rechercher des coupables ;
- s'en prendre aux autres s'ils n'obtiennent pas ce qu'ils veulent ;
- commencer les phrases par « vous » ;
- utiliser des termes absolus comme « toujours » et « jamais » ;
- adopter une attitude de supériorité et de puissance ;
- adopter une posture rigide ;
- ne pas écouter les autres.

Les personnes affirmatives ont tendance à :
- dire clairement ce qu'elles ressentent, pensent et souhaitent ;
- affirmer leurs droits, tout en tenant compte des droits et des sentiments des autres ;
- écouter attentivement ;
- faire savoir aux autres qu'ils ont été compris ;
- formuler directement leurs demandes et leurs refus ;
- réagir efficacement aux critiques sans devenir agressifs ou défensifs ;
- manifester, par leur attitude, une force assurée et de l'empathie ;
- parler d'un ton ferme et posé ;
- adopter une posture ferme et solide[8].

Seule l'attitude affirmative conduit à une résolution constructive des conflits.

Les secrets d'une médiation réussie

Voici quelques suggestions que je formule à mes clients pour les aider à se parler positivement.

---

8. L'Institut international canadien de la négociation pratique. *La gestion des conflits en milieu de travail*, Ottawa, Ministère de la Justice du Canada, 1998.

Parlez du présent et du futur, évitez de revenir sur le passé

Les solutions que vous recherchez ne se trouvent pas dans le passé, mais bien dans le présent et le futur. Évitez de revenir sur le passé, car vous perdez ainsi une énergie considérable qui pourrait être consacrée à trouver des solutions.

Transformez les accusations en demandes et parlez au « je »

Trop souvent, lorsque les personnes négocient, elles s'adressent à l'autre en le blâmant : « Tu es comme ceci, tu es comme cela », « Tu devrais faire ceci, tu devrais changer cela », etc. Une telle façon de communiquer provoque une réaction défensive et n'aide pas à adopter une attitude de solution de problème. Lorsque vous avez envie de critiquer l'autre, demandez-vous plutôt : « Qu'est-ce qui me dérange ? Qu'est-ce que j'attends de lui au juste ? » et formulez une demande précise au lieu de le critiquer pour ce qu'il ne fait pas. Ainsi, au lieu de dire à Jean « Tu ne ramènes jamais les enfants à l'heure », vous pourriez lui dire « Je suis inquiète et ça brise mon horaire quand les enfants n'arrivent pas à l'heure à la maison. Je te demande de respecter notre entente à ce sujet. »

Exposez vos motivations avant de proposer une solution

Lorsque vous souhaitez soumettre à l'autre une solution, commencez par lui faire part du cheminement qui vous a conduit à cette idée. Par exemple, si vous voulez lui demander de modifier l'horaire de la fin de semaine suivante, au lieu de dire « Peux-tu venir chercher les enfants à 20 h 00 vendredi ? », vous pourriez lui dire « C'est l'anniversaire de maman vendredi et j'aimerais y amener les enfants, accepterais-tu de venir les chercher à 20 h 00, ce vendredi ? » En agissant ainsi, vous n'imposez pas votre solution, vous donnez à la personne la possibilité d'évaluer les besoins en cause et le temps de se faire une idée. Sa réaction a de fortes chances d'être plus favorable.

Soyez à l'écoute

Les principes de l'écoute active ont été largement diffusés dans les années soixante-dix, et ils sont encore valables. Les voici, en bref :

- soyez sensible aux sentiments exprimés par le message ainsi qu'à son contenu ;
- limitez-vous aux questions à régler ;
- écoutez avec empathie ;
- manifestez de la considération et du respect pour l'autre ;
- écoutez attentivement sans juger ;
- reformulez le message pour montrer que vous écoutez ;
- demandez des précisions lorsque vous ne comprenez pas le message ou que vous n'êtes pas certain de son sens ;
- encouragez la poursuite de la discussion en donnant des réponses non verbales.

Prenez un temps pour chaque chose

- Un temps pour exprimer vos émotions et vos besoins, un temps pour trouver des solutions.
- Un temps pour penser à vous, un temps pour penser aux autres.
- Un temps pour vous exprimer, un temps pour écouter l'autre.
- Un temps pour inventer une gamme de solutions, un temps pour les analyser.
- Un temps pour réfléchir, un temps pour agir.

Faites preuve de souplesse

La rigidité est le pire ennemi de la négociation. Si vous restez sur vos positions de départ, sans progresser dans votre façon de voir les choses, vous ne pourrez pas arriver à une entente. Pour trouver une solution mutuellement satisfaisante, chacun de vous devra modifier sa perception de la situation pour y inclure le point de vue de l'autre. Cela exige beaucoup de souplesse.

Concentrez-vous sur les intérêts en jeu et sur les besoins, plutôt que sur vos positions

Lorsque vous négociez, vous aurez tendance à vouloir défendre votre idée, votre position. Cette façon de faire vous entraînera dans une dynamique où chacun tentera de défendre sa position et de démolir celle de l'autre. Pour éviter de tomber dans ce piège, demandez-vous : « Pourquoi est-ce que je privilégie cette solution ? » En répondant à cette question, vous découvrirez les intérêts profonds qui motivent votre position, vous pourrez aider l'autre à comprendre ce qui est vraiment important pour vous et vous trouverez peut-être, de cette façon, d'autres moyens de répondre à vos besoins.

Devant une proposition de votre vis-à-vis, au lieu de lui opposer immédiatement vos vues, demandez-vous : « Pourquoi pas ? » Vous trouverez peut-être des pistes intéressantes sur vos motivations et vos besoins.

Considérez vos besoins vitaux et vos intérêts communs

Les émotions sont suscitées par des besoins non satisfaits. La colère indique un besoin de changement, la peur indique un besoin de sécurité, la tristesse dénote un besoin de réconfort. Il est donc important de décoder les besoins que cachent toutes ces émotions que vous éprouvez. Pour vous aider à faire l'inventaire de vos besoins par rapport à un enjeu, lorsque vous négociez, pensez aux lettres du mot PARIS, vous résumerez ainsi vos besoins les plus importants.

Pouvoir
Le pouvoir est le besoin d'exercer de l'influence sur ce qui nous arrive, d'avoir une maîtrise sur les situations et sur notre vie. Lorsque vous négociez, il est important de sentir que vous avez une influence sur la décision prise et non pas sur l'autre personne.

Appartenance
L'appartenance est ce besoin de se sentir relié à d'autres, d'être partie prenante d'un projet, d'une équipe. Avec qui êtes-vous lié ? Demandez-vous si la négociation respecte cette nouvelle appartenance.

Reconnaissance
La reconnaissance est le besoin que quelqu'un vous fasse sentir que vous avez de la valeur. Sentez-vous que les négociations vous accordent cette reconnaissance ? L'accordez-vous à l'autre ?

Identité

L'identité est la reconnaissance de soi par soi et par les autres, comme étant une personne unique. Est-ce que les négociations aident à l'affirmation de mon identité aussi bien qu'à celle de mon vis-à-vis?

Sécurité

La sécurité est la situation de quelqu'un qui se sent à l'abri du danger et rassuré. Est-ce que les solutions mises de l'avant dans nos négociations m'assurent une sécurité suffisante?

Soyez réaliste

Il ne faut jamais perdre de vue l'objectif ultime de trouver une solution avec laquelle chacun de vous puisse vivre. Je ne dis pas une solution parfaite ni idéale, non. Lorsque vous analysez une option, demandez-vous: « Suis-je capable de vivre avec ça? » Quand on participe à une démarche où il est important que chacun trouve son compte, il faut accepter de laisser aller certains bénéfices pour en gagner d'autres. Qu'êtes-vous prêt à laisser aller pour obtenir ce qui est vraiment essentiel pour vous?

Si vous n'arrivez pas à vous entendre, utilisez des critères objectifs pour régler votre conflit

Si vos discussions tournent en rond et que chacun maintient sa position, essayez le plus possible de rechercher un critère objectif sur lequel vous pouvez vous entendre et qui vous permettrait de régler sans que l'un de vous n'impose son point de vue à l'autre.

Quelques exemples de critères objectifs: les barèmes de pension alimentaire, les règles du partage du patrimoine familial, l'évaluation d'une maison par un évaluateur agréé, le tirage au sort.

GÉRER VOTRE TRANSITION À L'AIDE DE LA MÉDIATION FAMILIALE

La médiation familiale peut vous aider à trouver des solutions mutuellement acceptables aux problèmes occasionnés par votre séparation.

En parvenant à des accords satisfaisants qui tiennent compte des aspects financiers aussi bien que des aspects affectifs, vous établirez une base solide, qui vous permettra de collaborer dans le futur pour le bien-être de vos enfants.

La médiation tient aussi compte de l'évolution de votre situation et de vos besoins dans le temps. Elle vise à vous aider à trouver une réponse appropriée à vos intérêts, en tenant compte des besoins des enfants et de ceux de votre ex-conjoint.

Avant d'entreprendre une médiation ou une négociation, certaines conditions sont requises. Le médiateur s'assurera dès le premier entretien de la présence de ces préalables. Il faut d'abord *croire en la possibilité de parvenir à une entente qui soit satisfaisante pour les deux*. Bien sûr, dans une négociation, il faut accepter de donner pour recevoir et le résultat atteint n'est jamais l'image parfaite de tout ce qui était souhaité. L'important est de sauvegarder ses valeurs prioritaires et de répondre à ses besoins les plus importants. Obtenir tout ce qu'on veut reviendrait à dire que l'autre serait perdant, et cela n'est pas le but visé par le style de négociation que je vous propose.

Utiliser le terme « négocier » dans le sens de négocier un virage est une autre condition qui facilite les échanges. Imaginez-vous en train de négocier ensemble un virage dangereux ; vous ne vous battez pas l'un contre l'autre, vous faites face ensemble à une situation risquée pour les deux et vous avez tout avantage à faire front commun.

Vos négociations seront facilitées si vous les faites dans un contexte approprié. *Il est important que les règles du jeu soient claires et qu'elles soient respectées.* Le recours au processus structuré de la médiation constitue un moyen qui permet d'éviter plusieurs pièges.

LES QUESTIONS LES PLUS FRÉQUEMMENT POSÉES CONCERNANT LA MÉDIATION FAMILIALE

Qu'est-ce que la médiation familiale ?

L'Association de médiation familiale du Québec définit la médiation familiale de la manière suivante : « La médiation est une méthode de résolution de conflits basée sur la coopération. Le médiateur, tiers impartial, aide les couples désirant dissoudre leur union à élaborer eux-mêmes une entente viable et satisfaisante pour chacun. »

La médiation poursuit également, selon moi, un autre objectif, soit celui de préserver au maximum la qualité de la relation entre les personnes. À défaut de pouvoir améliorer cette relation, le médiateur évitera de l'envenimer et, tout en travaillant avec les personnes à trouver des solutions à leurs problèmes, il fera le maximum pour favoriser un climat favorable aux échanges.

À qui s'adresse la médiation familiale ?

Les gens pensent parfois que la médiation n'est pas pour eux parce qu'ils sont incapables de communiquer. D'autres pensent au contraire qu'ils ne sont pas des candidats à la médiation parce qu'ils s'entendent sur la plupart des aspects de leur séparation. En fait, la médiation familiale s'adresse à toutes les personnes intéressées à rechercher des ententes pour le bénéfice de leurs enfants s'ils en ont et dans leur intérêt mutuel, que la communication entre eux soit facile ou non. L'important est la volonté de s'entendre.

Les valeurs de la médiation familiale

La médiation fait intervenir une autre logique que celle du système contradictoire auquel nous avons eu recours jusqu'à maintenant pour régler les litiges familiaux. Cette logique est celle de la coopération et de la recherche de solutions dans l'intérêt commun plutôt qu'une logique d'affrontement et de recherche de maximisation des gains individuels basés uniquement sur les droits de chacun. Dans cet esprit, la médiation évite de revenir sur le passé et se centre sur le présent et sur le futur.

Les médiateurs familiaux valorisent le respect des personnes et leur capacité de parvenir à une entente par elles-mêmes. Ils croient que les parents sont les personnes les mieux placées pour prendre les décisions qui les concernent et qu'une solution mutuellement choisie est plus susceptible d'être appliquée qu'une solution imposée par un tiers.

Les médiateurs croient que la manière de régler un litige est aussi importante que le résultat obtenu. Ils sont conscients que la relation nouvelle qui se tisse entre les personnes après leur séparation n'est pas neutre. Elle va soit faciliter, soit faire obstacle à leur réorganisation familiale.

Quand faire appel à la médiation familiale ?

Vous pouvez recourir à la médiation familiale à plusieurs moments de votre parcours. Ce peut être avant de vous séparer, pour négocier une entente temporaire ou, après votre séparation physique, pour négocier le partage des biens, la question des enfants et celle de la pension alimentaire. Enfin, vous pouvez faire appel à un médiateur, après la séparation ou le divorce, pour réviser un jugement.

Les préalables à l'amorce d'une médiation

Dans le contexte d'une séparation, il est important que les deux conjoints reconnaissent que la fin de leur union est inévitable. La médiation est possible même si la décision ne correspond pas à la volonté d'une des personnes, à la condition que cette personne comprenne que, quoi qu'il arrive, l'autre va continuer ses démarches pour obtenir la séparation.

La condition la plus importante requise des participants à la médiation est la volonté de parvenir à un accord mutuellement satisfaisant. Les personnes qui cherchent à gagner sans considération pour les besoins de l'autre n'ont généralement pas de succès en médiation. En revanche, j'ai vu les problèmes qui semblaient les plus insolubles trouver réponse lorsque les personnes manifestaient la volonté de trouver une solution équitable.

Les participants doivent faire la différence entre la démarche de médiation et la démarche juridique traditionnelle, connaître et accepter les règles de fonctionnement de la médiation, son déroulement, la participation que l'on attend d'eux et le rôle du médiateur avant de s'engager dans cette démarche. Pendant la médiation, les participants à la médiation doivent suspendre toute procédure juridique qui aurait été entreprise.

Les participants doivent reconnaître que la responsabilité de parvenir à un accord leur appartient et que le médiateur n'agira pas comme arbitre mais comme « facilitateur ».

Les participants doivent divulguer toutes les informations requises dans le cadre de la médiation. Le refus de communiquer des informations importantes ou l'apport d'informations erronées sont des facteurs qui empêchent la conclusion d'ententes équitables.

La médiation est plus efficace lorsque les personnes sont séparées physiquement ; elle peut cependant être entreprise lorsque les personnes ont fixé une date de séparation.

Pour les personnes qui ont des enfants à charge, le ministère de la Justice subventionne sept heures et demi de médiation. Les participants doivent connaître les conditions financières de la médiation et les frais qu'elles doivent encourir lorsque ces heures subventionnées ont pris fin.

Où trouver un médiateur et comment le choisir[9] ?

Les professionnels autorisés à pratiquer la médiation familiale au Québec proviennent des domaines juridique (avocats et notaires) et psychosocial (conseillers en orientation, psychologues et travailleurs sociaux). Pour obtenir leur accréditation à titre de médiateurs, ces professionnels doivent suivre une formation de base, des formations complémentaires et recevoir une supervision. Les règles qui déterminent le nombre d'heures et les contenus de formation sont édictées par le ministère de la Justice.

Vous pouvez trouver un médiateur accrédité en consultant :
- les pages jaunes ;
- l'Association de médiation familiale du Québec ;
- les ordres professionnels habilités à pratiquer la médiation ;
- le réseau Internet ;
- votre Palais de justice ;
- votre CLSC ;
- des personnes qui ont vécu la médiation.

Il n'est pas difficile de trouver un médiateur, mais comment trouver le médiateur qui vous convient ? Il est important de choisir un médiateur en qui vous aurez confiance. Si un professionnel que vous consultez ou un ami qui a eu recours à la médiation vous réfère à un médiateur de sa connaissance, vous allez sans doute vous sentir plus en sécurité que si vous choisissez le premier médiateur des pages jaunes qui vous retourne votre appel. Avant de choisir votre médiateur, renseignez-vous sur sa formation, son expérience et ses honoraires.

Choisir un médiateur des professions juridique ou psychosociale, vous demandez-vous ? Tous les médiateurs sont formés pour vous accompagner adéquatement dans votre démarche et leur code d'éthique les oblige à refuser un client qu'ils ne se sentiraient pas aptes à aider. C'est toutefois à vous de juger si vous vous sentez plus à l'aise avec un juriste ou avec un professionnel de la relation d'aide.

---
9. Vous trouverez des adresses utiles en annexe.

Le rôle du médiateur

Le rôle du médiateur est de vous aider à négocier votre propre entente à l'aide d'une démarche structurée dont vous trouverez le déroulement au point suivant.

Le médiateur est impartial et il se préoccupe de vous aider à trouver des solutions qui correspondent aux intérêts des enfants et des adultes concernés. Bien qu'il puisse identifier diverses possibilités de règlement, il ne vous dira pas lequel de vous deux a tort ou raison et ne tranchera pas vos discussions.

Le médiateur est un spécialiste de la communication. Il vous aidera à dire ce que vous avez à dire pour que l'autre vous écoute, il vous invitera également à porter attention aux besoins de votre vis-à-vis. Il corrigera les mauvaises perceptions qui auraient pu se glisser entre vous, il calmera la situation lorsque les émotions prendront le dessus, mais non sans chercher à comprendre ce qui se passe ; il vous aidera à communiquer plus rationnellement pour vous faire entendre.

Le médiateur vous informera des aspects légaux de votre situation, mais il ne vous donnera pas d'avis juridiques et ce, même s'il est avocat ou notaire. Il vous informera des besoins des enfants sans donner un avis d'expert sur le sujet, et vous aidera, si nécessaire, à les informer de ce qui vous arrive.

Le médiateur vous aidera à cerner et à exprimer vos besoins selon qu'il sera question de la réorganisation de la vie avec les enfants, des contributions financières ou du partage des biens. Il vous aidera à développer une vision commune de votre situation de manière à trouver des solutions acceptables par tous.

Le médiateur vous aidera à analyser toutes les possibilités qui s'offrent à vous pour régler votre séparation. Il pourra vous aider à développer des solutions originales qui correspondent à vos besoins particuliers.

À la fin de la médiation, le médiateur vous remettra un résumé de vos ententes et il vous donnera les informations requises pour officialiser vos ententes et leur donner une portée juridique.

Le déroulement d'une médiation

Une médiation est une démarche qui peut prendre de trois à huit rencontres, selon la complexité de votre situation et la nature de la relation qui existe entre vous et votre ex-conjoint. Ces rencontres peuvent s'étaler sur quelques semaines ou quelques mois, selon votre rythme.

Lors de la première rencontre, le médiateur fera avec vous un bilan de votre situation. Il tracera le portrait de vos situations familiale, économique et juridique. Il identifiera avec vous les questions sur lesquelles vous vous entendez et celles sur lesquelles vous souhaitez discuter. Il vous informera du fonctionnement de la médiation et des règles à suivre, et il vous proposera un plan d'action approprié à votre situation. Si nécessaire, il vous aidera à négocier une entente temporaire de fonctionnement concernant la résidence, les enfants et les contributions financières.

Une fois que vous aurez obtenu toutes ces informations, vous déciderez si vous voulez ou non vous engager dans cette démarche. Si vous acceptez d'amorcer la médiation, le médiateur vous fera signer un contrat de médiation. La médiation étant une intervention volontaire, vous pouvez décider en tout temps de mettre fin à votre participation. Le médiateur peut également mettre fin à une médiation si vous n'en respectez pas les règles ou si vous agissez de mauvaise foi.

Règle générale, le médiateur abordera une question à la fois, que ce soit la question des enfants, celle des contributions financières ou celle du partage des biens. Il vous aidera à exprimer vos points de vue sur la question, à identifier vos besoins et à vous entendre sur une vision commune du problème, à identifier une gamme de possibilités de solutions pour chaque enjeu.

En médiation, 80 % de la démarche consiste en fait à échanger de l'information, à parler de ce qui vous préoccupe, de vos craintes et de vos besoins, et à identifier des possibilités de solution concernant les questions que vous avez à régler. Ce n'est qu'à la fin, lorsque vous aurez un portrait d'ensemble, que vous serez appelés à conclure une entente. Les questions de la garde des enfants, de la pension alimentaire et du partage des biens, même si on les traite séparément, sont très intimement liées entre elles et on ne peut décider d'un point sans savoir comment vont se régler les autres points.

Le médiateur vous encouragera à obtenir un avis juridique avant de procéder à la signature de tout document qui devrait découler du résumé de vos ententes.

À la fin de la médiation, le médiateur consignera vos ententes par écrit afin que vous puissiez procéder à leur légalisation.

La médiation familiale est-elle obligatoire ?

Beaucoup de personnes croient à tort que la médiation familiale est obligatoire. La *Loi instituant au Code de procédure civile la médiation préalable en matière familiale,* entrée en vigueur au Québec le 1er septembre 1997, oblige les personnes qui ont des enfants à charge et qui ne peuvent s'entendre sur la garde des enfants et les droits de visites et de sorties, la pension alimentaire due à une personne ou aux enfants, ou encore le partage des biens, à participer à une séance d'information sur la médiation préalable à l'audition. Si vous vous êtes entendus par vous-mêmes ou à l'aide de procureurs, vous n'êtes pas tenus d'assister à une telle séance.

La séance d'information peut se faire en groupe et vous pouvez y assister seul ou elle peut se faire en présence d'un médiateur et des deux conjoints. La séance porte sur les objectifs et le déroulement de la médiation, le rôle du médiateur et celui des participants. On fera aussi la distinction entre la démarche juridique traditionnelle et la médiation.

Une fois la séance d'information terminée, vous pouvez décider d'entreprendre une médiation ou de présenter une requête devant le tribunal. Le formulaire qui vous est remis après la rencontre vous en donne la possibilité.

Si vous avez des motifs sérieux de ne pas vous présenter à la séance d'information, vous pouvez obtenir auprès d'un médiateur une dispense de participer à cette séance. Les motifs sérieux peuvent être liés au déséquilibre des forces entre vous et votre conjoint, à votre capacité physique ou psychique, ou encore à la distance entre votre résidence et celle de votre ex-conjoint.

La médiation familiale est-elle gratuite ?

Le ministère de la Justice subventionne sept heures et demi de médiation ou six séances d'une heure quinze. Très souvent, il s'agit d'un temps suffisant pour régler toutes les questions. Lorsque la situation l'exige, la médiation se poursuit au tarif maximum de 95 $ la séance d'une heure quinze ou 76 $ l'heure. Ces frais sont partageables entre les conjoints.

La médiation remplace-t-elle l'avocat ?

La médiation a pour but de vous aider à négocier votre propre entente dans le respect des lois existantes. Au départ, le médiateur vous aidera à trouver des solutions acceptables par les deux et non à faire valoir les droits de l'un ou de l'autre. Le médiateur vous informera des lois, mais il ne vous donnera pas d'avis juridique. Le médiateur ne remplace donc pas l'avocat, il joue un rôle complémentaire.

Chapitre 5

Où en suis-je avec moi-même ?

*Les gens qui s'adaptent le mieux et
le plus rapidement aux changements
sont généralement ceux qui n'ont pas le choix.*

Robert Frey

LES ADIEUX À FAIRE

Au cours de la période de transition, vos rêves de couple, de vie de famille, de vieillesse à deux sont en train de s'envoler, laissant un grand vide dans votre vie. Attention au sentiment d'échec qui vous guette, prêt à combler ce grand trou noir. Il n'y a pas d'échec dans la vie, il n'y a que des expériences, des occasions d'apprendre et de grandir. Le sentiment d'échec vous garde attaché au passé, vous coupe de la vie qui veut renaître en vous, de vos ressources, d'un avenir meilleur. Mieux vaut tenter de comprendre le deuil que vous êtes en train de vivre, les émotions que cela suscite en vous et qui vous mettent en mouvement, pour vous recentrer sur votre devenir et la négociation de la nouvelle réalité qui vous attend.

Ce qui est important est de prendre conscience qu'en même temps que vous négociez, vous êtes en train de dire adieu à plusieurs aspects de votre vie qui étaient importants. Une étape essentielle du deuil est de reconnaître ces dimensions auxquelles vous étiez attaché, même si elles comportaient leurs difficultés, d'en faire le tour, de les pleurer et de les laisser aller pour faire place à autre chose.

Prenez soin de vous, car vous vivez plusieurs pertes à la fois.

La perte d'un rêve

Le mariage devait vous assurer le bonheur et la sécurité ; vous deviez vous donner la main pour élever vos enfants ensemble ; vous aviez déjà formulé des projets de retraite. Cela n'est plus, il faut trouver d'autres images du futur. Il n'est pas toujours facile d'imaginer un autre rêve, et cela peut être source de découragement, surtout si vous n'en êtes pas à votre première séparation.

La perte de votre statut de couple

Vous êtes maintenant célibataire avec des enfants. Vos sorties et vos activités prendront d'autres formes. Vous cesserez certains loisirs et vous en découvrirez d'autres. Vous voyagerez peut-être un moment en solitaire.

La perte de la vie partagée

Vous perdez des habitudes familières. Si votre ancienne vie vous satisfaisait encore, ce sera plus difficile. Si, au contraire, vous ne pouviez plus la supporter, il sera plus facile de vous habituer à autre chose. Si vous avez une longue habitude de vie commune, la transition risque d'être plus longue et plus pénible. On ne peut changer en 3 mois des habitudes vieilles de 30 ans. Cela demande du temps.

Si vous êtes un homme, l'absence d'un réseau de support et l'absence des enfants peut vous rendre ce changement encore plus rude. Si vos enfants vivent au quotidien avec vous, le départ de la mère vous laisse une responsabilité accrue que vous n'aviez peut-être pas l'habitude d'assumer.

Si vous êtes une femme, les charges des enfants et du travail risquent de ne pas vous laisser beaucoup d'espace pour votre vie personnelle.

La perte de revenus

Au moment même où la perte de statut, la perte de la routine et la perte du rêve vous rend plus vulnérable, vous devez faire face à une baisse substantielle de revenus et aux tensions qu'elle engendre. L'appauvrissement est l'un des facteurs qui influence le plus la transition familiale. L'argent n'arrange pas tout, mais il facilite beaucoup la réorganisation des deux nouveaux foyers.

Vous êtes moins capable d'offrir à vos enfants, et de vous offrir à vous-même, des gratifications qui pourraient suppléer quelque peu aux problèmes rencontrés. C'est le contraire qui se produit. Que vous soyez ou non sur le marché du travail, vous disposez de moins de revenus et votre vie s'en ressent.

La perte de la maison et du voisinage

Vous avez peut-être dû quitter votre maison ou la mettre en vente. Il s'agit de la perte d'un autre plaisir, celui d'être chez soi, de régner sur son domaine, d'avoir de l'espace. Le déménagement dans un logement plus petit entraîne souvent un changement de style de vie, la perte d'amis pour les enfants et pour vous. Voilà encore une autre perte, et pas des moindres.

Vous me direz que d'énumérer toutes ces pertes n'est pas un bon moyen de vous remonter le moral. Je vous répondrai que ce n'est pas de les nommer qui rend votre situation plus difficile. Au contraire, le fait de prendre conscience de la force du changement que vous vivez peut vous aider à comprendre l'ampleur de votre réaction et à mieux prendre soin de vous.

Le cumul de toutes ces pertes vous enlève de l'énergie et peut vous mener à la dépression. La difficulté d'assumer ces manques peut aussi vous amener à alimenter des conflits avec votre ancien partenaire, comme pour garder vivant un lien, même si c'est un lien conflictuel. Que ce soit sur le mode dépressif ou sur le mode conflictuel, vous vivez de nombreux deuils, et cela fait partie de votre travail de transition sur le plan émotionnel.

Ce travail de deuil, en somme, c'est de faire quelque chose avec ce que l'événement vous apporte et de laisser pénétrer en vous ce qui peut être récupéré. Si vous acceptez la perte de ce qui était extérieur à vous, vous pourrez prendre en vous l'héritage qui vous a été laissé par cet amour perdu. Vous êtes en plein processus de guérison, et ça fait mal. Mais n'oubliez pas que vous êtes en route vers des jours meilleurs, même si ça ne paraît pas pour l'instant.

La vie a défait vos plans. À partir de maintenant, vous ne fonctionnez plus sur le pilote automatique. Pendant un certain temps, vous n'aurez pas d'idée de ce que vous voulez faire de votre vie, vous n'aurez pas envie de prendre d'initiatives et c'est normal, cela ne veut pas dire que vous ne prenez pas votre vie en main. Vous vous donnez le temps de vous reposer en attendant le retour du printemps. Il ne servirait à rien de vous brusquer, la nouvelle vie qui vous attend a besoin de temps pour prendre racine en vous.

MES ÉMOTIONS

Ces adieux vous entraînent dans une danse infernale. Après le choc initial que vous avez subi, vous allez connaître de profondes métamorphoses sur le plan psychologique, vos émotions vous donneront l'effet de montagnes russes.

Le psychologue et journaliste Daniel Goleman, dans son ouvrage *L'intelligence émotionnelle*[10], décrit de façon intéressante sa conception

---

10. Goleman, D. *L'intelligence émotionnelle,* Paris, Robert Laffont, 1997.

de l'émotion : « Je désigne par émotion à la fois un sentiment et les pensées, les états psychologiques et biologiques particuliers, ainsi que la gamme de tendances à l'action qu'il suscite. »

Trois grandes émotions se disputent la place dans votre cœur : l'amour, la colère et la tristesse. L'amour, c'est le désir d'être près de lui ou d'elle, la culpabilité ressentie à l'idée de lui faire du mal, enfin tout ce qui vous retient à l'autre. La colère réfère à des états émotifs comme la frustration, le ressentiment aussi bien que la rage que vous pouvez éprouver, tout ce qui vous amène à vous fâcher contre l'autre. La tristesse s'exprime plutôt par des sentiments de solitude, de dépression et de peine, des émotions qui vous amènent à prendre de la distance par rapport à l'autre.

Il est tout à fait normal de ressentir ces émotions. Vous vous sentirez dominé par l'une d'elles et puis voilà qu'une autre prendra la place, pour être remplacée par une troisième. C'est ce que j'appelle les montagnes russes. Selon que vous ayez pris la décision de vous séparer ou que vous la subissiez, la danse ne se fera pas de la même manière.

Le deuil bloqué : incapacité de couper avec le passé

Certaines personnes n'arrivent pas à faire la coupure d'avec le passé. Le blocage peut prendre différentes formes, mais chacune reflète la même réalité, l'incapacité de dire adieu à l'autre.

Certains demeureront dans l'émotion amoureuse et nieront la réalité dans l'espérance d'une réconciliation. Une de mes étudiantes me faisait part qu'au remariage de son père, 15 ans après la séparation de ses parents, sa mère lui aurait confié : « Ça veut dire qu'il ne reviendra pas… » Voilà une femme incapable de laisser aller son amour perdu.

D'autres personnes demeureront dans l'émotion de la colère et rechercheront sans cesse la vengeance et les revendications de toutes sortes. Les tribunaux regorgent de dossiers de 10 centimètres d'épaisseur qui relatent les comparutions devant le Juge tantôt pour régler une pension alimentaire non payée, tantôt un droit de sortie non respecté.

Enfin, plusieurs personnes qui se séparent restent dans l'émotion de la tristesse, se rendent responsables de l'échec de la relation et sombrent dans la dépression. On peut trop souvent lire à la une des journaux les histoires de suicides qui sont la matérialisation extrême de ce type de blocage.

Ces personnes, qui restent accrochées au passé, n'arrivent pas à passer à une nouvelle réalité et, en continuant à vivre un passé qui n'existe plus, s'empêchent de développer leur potentiel, de devenir ce qu'elles pourraient être, et entraînent souvent leurs proches dans leur refus de tourner la page.

Encore d'autres émotions…

D'autres états émotionnels accompagnent les grandes dames que sont l'amour, la colère et la tristesse. Elles sont un reflet des changements et de l'adaptation en cours.

La peur et la peur d'avoir peur

Peur de manquer d'argent, peur de vivre seul, peur de ne pas trouver de travail, et quoi d'autre encore. La peur est l'une des émotions les plus présentes lorsque vous vous séparez. Plusieurs de ces peurs sont vraies, car elles sont basées sur l'inconnu et concernent à la fois les aspects personnel et financier. Une grande partie de vos peurs sont toutefois plus un reflet de vos angoisses intérieures et des idées préconçues acquises dans l'enfance qu'une réalité en soi. La peur n'est pas un problème comme tel, ce qui importe, c'est ce que vous en faites. Si la peur vous rend prudent et attentif à ce qui se passe, c'est une chose, si elle vous paralyse, c'est autre chose.

La confusion

La confusion provient des changements rapides et incontrôlés qui prennent place en vous, chez vos enfants et chez votre ex-partenaire. Lorsque vous vous séparez, vous devenez différent ! Votre identité personnelle, votre statut social et votre façon de voir les choses et de penser produisent des changements dont vous ne pouvez identifier les résultats qu'avec le temps, ce qui entraîne cette période de confusion. Vous pouvez vous sentir comme une toupie, tellement les changements sont rapides.

Les contradictions

Les contradictions vous envahissent. Un jour, vous ne voulez plus rien savoir de votre ancien partenaire, le jour suivant, il vous manque. Le mardi, vous vous sentez en forme et prêt à conquérir le monde, le mercredi, la peur vous envahit, vous laissant inquiet et démuni. Il n'est pas surprenant que vous vous repreniez à souhaiter revenir à votre ancienne situation qui était peut-être inconfortable, mais qui avait l'avantage d'être familière. Le sentiment de vulnérabilité et le désir de stabiliser votre vie peuvent vous donner envie de retourner en arrière.

Observer, ressentir et nommer vos émotions est un moyen de leur retirer le pouvoir de vous démolir sans vous laisser emporter par elles. Vous avez peur, vous êtes confus et souvent en contradiction avec vous-même, vous êtes normal, vous êtes un être vivant en changement.

MES RÉACTIONS PAR RAPPORT AU DANGER

Toutes ces émotions qui s'agitent en vous entraînent des réactions plus vives que l'éclair. « L'esprit émotionnel est beaucoup plus rapide dans ses perceptions que l'esprit rationnel. Sa promptitude exclut la réflexion délibérée et analytique qui est le sceau de l'esprit pensant (...). Nous sommes emportés par des réactions émotionnelles brutales sans comprendre pleinement ce qui se passe[11]. »

L'être humain doit sa survie à sa vitesse de réaction devant la menace. Nous avons tous développé, dans notre enfance, des façons de réagir au danger. Virginia Satir, une thérapeute familiale américaine, a distingué cinq façons de réagir lorsque nous nous sentons menacés[12].

Comme la séparation et les conséquences qu'elle engendre peuvent être perçues comme une menace, il peut être utile d'observer comment vous êtes porté à agir dans cette situation.

Devant un danger, à quelle réaction seriez-vous porté à vous associer ?

C'est ta faute. La personne qui blâme
Devant la menace, cette personne blâme tout le monde, sauf elle-même. Elle se défend de la menace en l'éliminant. Cette réaction peut aller jusqu'au meurtre ou à la guerre. Ses états émotionnels dominants sont la colère, le sentiment de pouvoir et, plus tard, la culpabilité et la solitude.

---

11. Goleman, D. *L'intelligence émotionnelle,* Paris, Robert Laffont, 1997.
12. Satir, V. *Making Contact,* Millbrae, Celestial Arts, 1976.

Tu as raison. La personne qui cède

Devant la menace, cette personne prend la responsabilité de tout ce qui arrive, elle ne pense qu'aux autres. Elle se défend de la menace en laissant l'autre gagner. Cette réaction peut aller jusqu'au suicide. Ses états émotionnels dominants sont la dépression, une faible énergie, la frustration, le ressentiment et les explosions de rage périodiques.

Soyons raisonnables. La personne super raisonnable

Devant la menace, cette personne traite la situation uniquement sur le plan rationnel, sans tenir compte des émotions. Elle reste dans son intellect et réprime ses émotions. Cette réaction peut aller jusqu'à une maladie psychosomatique. Les émotions de la personne sont neutralisées. Elle éprouve un sentiment de supériorité.

As-tu entendu la dernière blague ? La personne hors de propos

Devant la menace, cette personne s'organise pour être hors de propos. Elle se distrait et distrait les autres ; elle n'est pas en contact avec ses pensées, ses émotions ni le contexte environnant. Cette réaction peut aller jusqu'à la psychose, l'alcoolisme, la drogue ou le jeu compulsif. Cette personne a beaucoup d'énergie, elle est souvent drôle, euphorique, déconnectée de la réalité, hors de contrôle ou épuisée intérieurement.

C'est difficile, mais parlons-en. La personne congruente

La personne congruente se dit : « J'ai des idées et des émotions, l'autre aussi, faisons face ensemble à cette situation. »

Devant la menace, la personne congruente fait face à ce qui se passe et en prend la responsabilité. Cette personne va prendre en considération ses idées, ses sentiments et le contexte dans lequel elle vit. Elle va tenter d'éliminer la source de la menace. Ses états émotionnels dominants sont le courage, la force, l'agitation, l'animation et, à la fin, un sentiment de paix.

Parce qu'elle n'élimine aucune dimension de la réalité, l'attitude congruente a plus de chances de parvenir à une solution qui sera bénéfique pour tous. Cette attitude ne donnera pas toujours les résultats matériels escomptés, mais elle permettra à la personne de maintenir son intégrité, son estime de soi et un sentiment de paix avec elle-même.

Vous me direz qu'il n'est pas facile d'être congruent dans la tourmente des émotions. C'est vrai. Cependant, si vous apprenez à observer vos émotions, si vous décidez de tenir compte de vous, de l'autre et du contexte, vous adopterez une attitude qui vous fera avancer. Oui, vous allez parfois être emporté par vos émotions, mais cela sera passager et vous serez capable de remettre le cap sur la guérison.

MA VISION DE LA VIE

Nous avons nécessairement une vision du monde qui façonne nos émotions, nos réactions, nos choix, donc l'orientation que nous donnons quotidiennement à nos vies. Ces moments où la vie nous pousse au changement sont l'occasion de reprendre contact avec ce qui compte vraiment pour nous dans la vie.

Mes émotions et mes actions sont le résultat de ma vision du monde

Cette vision du monde est le plus souvent inconsciente et enfouie au fond de nous. Il est rare que nous nous arrêtions à cette façon de concevoir l'univers qui est la nôtre. Pourtant, un jour, devant une crise comme la séparation, les grandes questions existentielles reviennent nous hanter. La motivation à prendre conscience de notre vision du monde survient le plus souvent lorsque ça ne va plus dans nos vies.

Autrefois, la religion constituait une vision organisatrice de la vie. Le message du Christ et les règles véhiculées par l'Église constituaient notre code de conduite. Depuis que les églises sont démolies et que les clochers sont devenus comme des décors de carton que l'on démonte lorsque le rideau est tombé, nous n'avons plus de vision commune du monde à laquelle nous rallier.

Désormais, semble-t-il, chacun doit construire cette vision du monde pour lui-même. Les repères ont disparu, et nous vivons dans un monde qui change de plus en plus rapidement et qui semble avancer sans direction connue. La recrudescence des sectes, des adeptes du Nouvel Âge, la vogue des *preachers* américains, la course à l'emploi et à la préretraite, l'étourdissement dans la consommation et la concurrence effrénée dans un contexte de mondialisation sont autant de pistes aveugles empruntées par les hommes et les femmes à la recherche d'un sens à leur vie. Comment, dans un monde qui cherche sa direction, pouvons-nous créer nos vies ? Dans un tel contexte, pouvons-nous avancer sans avoir développé, chacun pour soi, notre vision personnelle du monde et de notre vie dans ce monde ?

Une réflexion sur ma vision du monde

Quelle est ma vision actuelle de la vie ?
Comment s'est-elle créée ?
Qu'y a-t-il de moi là-dedans ?
Qu'y a-t-il qui appartient à la culture, à la société ?

Est-il possible de distinguer ce qui m'appartient de ce qui appartient au contexte dans lequel je baigne ? Difficile... Pourtant, il m'appartient de recréer pour moi le sens que je veux donner à mon existence. Je dois prendre le risque de me faire mon idée, à défaut de quoi je vis dans un univers absurde, sans but et sans raison d'être.

Avoir le sentiment de ma raison d'être sur terre, me situer comme être vivant dans un contexte dont je ne peux m'abstraire, à défaut de me couper d'une partie de moi-même, être en relation sans me dissoudre dans l'autre, exister et me développer en relation avec les autres, créer, voilà une nécessité dans un monde où la direction ne vient plus de l'extérieur, mais doit venir du plus profond de chaque être. « À chacun sa vérité », disait Pirandello. À chacun sa façon de concevoir l'histoire de sa vie intérieure et de ses relations avec les autres.

Est-ce que je peux imaginer vivre seul au monde ? Que serais-je sans tous ces liens que je tisse avec les autres ? Ai-je déjà remarqué qu'avec telle personne, je suis différent d'avec telle autre personne. Il existe des êtres en présence desquels je me sens important, alors qu'en présence d'autres je me sens négligeable. Je n'existe pas en vase clos, j'existe avec et par toutes les relations que j'ai vécues depuis que je suis au monde, à commencer par ma relation avec ma mère, et puis avec mon père, mes frères, mes sœurs, mes amis et mes collègues. Chacun de nous porte en lui, tissées dans la fibre même de son être, toutes les relations intimes qu'il a vécues. Nul n'est une île, je suis un être de relation. Je n'existe qu'en relation. En relation avec les autres, en relation avec la nature, en relation avec mon travail, en relation avec le cosmos tout entier. Je n'ai de sens qu'inscrit dans cette grande aventure de la vie.

La vision du monde qui vous inspire exercera une influence déterminante dans votre attitude pendant la transition que vous êtes en train de vivre. Votre vision vous appartient ; si vous ne pouvez changer les circonstances de votre vie, vous pouvez changer le regard que vous portez sur elles.

Exercice de réflexion sur mes valeurs

Il se peut que votre vision du monde ne soit pas très claire en ce moment. Un travail de clarification de vos valeurs peut vous aider à identifier ce qui compte pour vous dans la vie. Établir un ordre de priorités, pour définir, à travers ces valeurs, ce qui est essentiel pour vous et ce qui est accessoire, c'est aussi une façon de définir votre vision du monde.

Parmi la liste que vous trouverez plus bas, choisissez les cinq valeurs qui vous influencent le plus dans chacun des domaines de votre vie :

Dans ma croissance personnelle

1. _____

2. _____

3. _____

4. _____

5. _____

Dans mes relations avec les autres

1. _____

2. _____

3. _____

4. _____

5. _____

Dans ma famille et avec mes enfants

1. _____

2. _____

3. _____

4. _____

5. _____

Dans mon travail et ma carrière

1. _____

2. _____

3. _____

4. _____

5. _____

Dans mes finances

1. _____

2. _____

3. _____

4. _____

5. _____

Faites votre choix parmi les valeurs qui suivent.

Accomplissement de soi	Enseignement	Moralité
Affection	Entrepreneurship	Mystère
Aider les autres	Environnement	
Ambition	Espace	Nation
Amitié	Espoir	Nature
Amour	Exercice	Non-conformisme
Apparence	Expérience	Nourriture
Appartenance	Expérimentation	Nouveauté
Argent	Expression	
Art		Obéissance
Athlétisme	Famille	Ordinateur
Authenticité	Foi	Ordre
Autonomie	Foyer	Ouvrage
Autorité		
Aventure	Grandeur	Paix
		Participation
Beauté	Honnêteté	Patience
Bien-être	Honneur	Persistance
Bonheur	Horaire	Plaisir
	Humour	Politique
Carrière		Possession
Charité	Imagination	Pouvoir
Communication	Implication	Production
Compétition	Indépendance	Profession
Confiance	Individualisme	Prospérité
Conformité	Influence	Psychisme
Confort	Innovation	
Conservation	Intégrité	Récompense
Contrôle	Intimité	Relations
Coopération		Religion
Créativité	Jeunesse	Réputation
Crédit	Joie	Respect
Culture		Retraite
	Leadership	Richesse
Défi	Lecture	
Devoir	Liberté	Sacrifice
Dieu	Loyauté	Sagesse
Discipline		Satisfaction
Domination	Maîtrise	Sécurité
	Mariage	Sensation
Éducation	Maturité	Se tenir debout
Égalité	Médiation	Sincérité
Emploi	Mentorat	Spiritualité
Énergie	Militantisme	Sports
Enfant	Modestie	Stabilité

Statut	Terre	Utilité
Stimulation	Transformation	
Succès	Travail	Vitalité
Survie	Travail d'équipe	Voyage
Technologies	Unanimité	Zèle
Télévision	Unité	
Temps	Universalité	

En faisant cet exercice, vous venez de tracer le contour de votre centre de gravité, de cette partie de vous-même qui survivra à toutes les tempêtes et qui vous guidera dans votre destinée. Vous avez sans doute pris conscience de vos besoins et peut-être aussi de ce que vous aimeriez changer en vous. Au cours de votre vie, vos valeurs peuvent se modifier. Ce qui est important, c'est de demeurer le plus conscient possible de ce qui compte vraiment pour vous. La clarification des valeurs que vous venez d'effectuer sera le tremplin qui vous aidera à orienter vos décisions en fonction de votre vision personnelle de la vie.

MON ÉTAPE DE VIE

Il est facile de comprendre que se séparer à 26 ans et se séparer à 62 ans entraîne des enjeux différents. Vous ne pouvez réfléchir à votre séparation sans tenir compte de votre âge et de ce que la vie vous demande à ce moment précis.

Si vous êtes dans la vingtaine, vous venez de vous engager dans votre vie de couple et de parents. Vous commencez également votre carrière. Vous êtes dans une phase d'apprentissage de nouveaux rôles, vous avez beaucoup de défis à relever et de choix à faire. Vous avez sans doute de jeunes enfants qui sollicitent beaucoup votre attention. Votre situation financière n'est pas stable, vous avez peut-être encore des dettes d'études, vous n'avez pas beaucoup d'économie.

Si vous êtes dans la quarantaine, après avoir consenti beaucoup d'énergie à votre couple, vos enfants et votre travail, vous commencez à penser à vous. La quarantaine est une étape de remises en question. Au mitan de la vie, vous vous demandez si vous avez fait les bons choix. Vous avez des adolescents qui exigent beaucoup de vous, votre vie de couple ne vous procure plus les joies d'antan, votre travail commence à vous lasser, vous avez plus de revenus, mais les dépenses ne cessent d'augmenter.

Si vous êtes dans la soixantaine, vous avez pris votre retraite ou vous êtes sur le point de le faire. Vos enfants ont grandi et vous vous retrouvez seul avec votre partenaire. Vous êtes à l'heure des bilans. Vous ne roulez pas sur l'or, mais vous avez réussi à épargner un peu pour vos vieux jours. Après toutes ces années de labeur, vous voulez profiter de la vie.

> ### Exercice
> ### La roue de la vie[13]
>
> Je vous suggère de faire cet exercice qui vous aidera à faire un bilan et à vous situer sur votre ligne de vie, entre passé et futur.
>
> Étape 1 : Tracez un grand cercle sur une feuille et divisez-le en 8 parties égales.
>
> Prenez votre âge et divisez-le par 7. Par exemple, si vous avez 52 ans, les portions de votre cercle seront donc de 7 ans : de 1 à 7 ans, de 8 à 14 ans, de 15 à 21 ans, de 22 à 28 ans, de 29 à 35 ans, de 36 à 42 ans, de 43 à 49 ans, de 50 à… Si vous avez 35 ans, vos portions seront de 5 ans : de 1 à 5 ans, de 6 à 10 ans, de 11 à 15 ans, de 16 à 20 ans, de 21 à 25 ans, de 26 à 30 ans, de 31 à 35 ans. Et votre dernière portion, de 36 à…
> La dernière portion représente le présent et la suite de votre vie.
>
> Étape 2 : En un mot ou une courte phrase, indiquez les événements marquants de la période. Faites vite, si rien ne vous vient à l'esprit, continuez.
>
> Étape 3 : Relisez ce que vous avez écrit. Écrivez vite fait quel genre de période c'était pour vous. Occupée ? Stimulante ? Ennuyeuse ? Malheureuse ?

---

13. Kanin, R. *Write the Story of your Life,* New York, Hawthorn/Dutton, 1981.

> Étape 4 : Pour chaque période demandez-vous maintenant :
> *Qu'est-ce qui a été le plus important pour moi pendant cette période ?*
> *Qui a été la personne la plus significative pour moi ?*
> *Qu'est-ce que j'ai appris pendant cette période ?*
> *Qu'est-ce que j'ai accompli pendant cette période ?*
>
> Étape 5 : Qu'est-ce que je veux accomplir à partir de maintenant ? Que voulez-vous placer au centre de votre vie pour la période à venir ? À quelles personnes voulez-vous accorder de l'importance ? Que voulez-vous apprendre ?
>
> En cette période de transition, il est important d'évaluer où vous en êtes dans votre vie, à quoi vous voulez accorder la priorité et quels besoins vous désirez satisfaire. Ce bilan personnel vous aidera à mieux vous affirmer dans les négociations que vous devrez mener dans les prochains mois pour réorganiser votre vie personnelle, familiale et financière.

MA VISION DU FUTUR

C'est l'idée que l'on se fait de soi
dans l'avenir qui provoque
tout développement.

ANDRÉ LEVESQUE[14]

Il m'est arrivé à quelques reprises au cours de ma vie, surtout à des moments de remise en question ou d'insatisfaction, de me demander : « Qu'est-ce que je veux faire de ma vie ? Qu'est-ce qui est vraiment important pour moi ? Qu'est-ce qui me satisfait le plus ? » Lorsque ces grandes questions surgissaient, je prenais un bout de papier, j'y inscrivais la date et cinq buts (les plus importants et les plus intéressants pour moi) que je souhaitais atteindre dans les cinq prochaines années.

Je perdais presque toujours ces bouts de papier et je les oubliais tout autant que les objectifs que je m'étais fixés. À au moins trois occasions, j'ai retrouvé ces papiers pliés en quatre dans un livre ou

---

14. Levesque, A. *Partenaires multiples et projet commun*, Paris, L'Harmattan, 1993.

dans un tiroir. Et chaque fois, à quelques années d'intervalle, je constatais à mon grand étonnement que j'avais réalisé mes désirs. Maintenant, je fais encore ce jeu, mais je le fais avec plus d'attention, car je sais que la pensée crée et que mon subconscient concourt, sans que je ne m'en rende compte, à m'amener là où je désire vraiment aller.

J'ai aussi eu la chance de tomber, tout à fait par hasard, à un moment de transition dans ma vie professionnelle, sur un cahier intitulé *Charting Your Goals*, de Dan Dahl et Randolph Sykes publié en 1988. J'ai beaucoup retiré de ce guide et j'en ai traduit quelques réflexions qui incitent à se donner des buts et à se créer une image du futur.

> *Le changement peut entraîner soit un dérangement, soit un renouveau et souvent les deux. Il survient à des moments où les images, les croyances et les valeurs existantes deviennent démodées et ne semblent plus correspondre à nos besoins. Les sentiments d'incertitude qui accompagnent le changement changent notre perspective sur le monde. Ces sentiments transforment beaucoup de nos croyances et nous transforment nous-mêmes.*
>
> *Dans ces périodes de transition, de passage, de crise ou de développement, nous expérimentons l'incertitude du futur aussi bien que des espoirs et des peurs concernant ce qui peut se passer. Être plus conscient de nos valeurs, de nos besoins et de nos buts peut nous donner un plus grand contrôle sur la manière dont ces transitions nous affectent, et augmente notre possibilité de gérer les potentialités que nous avons. Lorsque nous sommes au clair avec nos valeurs, que nous pouvons articuler nos besoins et établir des buts raisonnables, nous nous donnons un sens et une stabilité qui n'existerait pas autrement dans tous les changements que nous vivons.*
>
> *Pour nous transformer, il est nécessaire de clarifier nos valeurs, de réévaluer nos priorités, de nous fixer des buts qui favoriseront la réalisation de nos besoins essentiels et de notre plus grand potentiel. Nos buts personnels seront plus facilement atteints s'ils sont des objectifs à long terme basés sur une connaissance de nous-mêmes et sur le dosage de nos attentes et de nos ressources*[15].

---

15. Dahl, D. et Sykes, R. *Charting Your Goals*, New York, Perennial Library, 1988.

Exercice de création d'une image du futur

Pour mettre votre subconscient au travail, je vous invite à vous installer confortablement avec, à portée de la main, papier et crayon. Votre imagination est un réservoir dans lequel vous puiserez pour construire votre image du futur. Dans le monde de l'imaginaire, rien n'est impossible, laissez-vous donc aller à rêver.

Essayez d'imaginer ce que vous aimeriez être et faire dans cinq ans. Visualisez avec le plus de précision possible les vêtements que vous portez, l'environnement où vous évoluez, les odeurs agréables qui embaument l'air, etc. Imaginez en détail les succès que vous obtenez sur les plans personnel, parental, professionnel, social et dans tous les autres domaines qui comptent pour vous. Ne laissez pas votre démon intérieur venir contrarier votre imagination ; créez l'image de votre futur comme vous voudriez qu'il soit sans vous mettre de contraintes.

Une fois que vous avez développé votre image du futur, prenez un bout de papier et décrivez cette vision de la façon la plus détaillée possible. Mettez-la de côté, oubliez-la et relisez-la dans cinq ans.

Gardez à l'esprit cette belle métaphore du pont évoquée par le sociologue français André Levesque pour décrire le développement : « Accroché à la rive, il lance dans le vide ses arches audacieuses. De pilier en pilier, elles sont comme appelées par une autre rive, où quelque chose ou quelqu'un l'appelle. (...) C'est la prise de conscience par [une entité] de ce qu'elle pourrait et voudrait être dans l'avenir qui provoque son élan et nourrit son espérance[16]. » Que pouvez-vous être ? Que voulez-vous être ?

---

16. Levesque, A. *Op. cit.*

EN BREF : LE CHEMINEMENT ÉMOTIONNEL PENDANT LA PÉRIODE DE TRANSITION

Étapes à franchir	Obstacles possibles	Que faire ?
• Poursuivre le deuil de la relation	• Rester accroché au passé	• Rechercher les aspects positifs de la nouvelle situation et en profiter
• Reconnaître et vivre ses émotions		
• Prendre conscience de ses réactions en situation de menace		• Changer ses habitudes, faire des choses différentes
• Réfléchir sur sa vision du monde	• Faire du surplace	
• Discerner les valeurs importantes et établir des priorités		• Changer de décor
• Se situer dans son étape de vie		• Laisser les enfants aller chez l'autre et prendre du bon temps
• Identifier ce qui a été retiré de la vie commune	• Utiliser les enfants pour combler un vide affectif	
• Identifier ce qui a été mis de côté pendant la vie commune		• Développer des intérêts nouveaux
		• Identifier ses besoins essentiels
• S'adapter à la vie en solitaire		
• Découvrir un nouveau mode de vie	• Demeurer réactif et ne pas devenir proactif	• Identifier ses ressources
• Expérimenter		
• Retourner aux valeurs essentielles		• Établir ses priorités
		• Créer son image du futur
• Identifier de nouvelles priorités	• Être trop pris dans ses sentiments pour négocier avec l'autre	• Préparer la négociation à long terme

Chapitre 6

DU « NOUS » AU « JE »
REDEVENIR CÉLIBATAIRE

La période de transition entraîne un changement profond dans votre relation avec votre conjoint. Comment faut-il maintenant le nommer ? Votre ex ? Votre ancien partenaire ? Par son prénom : Pierre, Nicole ou Claude ?

Si vous avez des enfants, vous demeurez liés à jamais. De quoi sera faite votre relation maintenant que vous n'êtes plus un couple ? Quelle influence ces rapports exerceront-ils sur vous ? Comment allez-vous intégrer l'autre dans votre nouvelle existence ?

VOTRE ANCIEN PARTENAIRE NE DISPARAÎT PAS

J'entends souvent des personnes qui participent à une médiation évoquer le désir d'en finir au plus vite. Ces personnes s'imaginent qu'une fois l'entente intervenue et le divorce obtenu, elles vont enfin pouvoir mettre un point final à leur relation avec l'autre. Cela est pure illusion ; le divorce, c'est la fin de votre union ou de votre mariage, mais ce n'est pas la fin de votre relation, du moins si vous avez des enfants.

Dans ce cas, que vous le vouliez ou non, une relation entre vous et votre ex-conjoint continuera d'exister. Votre histoire commune demeure ; elle est tissée de souvenirs et d'expériences partagés, qu'ils soient heureux ou malheureux. Les liens familiaux avec les enfants et la belle-famille ne se terminent pas non plus avec la dissolution de votre couple. Dès que vous envisagez la séparation, vous commencez à bâtir, le plus souvent sans vous en rendre compte, ce que seront vos relations futures.

N'oubliez pas que votre manière de régler votre séparation sera le premier pas que vous ferez tous les deux pour déterminer le ton de vos nouvelles relations. Si vous vous comportez avec respect, malgré les émotions qui vous assaillent, il y a de fortes chances que vos relations demeurent cordiales. Si vous vous blâmez ou recherchez un coupable, votre relation deviendra de plus en plus tendue et il vous sera difficile de parvenir à des accords sur les questions que vous avez à régler ensemble.

VERS DE NOUVEAUX RAPPORTS

Une des tâches les plus difficiles à accomplir, pendant la période de transition qui suit la séparation physique, est de faire le deuil de l'ancienne relation de couple tout en établissant les bases de vos nouveaux rapports en tant que personnes et en tant que parents.

Il est assez paradoxal, comme le note Richard Cloutier, psychologue, de construire un rapprochement sur une base de rupture. Le Dr Cloutier souligne néanmoins que les recherches récentes démontrent qu'il est naturel qu'une certaine forme de relation demeure entre des parents qui partagent des rôles auprès de leurs enfants communs et que cet attachement peut être bénéfique[17]. Bénéfique pour les enfants bien sûr, mais aussi pour chacun d'entre vous comme personne.

Établir de nouveaux rapports signifie, d'une part, tracer les frontières de votre nouvelle relation passant d'une relation basée sur l'intimité, à une relation d'affaires basée sur le partage d'une responsabilité commune et, d'autre part, effectuer un nouveau partage des pouvoirs et des rôles en ce qui concerne les enfants, l'argent, les biens, etc.

Malgré les tensions et les conflits qu'elle peut engendrer, la redéfinition des rôles et des pouvoirs se structurera assez rapidement autour des décisions concrètes que vous prendrez au quotidien après la séparation physique.

Pauline et Jude ont convenu que les enfants vivraient avec leur mère pendant la semaine et qu'ils verraient leur père toutes les fins de semaine, du samedi matin au dimanche soir. De plus, Jude accompagnera Charles à son entraînement de hockey le mardi soir et c'est lui qui verra à prendre les rendez-vous chez le dentiste. Il participera avec Pauline à la remise des bulletins. Jude versera à Pauline, pour les enfants, un montant de 200 $ par semaine. La participation de Pauline pour les enfants sera de 75 $ par semaine.

Cette entente concernant les enfants trace une frontière de temps ; elle précise les rôles des deux parents en termes de responsabilités et de contributions financières. On observe par exemple que

---

17. Cloutier, R. *La dynamique des liens parentaux après la séparation,* Le défi de la coparentalité suite à la rupture du couple, Québec, I.E.M.F. et Centre de médiation Iris, 2000.

Pauline aura une responsabilité plus grande en ce qui concerne les soins à procurer aux enfants sur une base quotidienne, tandis que Jude, tout en conservant un rôle auprès de ses enfants, versera une contribution financière plus importante que la mère.

Si ces nouvelles frontières de rôles et de pouvoirs peuvent se préciser dès la séparation physique, il n'en va pas de même des frontières à établir entre vous et votre ancien partenaire sur le plan relationnel. Cette redéfinition a commencé avec la décision de l'un de vous de mettre fin à l'intimité et à la complicité du mariage. La réaction de l'autre, selon qu'il est d'accord ou non avec cette décision, est un facteur déterminant dans la manière dont la relation se réorganisera.

J'ai beaucoup insisté sur la différence des vécus entre la personne qui entame le processus de séparation et celle qui subit la séparation. Ici encore, les lunettes différentes avec lesquelles les personnes regardent leur séparation, selon qu'elles la choisissent ou qu'elles la subissent, vont entraîner des difficultés à s'entendre sur les nouvelles frontières, en raison de leurs perspectives différentes.

L'échange entre vous, sur la pertinence ou non de la séparation, est le début de ce nouveau dialogue qui va durer des mois et même des années. Il ne finira jamais tout à fait, même si vous ne vous parlez pas, car tant que vous êtes vivants, vous savez que quelque part sur la planète l'autre existe et vous y pensez parfois. On met du temps à devenir un couple, on met autant de temps à se séparer et à recréer une nouvelle forme de relation qui soit satisfaisante et qui permette de continuer sa vie sans traîner un boulet. Autant commencer immédiatement à réfléchir au type de relation qu'il vous plairait de conserver avec votre « ex ».

Si l'un de vous forme un nouveau couple, vous aurez à faire le deuil d'une relation tout en vivant un nouvel amour. Cette situation peut susciter de la peine un jour et de l'euphorie le lendemain. L'attitude du nouveau partenaire contribuera aussi à déterminer les futurs rapports que vous établirez avec votre ex-conjoint.

EST-IL POSSIBLE DE RESTER AMIS ?

Avant de penser à rester amis, vous devez assumer la fin de la relation amoureuse. Il est donc difficile de penser que vous passerez directement de couple à amis sans vivre une période intermédiaire de deuil.

Cette période où vous vivrez la perte est essentielle pour vous nettoyer de tous les anciens sentiments et faire de la place à votre nouvelle vie.

Pour vivre en amis après avoir vécu un grand amour, il est nécessaire de faire le deuil de la relation amoureuse. Jean Monbourquette, dans son remarquable ouvrage *Grandir. Aimer, perdre et grandir*, nous rappelle qu'il faut aussi s'être réconcilié avec soi-même et avoir pardonné à l'autre avant de songer à maintenir un lien d'amitié.

Maintenir une relation avec un ancien amour, c'est possible, mais on ne peut faire l'économie de cette période déchirante de la rupture elle-même, et ce n'est que petit à petit qu'une nouvelle relation fondée sur l'amitié ou sur la parentalité pourra naître, avec comme richesse l'héritage de la première relation, malgré la rupture et les difficultés qu'elle entraîne.

Il existe plusieurs façons de vivre votre relation après la séparation. Beaucoup de personnes pour qui le mariage a été une façon de combler une lacune importante dans leur être sont très perturbées et emportées par la violence de leurs émotions ; elles agissent par instinct de survie, n'arrivant pas à prendre le recul nécessaire. D'autres, pour qui l'amour vacillait depuis longtemps, se détachent plus facilement. La relation avec votre ex-conjoint se situera quelque part sur ce continuum qui va du maintien de l'amitié jusqu'à la poursuite inlassable du conflit.

Quatre façons de vivre une relation avec votre ancien partenaire après la séparation

Grands amis

Les grands amis sont des personnes qui se respectent en tant que personnes et en tant que parents. Bien qu'elles ne soient pas parvenues à faire les ajustements nécessaires pour continuer de fonctionner en couple, elles sont prêtes à faire le compromis requis pour demeurer parents. La séparation n'a pas brisé une certaine forme d'amitié qui les reliait.

---

18. Monbourquette, J. *Grandir. Aimer, perdre et grandir*, Ottawa, Novalis, 1994.

Collègues

Les collègues ne se considèrent pas comme des amis, mais ils sont capables de collaborer pour leurs enfants. Cette coopération peut leur demander des efforts considérables, car ils ressentent encore une foule d'émotions envers l'autre, allant du ressentiment jusqu'à un attachement qui persiste.

Associés en colère

Les associés en colère sont encore pris dans les filets de leur amertume. Les conflits non réglés continuent de contaminer leurs relations et affectent les rapports qu'ils continuent de maintenir concernant les enfants.

Les enfants sont souvent pris entre les deux parents, car les vagues de la relation conjugale viennent se heurter de plein fouet avec la poursuite des responsabilités parentales. Les enfants sont souvent utilisés par ces parents pour poursuivre leur guérilla de couple. Nous en reparlerons plus loin.

Ennemis jurés

Les ennemis jurés sont tout à fait incapables d'assumer ensemble quelque responsabilité parentale que ce soit à la suite d'une séparation. Ces couples se retrouvent année après année devant le tribunal pour obtenir une pension alimentaire ou le droit de voir ses enfants[19].

Vous déterminerez à deux le style de relation qui sera le vôtre dorénavant. Dites-vous cependant que même si vous ne pouvez influencer à vous seul ce mode de relation, votre attitude est capitale dans ce qu'il deviendra. Si vous refusez de négocier et voulez imposer votre loi ou si vous êtes tellement en colère que vous n'arrivez pas à discuter calmement, vous susciterez une attitude similaire chez l'autre.

---

19. Ahrons, C. R. et Rodgers, R. H. *Divorced Families, A Multidisciplinary Developmental View,* New York, London, W.W. Norton & Company, 1987.

En revanche, si vous faites preuve d'écoute et d'ouverture, l'autre saura le reconnaître un jour ou l'autre, même si vous trouvez que ça prend bien du temps.

Pendant la période de crise et de turbulence, il est normal de ressentir une gamme d'émotions qui vous rendent difficile le contact avec l'autre. N'oubliez pas que ces émotions s'atténueront et que vous verrez, petit à petit, votre situation sous un autre jour. En évitant les blâmes et les critiques, vous protégez la possibilité de vivre, un jour, une relation adéquate avec votre ancien partenaire, même si cela vous semble difficile aujourd'hui.

DES DÉCISIONS À PRENDRE, DES CONFLITS À RÉSOUDRE

Maintenant que vous êtes séparés, chacun tente tant bien que mal de se réorganiser dans son nouveau milieu. Vous pouvez prendre un certain nombre de décisions sans discussion, car elles ne concernent que vous : vous inscrire à un club de gym, partir en voyage pour la fin de semaine, vous acheter une nouvelle robe, amener les enfants souper au restaurant, etc. D'autres décisions doivent cependant faire l'objet de discussion avec votre ancien partenaire : le partage du temps de vie des enfants dans les deux résidences, les modalités de transport, les inscriptions des enfants aux loisirs, l'implication de chacun de vous dans les questions de santé et d'éducation, les réparations à faire ou non avant la vente de la maison, etc. Vous avez encore des décisions communes à prendre, car il n'y a pas de frontière claire entre vous sur les plans économique et matériel, et vos ententes temporaires peuvent nécessiter certains ajustements.

Ces discussions qui doivent se poursuivre entre vous peuvent être éprouvantes si votre relation est tendue et si vos émotions sont sujettes à débordement, d'autant plus que le nouveau cadre de vie que chacun de vous est à développer fait de plus en plus ressortir les différences entre vous. Si vous avez un nouveau partenaire, vous avez intérêt à préciser avec lui ou elle la place qui lui revient dans l'éducation des enfants et de clarifier ce rôle auprès de l'autre parent le plus tôt possible.

COMMENT RÉAGIR ?

Beaucoup de questions se posent en cette étape de transition et le défi majeur que vous avez à relever est celui de la gestion des conflits. Et oui, même séparés, vous aurez encore, si vous avez des enfants dont vous avez la charge commune, des conflits à régler. Les recherches démontrent que ce ne sont pas les conflits en tant que tels qui sont nocifs, car les conflits font partie de la vie. Ce qui peut être destructeur, c'est la manière utilisée pour régler ces conflits. Vous aurez donc à trouver le moyen de gérer vos conflits pour vous aider à avancer plutôt que de vous détruire.

Pour la plupart, le réflexe sera de se défendre pour éviter de se faire avoir ou encore de céder pour éviter le conflit. Pour conserver un bon climat dans leurs relations, certains vont tenter de faire des compromis. Votre réaction dépendra de la manière dont vous avez appris à réagir en situation de conflit.

Connaissez-vous votre réaction en situation de conflit ?

Si vous voulez maîtriser votre approche du conflit, il est important de vous connaître, de savoir comment vous réagissez habituellement en situation de conflit.

Lorsque vous entrez en conflit avec quelqu'un, il y a deux questions à vous poser :

1. *Qu'est-ce que je veux ? Ce que je veux compte-t-il vraiment pour moi ?*
2. *Que représente l'autre pour moi ? Cette personne avec qui je suis en conflit compte-t-elle vraiment pour moi ?*

Selon votre réponse à ces questions, vous adopterez des stratégies différentes. Quelle stratégie adoptez-vous le plus spontanément lorsque vous vous retrouvez en situation de conflit ?

La stratégie du requin dangereux ?

Si ce que vous voulez compte beaucoup pour vous et que vous n'avez aucune considération pour l'autre, vous n'hésiterez peut-être pas à imposer votre point de vue pour obtenir ce que vous voulez. Vous adopterez alors une position gagnant/perdant.

La stratégie de l'ourson en peluche docile ?

À l'inverse, si vous avez plutôt besoin d'être aimé et accepté, et que vous accordez peu d'importance à ce que vous voulez, vous aurez tendance à accommoder l'autre personne et à vous oublier. C'est aussi une position gagnant/perdant.

La stratégie de la tortue peureuse ?

Si vous refusez de vous impliquer lorsqu'il y a des différends, vous vous retirerez, fuyant ainsi une situation où vous vous sentez mal à l'aise. Vous devez alors vivre avec le fait de ne pas obtenir ce que vous voulez et de ne pas maintenir la relation avec l'autre personne. C'est une solution perdant/perdant.

La stratégie du renard rusé ?

Si vous voulez éviter de tout perdre et que vous voulez maintenir une relation satisfaisante avec l'autre, vous ferez des compromis et vous couperez la poire en deux. Vous serez moitié perdant, moitié gagnant.

La stratégie du sage hibou ?

Enfin, si vous accordez beaucoup d'importance à ce que vous voulez et, en même temps, que vous considérez importante la relation avec l'autre personne, vous chercherez à coopérer, c'est-à-dire à rechercher une solution gagnant/gagnant.

> Le requin crie et veut gagner, l'ourson plie et il est prêt à céder pour sauvegarder la relation, la tortue fuit et elle accepte de tout perdre. Dans les trois cas, on évite la communication. Plusieurs ex-conjoints adoptent ces stratégies, car elles leur permettent d'éviter le contact si pénible avec l'autre. Ces stratégies ne sont pourtant pas efficaces pour trouver des solutions à la réorganisation dans les deux foyers ; elles contribuent à creuser le fossé et il y a fort à parier que l'une des deux parties sera perdante.

Le renard accepte de faire des compromis. C'est mécanique, il coupe la poire en deux, mais pour cela, il doit communiquer avec son vis-à-vis, c'est le début d'un travail de coopération. Le hibou quant à lui, prend le temps de négocier pour les choses qu'il juge importantes ; il se donne pour objectif d'atteindre ses buts essentiels, tout en aidant l'autre à faire de même. Cette attitude assure le maintien d'une relation correcte entre les négociateurs. Quelle stratégie adoptez-vous le plus souvent en situation de conflit ?

Négocier n'est pas un réflexe naturel

En tant que médiatrice, vous vous doutez bien que je privilégie la négociation entre les personnes après une séparation. Je suis toutefois consciente que la négociation est difficile et qu'il y a toujours de bonnes raisons de ne pas vouloir s'y engager.

La stratégie de négociation qu'adoptent le renard et le hibou n'est pas un réflexe naturel. En effet, à l'époque préhistorique, avant que les hommes vivent en société, deux réflexes leur servaient à survivre : d'abord, la fuite devant le danger et, s'ils ne pouvaient s'y soustraire, le combat pour défaire l'autre.

Nous retrouvons en nous ces traces laissées par nos ancêtres, mais nos manières de nous défendre et d'attaquer ont changé. Aujourd'hui, nous agressons en posant des ultimatums, en envoyant des lettres d'avocat et en cessant de payer nos pensions alimentaires ; nous fuyons en surfant sur Internet et en refusant de parler à quelqu'un, en ne retournant pas les appels téléphoniques et en allant vivre dans une autre ville.

Même si nous avons l'air plus civilisés dans nos rapports, nous demeurons mus par deux réflexes : la fuite, ou la tentative de se soustraire à la relation, et le combat, ou la tentative de défaire l'autre. Ces atavismes sont forts et, pour ne pas nous laisser emporter par ces énergies primaires, il faut choisir d'obéir à des impératifs supérieurs comme le sens des responsabilités, la solidarité et le respect, pour se donner les moyens de s'engager sur les sentiers de la coopération.

Mille raisons de ne pas négocier

Dans mon bureau, je rencontre des personnes qui veulent négocier et qui mettent tout en œuvre pour parvenir à des accords ; je rencontre des personnes qui disent vouloir négocier, mais qui demeurent sur leurs positions ; je rencontre aussi des personnes qui me disent qu'elles ont peur de négocier pour différentes raisons. Voici le dialogue intérieur que je soupçonne ces personnes d'entretenir.

« Pourquoi est-ce que je négocierais avec elle, avec lui ? Pourquoi ? Je n'ai pas envie de le ou la voir. J'en vomis. J'ai mal. Et pourtant... »

« Non, il m'en a trop fait. Je ne veux pas lui parler. Non, il va m'écraser, je ne veux pas lui parler. Non, il est parti avec une autre, je ne veux pas lui parler. Non, il ne m'écoute jamais, je ne veux pas lui parler. Et pourtant... »

« Je ne négocierai pas, parce que je peux avoir ce que je veux, je suis assez fort, le tribunal me donnera raison. Je ne négocierai pas parce que je ne veux pas que ce soit trop facile pour lui. Tout le monde verra qu'il nous a mis dans la merde. Une entente négociée, ce serait trop beau. Je ne négocierai pas, parce je n'ai pas envie de lui faire ce plaisir. Et pourtant... »

« Je ne veux pas négocier parce que c'est trop long, ça coûte trop cher, je devrai renoncer à ma solution préférée et chercher une solution qui fera l'affaire des deux. Non, je ne négocierai pas, il m'a assez fait souffrir, c'est son tour. Non, je ne négocierai pas. Il a toujours raison. C'est impossible de négocier avec lui, il gagne tout le temps. La seule façon d'obtenir quelque chose de lui, c'est par la loi. Et pourtant... »

C'est vrai, il y a mille raisons de ne pas vouloir négocier quand on se sépare et qu'on a les émotions à fleur de peau. C'est difficile de garder son calme et sa raison, et de ne pas se perdre dans le mou et le flou des émotions, de la colère, de la peine et de la peur. Je peux comprendre que ce ne soit pas toujours possible. Il y a des situations où il vaut mieux ne pas tenter de négocier, que ce soit parce que quelqu'un vient d'apprendre la nouvelle que l'autre veut le quitter et qu'il est sous le choc, que ce soit parce qu'il y a une violence qui fait rage depuis des mois et des années dans le couple. Ce peut aussi être parce qu'une personne se sent trop vulnérable et incapable d'affirmer ses besoins dans une discussion.

On peut ne pas vouloir négocier, mais il y a toujours ce « et pourtant », comme une porte entrouverte, une envie de communiquer qui se fait sentir. Il est possible que la négociation ne soit pas possible à un moment donné et qu'elle le devienne un peu plus tard. L'important est d'être en mesure de faire un choix. Si on connaît toutes les bonnes raisons de ne pas négocier, il faut aussi connaître l'importance et la valeur d'une solution négociée, car il y a toujours au moins deux bonnes raisons de vouloir négocier.

Deux raisons de négocier

En vous engageant dans une négociation avec votre ancien partenaire, vous atteignez deux objectifs.

D'abord, vous mettez en place, pour vos enfants, un nouveau cadre de vie sécurisé leur permettant de faire le deuil de l'ancienne forme de la famille. Bien que ce ne soit pas le cas pour vous, dans le cœur de vos enfants la famille continue : « la famille, c'est moi, c'est papa et maman, peu importe où et avec qui ils habitent », se dit l'enfant. Si, d'un commun accord, vous établissez les nouvelles règles de fonctionnement, cela leur donnera la permission d'aller de l'un à l'autre sans se sentir déloyaux. Ils pourront ainsi continuer de profiter de l'amour, du support matériel et financier, du lien avec les grands-parents et la parenté, enfin de toutes ces ressources qui s'offrent à eux du côté de papa comme du côté de maman.

De plus, en faisant la démarche de circonscrire la manière dont vous continuerez d'agir en tant que parents, dans le contexte où vous vivez dans deux maisons, vous transformerez votre relation en établissant une nouvelle alliance entre vous, non plus basée sur l'engagement conjugal mais reposant sur l'amour de vos enfants.

Si vous en êtes venus à vous séparer, c'est sans doute parce que vous n'aviez plus grand-chose en commun ou que vous aviez des différends importants et insolubles. L'échec de votre relation conjugale ne diminue en rien la qualité de votre relation avec vos enfants, en tant que parents, et les capacités que vous avez de prendre soin d'eux. Même si vous ne voulez pas toujours l'admettre, vous continuez tous les deux de vous préoccuper du bien-être de vos enfants et vous désirez poursuivre votre rôle de père ou de mère auprès d'eux.

Il est vrai que les tensions et les conflits que vous vivez entre vous comme homme et femme teinteront la perception que vous avez l'un de l'autre comme père et comme mère, et pourront soulever mille raisons de ne pas négocier. Ces mésententes affecteront votre façon d'établir les nouvelles frontières de vos rôles auprès des enfants, le temps partagé avec eux, les contributions financières aussi bien que les règles de vie et les valeurs que vous voulez leur transmettre. C'est d'ailleurs parce qu'il est difficile de négocier que plusieurs préfèrent laisser les avocats régler cela pour eux, ou encore laisser les choses « se tasser d'elles-mêmes ».

Il faut battre le fer quand il est chaud

On sait que les décisions prises pendant la période qui suit la séparation physique peuvent devenir des habitudes permanentes. Il en va de même pour les méthodes utilisées pour parvenir à ce premier règlement. Si vous avez choisi de faire régler les questions concernant la résidence et la pension alimentaire par la voie de vos avocats, il y aura plus de chances que vous deviez recourir à ce même moyen s'il survenait des changements. Si vous avez choisi de tout céder pour avoir la paix, il se peut que ce soit le mécanisme que vous continuerez d'adopter dans le futur.

Si vous prenez le temps de négocier votre première entente concernant les enfants, vous pourrez recourir à la même méthode lorsque des changements surviendront dans vos vies. Cette capacité de négocier vous permet de consacrer le meilleur de vos ressources aux enfants et de mieux partager le poids des responsabilités parentales et financières entre vous.

Se défendre ou s'entendre ?

Mille raisons de ne pas négocier, deux raisons de négocier, qu'allez-vous faire ? Vous défendre ou vous entendre ? Les mille raisons de ne pas négocier, de vous défendre, sont fondées sur votre colère envers l'autre, sur votre peur de vous faire duper ou sur l'amour qui continue de vous garder accroché au passé. Elles sont fondées sur les émotions qui s'entrechoquent en vous. Ces émotions vous poussent à vous défendre pour éviter le pire et obtenir ce que vous voulez.

Les raisons de négocier sont quant à elles fondées sur votre relation avec les autres, vos enfants et votre ex-partenaire. Elles font appel à la raison, à vos principes de vie, au sentiment que vous avez de ne pouvoir vivre sans les autres.

Que faire ? Penser à vous ou penser aux enfants ? Faire valoir vos droits ou accomplir vos devoirs ? Cette façon de réfléchir est un piège. Vous n'avez pas à choisir entre votre bien-être et celui de vos enfants.

La fidélité à vous-même, la recherche de votre identité, de votre autonomie et de votre développement, c'est un côté important de la médaille. Mais l'autre côté est tout aussi important : c'est la fidélité à vos enfants, votre sens des responsabilités et de l'engagement envers eux, ainsi que votre interdépendance avec l'autre parent pour assurer leur bonheur.

Il est possible de concilier vos besoins d'épanouissement personnel et les exigences de solidarité créées par vos engagements envers d'autres personnes. Il s'agit d'abord de reconnaître l'existence de cette tension entre la recherche de votre bien-être et les exigences du bien-être de vos enfants. L'équilibre n'est jamais tout à fait atteint, mais il devient par la négociation le but à rechercher.

On pourrait croire que l'une de ces forces, le désir de se défendre ou de se battre, est négative, alors que l'autre, le désir de s'entendre, est positive. En fait, ces deux forces existent toutes les deux en vous et il faut apprendre à bien les utiliser, à les gérer. Le désir de se battre ou de se défendre est souvent accompagné par la colère ; c'est une force d'affirmation de soi nécessaire pendant la période de transition qui suit une séparation. Il est bon de reconnaître ce besoin qui émerge en vous d'être entendu et écouté. Une utilisation négative de cette colère serait de vous laisser aller à cette seule force, sans égard aux autres sentiments qui vous habitent, ou de la traduire sous forme de blâmes stériles qui ne procurent aucune réponse à votre besoin de prendre votre place mais, au contraire, suscite des réactions négatives et contamine la négociation.

Le désir de coopérer est valable dans la mesure où vous pouvez l'associer à une capacité d'exprimer vos propres besoins. De même, il faut travailler avec l'autre à la recherche de solutions qui répondent aux besoins des deux et non seulement aux besoins de l'autre. Ignorer vos besoins dans le but de coopérer va entraîner du ressentiment à plus long terme. Il faut à tout prix éviter de se sacrifier.

Une partie de vous souffre et cherche à le faire savoir. Une autre partie de vous veut guérir et établir les bases de la nouvelle réalité. Vous pouvez tempérer vos impulsions guerrières par ce profond désir de guérison.

Il se peut que vous ne soyez pas encore prêt à laisser agir cette force de guérison qui existe en vous. En temps et lieux, si vous admettez l'existence de cette force, elle se manifestera et deviendra pour vous une source de réconfort et d'énergie. Ne fermez pas la porte.

Si, au contraire, vous êtes prêt à rechercher le meilleur pour vous, vos enfants ainsi que pour l'autre parent, les pages suivantes vous proposent un guide qui vous aidera à communiquer.

EN BREF : LE CHEMINEMENT INTERPERSONNEL PENDANT LA PÉRIODE DE TRANSITION

Étapes à franchir	Obstacles possibles	Que faire ?
• Redéfinir sa relation avec l'ancien partenaire	• Difficulté à laisser aller les anciennes habitudes	• Avec le temps…
• Passer de la relation de couple à une relation de parents		• Se donner des règles et les respecter
		• Vivre la nouvelle situation comme une expérience en progression
• Connaître ses réactions en situation de conflit	• Difficulté à passer de relation d'intimité à relation d'affaires avec l'ex-conjoint	• Accepter les essais et les erreurs
• Apprendre à négocier		• Accepter que des ajustements soient nécessaires
• Éviter les pièges de la négociation		• Se donner du feed-back
• Redéfinir ses rôles personnels, économiques, domestiques	• Conflits sur les limites territoriales	• Préciser les besoins d'autonomie et les nécessités d'interdépendance pour chacun
• Distinguer les domaines d'autonomie et les domaines d'interdépendance	• Désaccord sur le retour ou non sur le marché du travail de l'un des conjoints	• Reconnaître les forces et les faiblesses de chacun et rechercher les complémentarités
• Négocier une entente à long terme	• Déséquilibre des pouvoirs	• Après un certain temps, renégocier les ententes temporaires pour établir une nouvelle entente à long terme
		• Choisir le forum d'échange qui convient le mieux à nos besoins : échanges privés, médiation ou recours aux avocats

Chapitre 7

Toujours parents
La négociation des responsabilités parentales

Avant de vous proposer des outils concrets et une démarche pour accompagner votre réflexion sur le partage de vos responsabilités parentales, il m'apparaît important de nous resituer dans le contexte de la famille d'aujourd'hui. En effet, la façon dont notre société conçoit la famille influence nos réactions. Il est bon d'en prendre conscience.

QU'EST-CE QU'UNE FAMILLE AU XXIe SIÈCLE ?

La plupart des parents qui se séparent se préoccupent beaucoup de leurs enfants : « Comment les faire souffrir le moins possible de la situation ? Comment s'assurer que leur avenir ne soit pas compromis par nos difficultés de couple ? Comment les aider à vivre cette transition qui nous cause tellement de bouleversements ? » Dans ce chapitre, j'aborderai la question de la réorganisation familiale que subissent les enfants après la séparation et je vous proposerai des pistes pour que vous puissiez les aider à vivre le mieux possible la transition familiale qui les attend.

Je vous invite d'abord à réfléchir sur votre manière de penser la famille et sur le rôle qu'elle joue auprès des enfants, après la séparation. Au quotidien, il est rare que nous ayons à nous pencher sur ces sujets qui intéressent les sociologues de la famille. Pourtant, au moment où un système est en crise, il est important de se demander en quoi consiste ce système et à quoi il sert, s'il faut le remplacer et, si oui, par quoi ?

« À quoi sert la famille ? » La réponse à cette question évolue au fil de l'histoire. En plus d'assurer la reproduction de la race, il fut un temps où le mariage, et la famille qui en découlait, visait à unir des propriétés terriennes pour éviter que le patrimoine ne se perde aux mains d'étrangers. Le mariage était une association économique qui assurait la survie de ses membres et la perpétuation de la lignée ; il n'était pas lié à l'amour que se portaient les conjoints.

Dans notre société moderne, la conception romantique du mariage a pris la place. Prenant pour modèles les films d'amour, le couple cherche de plus en plus à satisfaire, dans le mariage, un besoin d'amour et de gratification sexuelle. Ce ne sont plus les possessions et les besoins de survie économique qui cimentent la famille, mais « ce sont les relations entre les hommes et les femmes, entre les parents et les enfants qui font vivre l'esprit de la famille[20] ».

Claude Michaud[21] résume bien les différences de conception du mariage entre hier et aujourd'hui.

Les conceptions du mariage hier et aujourd'hui	
Hier	Aujourd'hui
On se mariait pour avoir des enfants.	On se marie pour être heureux.
Le couple et la famille étaient plus importants que les individus.	L'autonomie et la réponse aux besoins de chacun l'emportent.
On se mariait pour la vie.	On vit ensemble.
On se mariait pour légitimer les rapports sexuels.	Le sexe en tant que plaisir est accepté et recherché pour lui-même.
Les femmes acceptaient les enfants que la Providence leur envoyait.	Le contrôle de la fécondité a transformé radicalement la condition des femmes.
Les hommes et les femmes exerçaient des rôles complémentaires dans le mariage.	L'égalité foncière des sexes est maintenant affirmée. La division des rôles est abolie.
Il allait de soi que l'homme jouait le rôle de pourvoyeur et que la femme s'occupait des enfants.	Le développement professionnel permet à la femme d'assurer son autonomie financière.

Pour reprendre l'expression du sociologue français François de Singly, « la famille contemporaine est relationnelle[22] ». La dimension affective est devenue la raison d'être première du mariage. Étant donné que les sentiments sont plus volatiles que les biens, la famille est, de nos jours, plus menacée dans sa durée. Les transformations qu'elle subit entraînent des changements dans sa façon de remplir ses fonctions.

---

20. De Singly, F. *Sociologie de la famille contemporaine,* Paris, Nathan, 1993.
21. Michaud, C. *Le mariage et la famille : des réalités dessoudées,* Recueil de réflexions sur la stabilité des couples-parents, Conseil de la famille, Québec, 1996.
22. De Singly, F. *Sociologie de la famille contemporaine,* Paris, Nathan, 1993.

À quels besoins répond la famille ?

Une des principales fonctions de la famille, de nos jours, est de combler les besoins affectifs du couple. La famille doit aussi apporter une réponse aux besoins économiques et matériels de ses membres. Lorsque des enfants arrivent, la famille devient responsable de combler, en plus de leurs besoins affectifs, leurs besoins de soins et de surveillance, d'éducation et de socialisation. Les parents, en remplissant ces tâches, transmettent à leurs enfants un sens de leur origine et de leur identité, des valeurs et un savoir-vivre.

Les changements de conception du mariage ont influencé directement le fonctionnement de la famille, aussi bien avant qu'après la séparation. Comme nous venons de le constater, l'égalité et l'autonomie des individus, dans le couple, sont des valeurs recherchées dans notre société moderne. Le couple devient de plus en plus égalitaire ; de plus en plus, la femme recherche une autonomie économique, alors que l'homme s'occupe de plus en plus de l'éducation et des soins à donner aux enfants. On ne peut toutefois s'empêcher de constater que ce nouveau couple, où les conjoints sont plus autonomes, sera enclin à se séparer plus rapidement en cas d'insatisfaction de l'un ou de l'autre des partenaires.

Après la séparation, les liens qui perdureront entre les ex-conjoints seront directement influencés par la division des rôles qui existait pendant l'union. Les conjoints autonomes auront plus de facilité à négocier un arrangement, car chacun possède un pouvoir d'influence tant dans la sphère économique, que dans la sphère parentale. Chez les couples où la répartition des rôles est plus traditionnelle, c'est-à-dire où l'homme est pourvoyeur et la femme est demeurée à la maison avec les enfants, chacun aura une plus grande difficulté à contrer la concentration des pouvoirs dans l'une de ces deux sphères pour parvenir à un nouvel équilibre. L'homme devra faire plus d'efforts pour développer ses aptitudes à s'occuper de ses enfants, tandis que la femme devra développer sa capacité de subvenir à ses besoins sur le plan économique en retournant sur le marché du travail.

Que devient la famille après la séparation ?

Laissez-moi vous raconter une anecdote qui apporte un éclairage sur la question. Il y a quelques années, je devais écrire un chapitre dans un livre retraçant l'histoire d'une famille qui avait utilisé la médiation pour parvenir à une entente après une séparation. J'avais prévu interroger les parents individuellement, et recueillir l'histoire de la famille par leur intermédiaire. Il n'était alors pas question de rencontrer les enfants. L'aîné avait 13 ans et les jumeaux avaient 10 ans.

Après avoir entendu l'histoire de chacun des parents sur leur vie dans leur propre famille avant la séparation, sur leur rencontre, les premiers temps de leur vie amoureuse, l'arrivée des enfants, leur vie professionnelle, leurs difficultés, j'ai compris que j'avais affaire à deux trajectoires d'individus autonomes. Même s'ils m'avaient longuement parlé de leurs enfants qu'ils adoraient, ils ne m'avaient pas raconté l'histoire d'une famille, mais plutôt celle de deux individus.

La nécessité de rencontrer les enfants pour vraiment entrer à l'intérieur de cette famille s'est alors imposée. Et le miracle s'est produit. Par les mots de ces trois enfants, la famille m'est apparue. J'ai compris que c'est dans leur cœur, leur corps et leur esprit que la famille prenait vraiment forme. Ils sont issus de cette cellule de laquelle ils ne peuvent se dissocier, pas plus qu'ils ne peuvent se dissocier de la couleur de leurs yeux ou de leurs cheveux. Papa et maman, c'est pour eux une réalité qui ne peut être remise en question. Ils n'ont pas choisi leur famille comme leurs parents se sont choisis l'un l'autre, ils ne peuvent donc, comme ces derniers, changer de famille. Leur famille est leur famille, un point c'est tout.

Lorsque j'ai vécu cette expérience, je travaillais depuis plus de 20 ans auprès des familles et jamais je n'avais pris conscience aussi clairement que, dans le cœur des enfants, la famille, même si elle change de forme, ne meurt jamais.

Les individus peuvent changer d'idée sur le couple et choisir d'en sortir, puisque le lien conjugal est de plus en plus perçu comme étant dissoluble par la seule volonté de l'une des parties. Cependant, dès que des enfants sont nés de cette union, les parents ne peuvent plus se délester de cette responsabilité commune qui les gardera liés, malgré eux, jusqu'à la fin de leurs jours ; car même s'ils ne veulent plus être un couple, ils font partie de la famille de leurs enfants.

Irène Théry dans son ouvrage *Couple, filiation et parenté d'aujourd'hui. Le droit face aux mutations de la famille et de la vie privée*[23],

---

23. Théry, I. *Couple, filiation et parenté d'aujourd'hui. Le droit face aux mutations de la famille et de la vie privée*, Dunod, 1998.

décrit bien la permanence du lien de filiation : « Ainsi, en se personnalisant et "s'affectivant", le lien de filiation s'affirme toujours davantage comme un lien inconditionnel. » Le principe d'indissolubilité s'est déplacé de la conjugalité vers la filiation.

Le lien conjugal se défait, le lien de filiation perdure. En tant que parents, nous pouvons nous séparer, mais nous demeurons « responsables de ce que nous avons apprivoisé ». Après la séparation, il nous incombe de trouver un moyen pour que la famille, même si elle se transforme, continue de répondre aux besoins des enfants.

LES BESOINS DES ENFANTS LORS DE LA PÉRIODE DE TRANSITION

Dans la mesure où vous connaissez les besoins de votre enfant, vous pourrez mieux l'aider à trouver ses réponses. Voici les principaux besoins des enfants, au moment où vous vous séparez.

L'enfant a besoin d'être informé et sécurisé sur ce qui va lui arriver

Même si c'est difficile, il faut informer l'enfant de ce qui se passe le plus vite possible lorsque la décision de la séparation est prise, car cela facilitera son adaptation à la suite des événements. Des enfants qui ont été interviewés dans le cadre d'une recherche sur le droit de parole de l'enfant, ont exprimé que le plus important pour eux était « de connaître la vérité ». Il faut aussi le rassurer rapidement sur ce qui va lui arriver. L'enfant est très sensible aux aspects concrets : « Où allons-nous demeurer ? Est-ce que j'irai à la même école ? Est-ce que je pourrai continuer à jouer au hockey ? »

L'enfant a besoin de conserver une relation avec son père et sa mère

L'enfant a besoin, pour se développer sainement, de continuer à vivre une relation avec ses deux parents. Il arrive que des enfants, pour de multiples raisons, refusent d'aller chez l'un d'eux ; cela ne veut pas dire qu'ils n'en ont pas besoin. Cela signifie plutôt que les relations sont difficiles entre les adultes qui les entourent et qu'ils cherchent à se protéger. Conserver une relation avec un parent veut dire passer du temps avec ce parent. Cela ne veut pas dire passer la moitié du temps avec lui, mais assez de temps pour que le lien ne soit pas tissé uniquement de moments artificiels. Dans les familles, il est rare que les deux parents investissent de la même façon auprès des enfants. Il arrive souvent, par exemple, que le père se relie à ses enfants par un échange au petit-déjeuner ou en regardant une émission de télévision. L'absence de ces petits moments quotidiens crée un vide qu'il faut remplacer.

L'enfant a besoin de conserver des points de repères dans sa vie

On parle souvent du besoin de stabilité et de continuité de l'enfant. À travers ces mots, ce sont souvent les intérêts des parents qui ressortent. L'un dira que la stabilité, c'est de rester dans la maison et de ne pas « vivre dans les valises », l'autre dira que c'est de continuer à avoir une relation régulière avec ses deux parents. Lors d'une séparation, il y a perte de stabilité et rupture de continuité. Il serait illusoire de penser que les enfants peuvent être mis tout à fait à l'abri de cela. En voulant les protéger, les parents ne doivent pas tomber dans l'excès ; les enfants doivent aussi apprendre à traverser les tempêtes de la vie.

L'enfant a besoin plus que tout que les adultes qui l'entourent s'entendent pour lui conserver un maximum de points de repères tout en l'aidant à s'adapter à tout ce qui change dans sa vie.

L'enfant a besoin de pouvoir exprimer ce qu'il ressent

L'enfant aussi vit une foule d'émotions lors de la séparation. Aidez-le à les dire, même si cela peut être difficile à entendre. Un enfant qui réagit peut être consolé ; un enfant qui garde en lui ce qu'il éprouve ou qui prend trop de responsabilités ne reçoit pas l'attention dont il a besoin.

L'enfant a besoin d'être tenu hors des conflits

La séparation est dramatique pour l'enfant, mais elle devient cauchemardesque lorsque les parents sont en conflit et que l'enfant est utilisé bien malgré lui dans ce combat. Beaucoup de parents sont conscients de cela et choisissent la médiation pour arriver à s'entendre.

L'enfant a besoin de continuer de vivre sa vie d'enfant

L'enfant partage beaucoup les angoisses de ses parents quant à l'avenir, surtout en ce qui concerne l'insécurité financière. Il est important de le rassurer à ce propos et d'éviter de lui faire porter le poids de vos inquiétudes. L'enfant ne devrait pas non plus être entraîné à prendre parti pour un des parents contre l'autre. Cette utilisation de l'enfant dans les histoires d'adultes est parfois inconsciente, mais elle crée des ravages qui durent toute une vie.

L'enfant a besoin d'une continuité affective

De la même manière que la transition sera facilitée si l'enfant continue de recevoir le soutien et l'amour de ses deux parents, la continuité des liens avec ses grands-parents, des deux côtés de la famille, avec le ou les nouveaux conjoints de ses parents, avec ses frères et sœurs ainsi qu'avec ses amis est très importante. Même le fait de conserver son chien ou son hamster peut l'aider à vivre le choc de la rupture sans perdre ceux qu'il aime.

AGIR ENSEMBLE COMME PARENTS QUAND ON N'EST PLUS UN COUPLE, EST-CE POSSIBLE ?

Votre relation, en tant que parents, se transforme au moment où se vit la rupture de votre couple. Il est déchirant de vivre des besoins contradictoires : d'un côté, vous êtes triste ou en colère de revoir l'autre, vous avez le désir d'en finir avec cette relation qui vous fait mal et, en même temps, vous constatez bien que l'autre compte beaucoup pour les enfants et que les enfants, eux, ne divorcent pas. Vous prenez conscience que l'engagement personnel peut prendre fin, mais pas l'engagement parental.

Les enfants se développent mieux s'ils ont le soutien de leurs deux parents. Le Dr Richard Cloutier soutient ce qui suit :

> *Maintenir à l'enfant l'accessibilité au matériel, mais aussi au relationnel et à la couverture sociale de ses deux parents, maintenir à l'enfant une qualité affective relationnelle avec ses deux parents, c'est fondamental parce que pour l'enfant, la relation avec ses parents, avec sa famille, constitue un matériau de construction personnelle et qu'une privation de ces relations-là constitue pour lui une coupure de son oxygène d'hygiène mentale. (...)*
>
> *Si vous perdez l'accès à une qualité relationnelle lorsque vous cessez de voir vos parents, vous perdez une voie d'identification, une voie de réconfort, une voie d'échange pour votre propre futur, une voie de soutien pour vos projets personnels sur le plan émotionnel, donc vous perdez une partie de vous-même*[24].

Les psychologues, les travailleurs sociaux et les médiateurs sont d'avis que, s'il est important de faire le deuil de la relation de couple, il est tout aussi important pour chaque parent de continuer d'assumer son rôle auprès des enfants. De ce fait, une relation avec l'ex-conjoint devra être entretenue.

Dans la réalité, beaucoup de parents délaissent leur rôle parental, en particulier les pères. Même si les hommes prennent de plus en plus d'intérêt à partager le temps de vie avec leurs enfants, en plus d'apporter leur contribution financière, les statistiques témoignent du fait que, dans la réalité, ce sont encore largement les mères qui assument la responsabilité des enfants.

Examinons les statistiques de l'Enquête longitudinale nationale sur les enfants et les jeunes menée à l'hiver 1994-1995 pour le ministère de la Justice et portant, entre autres, sur le partage du temps de vie des enfants avec leurs parents après la séparation[25]. Les chiffres parlent d'eux-mêmes :

---

24. Cloutier, R. *La dynamique des liens parentaux après la séparation,* Le défi de la coparentalité suite à la rupture du couple, Québec, I.E.M.F. et Centre de médiation Iris, 2000.
25. Marcil-Gratton, N. *Garder contact avec papa et maman dans un contexte de fragilité des unions,* Le défi de la coparentalité suite à la rupture du couple, Québec, I.E.M.F et Centre de médiation Iris Québec, 2000.

- résidence chez la mère : 80 % ;
- résidence partagée entre le père et la mère : 13 %* ;
- résidence chez le père : 7 %.

Contacts avec le père des enfants qui vivent principalement chez leur mère :
- 30 % voient leur père toutes les semaines ;
- 16 % voient leur père toutes les deux semaines ;
- 25 % voient leur père de façon sporadique ;
- 15 % ne voient jamais leur père.

On peut donc déduire de ces chiffres que, non seulement la résidence chez les deux parents est encore le fait d'une minorité, mais que seulement 46 % des enfants voient leur père régulièrement après la séparation de leurs parents.

Nous voilà donc en présence d'un dilemme à résoudre. Les enfants ont besoin de leurs parents pour se développer adéquatement mais, dans la réalité, une grande proportion d'enfants ne voient leur père que de façon irrégulière ou pas du tout.

Je crois que nous sommes, comme société, en train de transformer notre façon de concevoir les relations parent-enfant après la séparation des parents. Même si les statistiques présentées sont loin de démontrer une contribution égale des mères et des pères en ce qui concerne les soins prodigués quotidiennement aux enfants, il faut constater que le taux d'hébergement en alternance est passé de 1 à 13 % en 20 ans et que, dans les cas où le contact est maintenu, les contacts avec le père sont généralement plus fréquents et plus longs. Nous progressons donc vers un plus grand investissement des deux parents auprès de leurs enfants. Ce qui fait défaut aux parents, ce sont des modèles ou des outils pour mettre en place de nouvelles façons d'être parents. Lorsque ces outils existent, la médiation familiale en est un exemple, de plus en plus de parents y font appel.

COMMENT FAIRE POUR CONTINUER À ÊTRE DE BONS PARENTS ?

Vous voulez maintenir une bonne relation avec vos enfants et être de bons parents. Voici quelques aspects à prendre en considération pour vous aider à atteindre votre objectif.

Sachez composer avec les réactions de vos enfants

La séparation bouleverse tous les membres de la famille et, pendant un certain temps, des besoins peuvent être ignorés et susciter des réactions tant chez les adultes que chez les enfants. Ces derniers réagiront différemment selon leur âge. Certains comportements, adoptés par les enfants, sont tout à fait normaux, compte tenu des circonstances, et ne devraient pas vous inquiéter outre mesure en tant que parents. Il convient toutefois de porter attention à ces messages que vos enfants vous envoient et de savoir y réagir de manière à les aider à progresser dans leur adaptation à la nouvelle situation.

COMMENT COMPOSER AVEC LES RÉACTIONS DES ENFANTS[26]

Âge	Réactions	Suggestions
0 à 3 ans	• Troubles du sommeil • Tendance à régresser • Dépendance accrue • Sentiment de responsabilité à l'égard de la rupture • Agressivité contre les deux parents • Peur d'être abandonné	• Rassurer l'enfant en lui disant que ses deux parents vont continuer à s'occuper de lui et qu'il ne sera pas abandonné • Répéter à l'enfant qu'il n'est pas responsable de la rupture • Lui faire connaître les deux lieux de vie des deux parents en lui disant comment il va continuer à les voir • Le prendre dans ses bras pour parler
3 à 6 ans	• Tendances à poser plus de questions • Pleurs fréquents ou profonde tristesse • Désintérêt scolaire • Agressivité accrue • Conflits fréquents avec les parents	• Prendre le temps de répondre aux questions • Multiplier les marques d'affection et d'amour à son égard • Le comprendre et lui permettre d'exprimer toutes ses peurs • Lui dire et lui redire que ses deux parents continuent de l'aimer • Lui montrer les aménagements prévus pour lui

---

26. Parkinson, L. et Babu, A. *Comment composer avec les réactions des enfants*, Formation aux médiateurs familiaux, Les enfants et la médiation, Institut européen de médiation familiale, 2000.

Âge	Réactions	Suggestions
6 à 9 ans	• Camouflage ou refus d'exprimer ses sentiments • Tentatives de réconcilier les deux parents • Colère à l'égard du parent qui a pris l'initiative de la rupture • Désarroi par rapport à la rupture	• Encourager l'enfant à exprimer ses sentiments • Expliquer à l'enfant que papa et maman ne vivront plus ensemble mais qu'ils continueront tous les deux à s'occuper de lui • Permettre à l'enfant d'avoir des contacts fréquents avec chaque parent • Aider l'enfant à maintenir des habitudes de vie régulières
9 à 12 ans	• Tendance à prendre partie pour l'un ou l'autre • Recherche de support auprès des copains • Tendance à la dépression et à la dévalorisation de soi • Symptômes somatiques	• Discuter ouvertement de la rupture avec lui • Tenir compte de son opinion dans les domaines le concernant • L'aider à clarifier ses propres besoins et à en tenir compte • Être là pour l'écouter
13 ans et +	• Tiraillés entre le choix d'aller chez leurs amis ou chez «l'autre parent» • Anxieux par rapport à l'avenir de leur propre vie sentimentale • Tracassés par les problèmes financiers • Expérimentent les conflits de loyauté • Trop conscients des comportements sexuels de leurs parents • Gênés par les comportements «enfantins» de leurs parents si les disputent durent trop longtemps	• Leur donner la responsabilité de leur choix en discutant avec eux des conséquences • Être là pour les écouter • Les faire participer à l'élaboration du budget les concernant • Savoir être «discret» dans le cas d'une nouvelle vie amoureuse

Tenez compte des facteurs qui influencent l'adaptation de vos enfants à la nouvelle réalité

Ce n'est pas par hasard si certains enfants survivent mieux à la séparation de leurs parents que d'autres. Les recherches auprès d'enfants et de parents qui ont vécu la séparation, font ressortir, parmi les facteurs qui affectent l'adaptation de l'enfant pendant la période de transition, les facteurs suivants :

- La stabilité psychologique de chaque parent.
- La qualité de relation de l'enfant avec chacun de ses parents.
- La capacité des parents à résoudre leurs conflits.
- La capacité des parents à exercer leur autorité.
- Les conditions économiques de chaque foyer.
- Le maintien de la continuité dans la vie quotidienne de l'enfant.
- La « résilience » de l'enfant, c'est-à-dire, sa capacité à réagir aux chocs sans être démoli.
- Les informations et la réassurance qui lui sont données.
- La distance entre les lieux d'habitation.
- Le réseau de soutien dont peut bénéficier l'enfant.

Parmi ces facteurs, il en est sur lesquels vous pouvez agir plus facilement que d'autres. En tant qu'individu, vous pouvez travailler à votre propre stabilité psychologique, mais vous ne pouvez changer l'état psychologique de l'autre. Vous pouvez informer et rassurer votre enfant, mais si vous vivez à Québec et que son père vit à Chicoutimi, ce n'est pas une situation qui peut changer du jour au lendemain, il faut trouver le moyen de vivre avec cette réalité.

Les deux facteurs clés facilitant l'adaptation sont la capacité des parents à résoudre leurs conflits et l'existence de revenus suffisants. Les questions argent et conflit vont souvent de pair puisque les conflits prennent souvent racines à cause de questions financières. La baisse des conditions de vie qui survient immédiatement après la séparation physique est un facteur difficilement contrôlable affectant directement vos capacités d'adaptation à la transition.

On me rapportait récemment les propos d'une jeune fille de 20 ans dont les parents se disputaient encore pour le paiement de la pension alimentaire : « Pour eux, on (sa sœur et elle-même) a toujours représenté un signe de piastre ! » Ces propos illustrent à quel point les conflits mal gérés peuvent être lourds sur les épaules des enfants. En plus de vivre le manque d'argent, ils doivent vivre le conflit. Les enfants ne devraient pas avoir à vivre plus que les conséquences normales d'une séparation.

Continuez de jouer vos rôles de mère et de père auprès de vos enfants

Vous avez tous les deux la responsabilité de répondre aux besoins essentiels de vos enfants : besoin de nourriture et de protection, besoin d'aimer et d'être aimé, besoin de développer leur identité et de réaliser leur potentiel d'être humain.

Lorsque vous viviez ensemble, c'est en combinant vos efforts que vous êtes parvenus à répondre aux besoins affectifs et matériels de vos enfants. Même si les rôles tendent de plus en plus à s'uniformiser, si vous êtes une femme, vous vous êtes probablement plus centrée sur les relations affectives et les soins quotidiens à procurer aux enfants, et si vous êtes un homme, vous avez eu un rôle plus important en tant que soutien économique. Vous auriez pu vous échanger ces rôles et peut-être l'avez-vous fait.

Sur le plan psychologique cependant, en tant que père et mère, vous avez des rôles bien précis — et difficilement remplaçables — à jouer pour favoriser le développement de l'identité de vos enfants. La psychologue Monique Brillon décrit fort bien le rôle des deux parents dans le développement de l'identité de l'enfant. Nous reprenons ses propos. Ils vous aideront à prendre conscience de l'importance de maintenir le plus possible votre présence, à tous les deux, dans la vie de vos enfants après la séparation.

L'identité, c'est la représentation à la fois consciente et inconsciente, que l'on a de soi comme individu unique, autonome, distinct et séparé. Elle se caractérise par une expérience de continuité d'être au monde, c'est-à-dire le sentiment que l'on a de demeurer le même malgré les multiples changements subis durant notre vie. Une identité solidement établie suppose que l'individu a trouvé sa façon à lui de demeurer fidèle à son essence, à ce qui émerge spontanément du plus profond de son être, tout en ayant intégré les divers apports extérieurs, base de sa personnalité.

La mère, de son côté, est elle aussi dans un lien très étroit avec cet enfant qu'elle a porté à l'intérieur d'elle, fabriqué de sa chair pendant neuf mois. De par sa psychologie profonde, elle vit son rapport particulier à l'enfant dans l'intériorité, guide l'enfant dans la vie comme elle l'a porté en son sein. Elle l'enveloppe de son amour, de sa sollicitude, elle le protège en l'assurant d'un amour inconditionnel. Spontanément, elle est portée à aller au-devant de lui, de ses désirs, de ses besoins, elle prévoit les difficultés auxquelles il aura à faire face et tente de les aplanir. À son contact, l'enfant apprend à se percevoir comme un être digne d'amour et développe sa confiance en sa capacité d'être aimé (...).

Le père, pour sa part, avec sa psychologie propre, vit son rapport à l'enfant d'emblée dans l'extériorité. Jamais il ne l'aura porté de l'intérieur. En raison de cette extériorité, le lien qu'il développe avec lui n'a forcément pas la même couleur que celui qui existe entre mère et enfant. Parce qu'il est d'emblée situé à l'extérieur, qu'il représente pour l'enfant cet autre aussi grand et puissant que la mère mais séparé et extérieur à elle, il exerce sur ce dernier l'attrait de l'extérieur, du différent, et le pousse à se séparer, à se distinguer de la mère. Son rôle est de porter l'enfant à l'extérieur de la dyade mère-enfant, de lui présenter la vie et de le guider dans la conquête de la réalité et l'adaptation à la vie sociale. Au contraire de la mère, il évite d'aplanir devant lui les difficultés de la vie. Tout en l'assurant de sa protection, il l'encourage à prendre des initiatives, à faire lui-même ses expériences de la vie, à se débrouiller[27].

De la même manière que l'être humain possède deux bras, deux jambes, deux yeux, il possède deux parents pour l'aider à apprendre à devenir qui il est. Pour développer son identité, l'enfant a besoin de l'amour inconditionnel et de la protection de sa mère comme il a besoin de l'encouragement de son père pour être en mesure de prendre des risques et de se débrouiller.

Continuez d'exercer une autorité ferme et de manifester votre affection

La période de transition entraîne des changements importants dans l'organisation du quotidien et affecte la manière dont vous allez continuer d'exercer votre autorité. Celui de vous à qui incombe la responsabilité quotidienne des enfants sera souvent surchargé et dépassé par les tâches parentales, alors que l'autre, de son côté, se sentira coupé des enfants, impuissant et isolé. Si les enfants habitent en alternance chez l'un ou chez l'autre, vous ferez tour à tour ces deux expériences. Par ailleurs, si l'un de vous a un nouveau conjoint, l'exercice de votre autorité en sera affecté. Plusieurs questions se poseront : « Osera-t-il lui permettre de me remplacer comme parent ? », « Quelle place vais-je accorder à cette personne dans la vie des enfants ? », « Serai-je prêt à réagir de façon constructive lorsque des problèmes surviendront dans le partage de nos rôles ? »

Robert Emery a décrit, en observant la façon dont les parents exercent la discipline et manifestent de l'affection, quatre styles de

---

27. Brillon, M. *Ces pères qui ne savent pas aimer*, Montréal, Les Éditions de l'Homme, 1998.

parents[28]. À chacun de ces styles correspondent des conséquences qui correspondent à l'adaptation des enfants, avant et après la séparation.

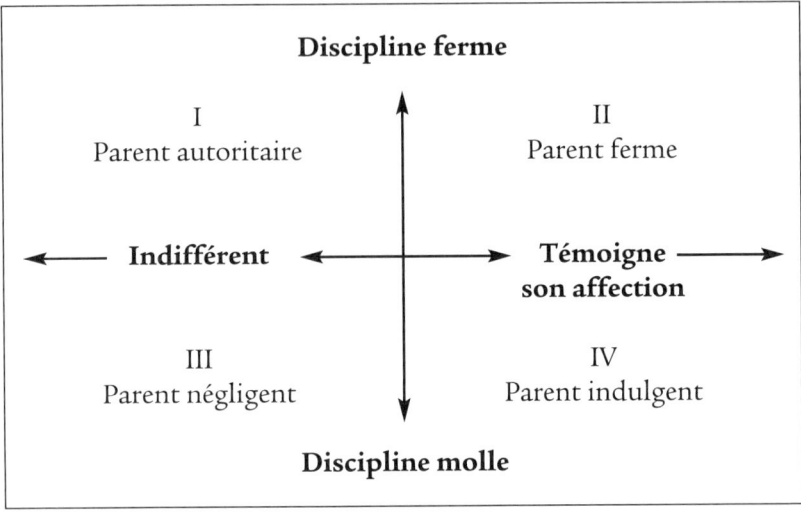

I. Le parent autoritaire : exerce une discipline ferme et accorde peu d'affection à ses enfants.

II. Le parent ferme : exerce une discipline ferme et accorde beaucoup d'affection à ses enfants.

III. Le parent négligent : exerce une discipline molle et accorde peu d'affection à ses enfants.

IV. Le parent indulgent : exerce une discipline molle et accorde beaucoup d'affection à ses enfants.

Les chercheurs ont constaté que les enfants dont les parents adoptent le style de parent ferme sont plus indépendants, plus responsables et ont plus confiance en eux-mêmes, alors que les enfants de parents indulgents ont aussi confiance en eux-mêmes, mais sont plus impulsifs et égoïstes. Les enfants de parents autoritaires sont bien élevés, mais sont moins sûrs d'eux et leurs compétences sociales

---

28. Emery, R. E. *Renegotiating Family Relationships, Divorce, Child Custody and Mediation*, New York, London, The Guilford Press, 1994.

sont plus faibles. Les enfants de parents négligents, quant à eux, éprouvent des difficultés.

Lorsque les parents sont séparés, le parent qui vit quotidiennement avec ses enfants peut avoir plus de difficulté à redéfinir une nouvelle discipline, alors que celui qui les voit à l'occasion peut avoir de la difficulté à trouver des moyens de leur exprimer son affection. Il arrive aussi qu'une fois séparés, chacun des parents ait un style différent (un parent est ferme, alors que l'autre est autoritaire ou indulgent) et que cela même entraîne des difficultés chez les enfants qui se sentent toujours tiraillés entre deux façons de faire. La difficulté est accrue lorsque les deux parents ne s'entendent pas.

Comme il est illusoire de penser que l'autre va accepter de changer pour se conformer à votre style, peut-être vaut-il mieux accepter que vous avez chacun votre fonctionnement et demander aux enfants de respecter l'autorité de chacun et de s'y conformer lorsqu'ils sont chez l'un ou chez l'autre. Idéalement, le maintien d'une discipline ferme, accompagnée d'une démonstration d'affection, devrait être un objectif à atteindre pour chaque parent dans son foyer et constituer un principe rassembleur lors des échanges au sujet des enfants.

Négociez le partage de vos responsabilités auprès de vos enfants

La séparation physique en deux foyers distincts et la fin de la complicité conjugale vous obligent à changer votre façon d'être parents. Vous pouvez laisser les choses se faire d'elles-mêmes ou vous pouvez décider de négocier cette transition délicate qui va grandement influencer l'avenir. Cette négociation peut vous sembler superflue, car vous n'avez sans doute jamais eu besoin de donner un ton formel à vos discussions à ce sujet dans le passé. Elle devient nécessaire dans le contexte de la vie après votre séparation : pourquoi ?

D'abord parce que la complicité qui existait entre vous quand vous étiez un couple, n'existe plus et que l'absence quotidienne de l'autre parent va vous obliger à apprivoiser de nouvelles habitudes dans votre relation avec vos enfants. Vous ne pourrez plus vous fier aux automatismes passés pour prendre des décisions. Dans les nouvelles circonstances, vous ne pourrez plus avoir la certitude que vos anciennes façons de faire fonctionneront comme avant. Il vous faudra procéder à des ajustements réciproques parce que vous êtes tous, parents et enfants, en changement.

À titre d'exemple, vous vous opposez à ce que votre fille de 16 ans, qui habite avec sa mère, quitte l'école pour travailler dans un restaurant ; vous voulez qu'elle termine au moins son secondaire V. Comment transmettre vos valeurs à vos enfants, si vous ne vivez plus au quotidien avec eux ? Vous voudrez sans doute avoir votre mot à dire sur les grandes décisions qui ont une incidence importante sur leur développement. Si vous avez négocié une entente, vous pourrez plus facilement dire votre mot, car ce type de décision appartient aux deux parents, même si vous vivez séparément.

Vous devrez par ailleurs accepter le fait que les règles de vie, dans les deux foyers, ne seront peut-être plus nécessairement identiques. Par exemple, l'un de vous acceptera que les enfants mangent devant la télé et l'autre pas. Ces décisions appartiennent à chacun de vous quand vous êtes dans votre territoire. Même en négociant une entente, vous ne pouvez imposer une façon de fonctionner à votre ancien partenaire lorsqu'il est chez lui.

La négociation d'une entente permet de préciser les rôles et responsabilités de chacun, évite les malentendus et procure une bouée de sauvetage en cas de désaccord. Aussi longtemps que vous vous entendez, vous pouvez, en tant que parents, prendre vos propres décisions. C'est lorsqu'un désaccord survient que l'entente prend toute sa valeur. Un accord négocié de bonne foi par les deux parents devient la meilleure façon de régler un litige. Pour cela, il est préférable que l'entente soit écrite. Avec les changements et les besoins d'ajustement, l'entente peut changer, mais elle demeurera une référence pour éviter le flou des ententes verbales.

COMMENT ABORDER LE PARTAGE DES RESPONSABILITÉS PARENTALES

La renégociation de la relation parentale est une partie essentielle de la résolution des aspects psychologique et familial du divorce. Décider de la manière de prendre soin des enfants, du temps où ils vivront chez chacun de vous, de qui s'occupera des visites chez le dentiste et de toutes les autres tâches requiert de la négociation, de la planification et de l'expérimentation.

Dresser un plan d'action parental constitue une façon dynamique d'organiser l'exercice de vos rôles parentaux en vous basant sur vos besoins et ceux de vos enfants, sur vos désirs et les disponibilités de chacun de vous. Pour être en mesure de dresser ensemble un plan d'action parental, il est important de reconnaître ce qui suit :
- les enfants ont besoin de chacun de vous et ils vous aiment tous les deux ;
- vous avez tous les deux le droit de jouer un rôle actif dans leur développement ;
- vous êtes prêts à partager les tâches parentales d'une manière qui reste à déterminer ;
- les conflits et la compétition au sujet des enfants leur causent du tort[29].

Le plan d'action parental vous permet de préciser vos décisions sur quatre grandes questions.
- Comment prendre vos décisions ?
- Comment partager le temps des enfants entre vos deux résidences ?
- Comment partager les tâches concernant les enfants ?
- Comment répartir les dépenses relatives aux enfants (la question financière sera traitée au chapitre suivant ?)

GUIDE DU PLAN D'ACTION PARENTAL

Voici un guide qui suggère des lignes directrices pour accompagner vos discussions concernant les diverses décisions à prendre pour vos enfants. Pour chacun des aspects abordés, vous trouverez un espace où consigner vos décisions.

---

[29]. Gold, L. *Between Love and Hate, a Guide to a Civilized Divorce,* New York, London, Plenum Press, 1992.

PLAN D'ACTION PARENTAL

I. Les décisions à prendre
En tant que parents, vous avez de nombreuses décisions à prendre concernant vos enfants. Certaines de ces décisions sont quotidiennes et relèvent du parent chez qui se trouve les enfants : heure du coucher, alimentation, habillement, permissions et autres. En revanche, d'autres décisions ont un impact plus important dans la vie de l'enfant : choix de l'école, de la religion, d'un camp de vacances, d'un loisir qui exige une présence hebdomadaire assidue, d'un traitement tel l'orthodontie, etc.

Pour éviter tout malentendu, il est important de consigner de façon spécifique dans votre entente la manière dont vous prendrez les décisions concernant vos enfants. Déterminez celles que vous prendrez chacun de votre côté et celles que vous prendrez à deux.

Entente concernant les décisions à prendre
Cochez les décisions que vous souhaitez prendre ensemble.

☐ Choix de l'école

☐ Choix de la garderie

☐ Traitements médicaux particuliers

☐ Changement de résidence

☐ Changement d'horaire

☐ Autres (précisez)

II. Partage du temps de vie des enfants dans chaque foyer
Il est important de vous entendre sur un cadre officiel de partage de temps dans chacune des résidences. Dans la mesure où vous êtes tous les deux d'accord, vous pouvez toujours modifier votre entente. Il se peut que vous n'ayez jamais à y revenir, si vous êtes capables de négocier les malentendus et les différends qui surviendront inévitablement. À l'inverse, si un litige apparaissait, votre entente constituerait une base pour décider.

A) Horaire régulier

Votre accord devrait d'abord préciser l'horaire régulier pendant l'année scolaire. Il s'agit de la routine que vous entendez suivre pour assurer un cadre prévisible aux enfants.

Exemples d'horaire régulier :
Les enfants résident chez l'un des parents, ils vivent chez l'autre parent une fin de semaine du vendredi 17 h au dimanche 19 h, ainsi qu'un coucher l'autre semaine.
Les enfants résident chez un parent ; ils vivent chez l'autre parent du samedi 9 h au dimanche 16 h ainsi que de l'autre vendredi à 17 h jusqu'au samedi à midi.
Les enfants résident chez un parent ; ils vivent avec l'autre parent du jeudi soir après l'école jusqu'au lundi matin, ainsi qu'un coucher la semaine suivante d'un des enfants, chacun venant à tour de rôle.
Résidence en alternance chez chacun des parents, à toutes les semaines avec changement de résidence le vendredi à 17 h.
Résidence avec le père tous les lundis et mardis, avec la mère tous les mercredis et jeudis, alternance des fins de semaine.

Toujours parents : la négociation des responsabilités parentales

Résidence chez l'un des parents pendant l'année scolaire et chez l'autre parent pendant les longs congés, six semaines l'été et une semaine pendant les Fêtes — quand les domiciles sont éloignés.

Pour déterminer l'horaire régulier qui convient le mieux à vous ainsi qu'aux enfants, je vous suggère de considérer les critères suivants :

- *L'âge et le sexe de vos enfants*
- *La manière de partager les rôles auprès des enfants avant la séparation*
- *La présence de la mère à la maison ou sur le marché du travail*
- *La distance entre les deux foyers*
- *L'intérêt de chacun de vous à assumer les tâches quotidiennes auprès des enfants*
- *Vos horaires de travail et la nécessité ou non de voyager à l'extérieur de la ville*
- *La relation de chacun de vous avec les enfants*
- *Le point de vue des enfants*
- *La qualité de la communication entre vous*
- *La présence ou non d'un nouveau conjoint*
- *Vos conditions économiques (capacité, par exemple, d'entretenir deux foyers pour les enfants)*

Entente concernant le partage du temps de vie des enfants

Les décisions concernant l'horaire régulier et les congés et événements particuliers seront prises d'un commun accord entre nous. À défaut de nous entendre, nous convenons de respecter l'horaire ci-dessous dont nous avons convenu ensemble.

A) Horaire régulier

Les enfants seront avec leur mère :

du_____(jour)_____(heure)

au_____(jour)_____(heure)

Les enfants seront avec leur père :

du_____(jour)_____(heure)

au_____(jour)_____(heure)

Autres contacts réguliers :

_____

_____

_____

_____

_____

B) Congés et événements particuliers

Il est important de préciser comment vous organiserez les événements qui viendront briser le rythme habituel que vous procure votre horaire régulier.
C'est souvent lors de ces congés, en particulier au temps des Fêtes, que vous risquez d'être en désaccord. Il serait donc sage de prévoir à l'avance, si vous le pouvez, où seront les enfants pour chacun des événements particuliers. Beaucoup de parents préfèrent demeurer souple pour le partage des Fêtes et des vacances. Tant que vous vous entendez, cela ne pose aucun problème. Afin d'éviter un conflit de dernière minute, je vous suggère d'inclure dans votre entente une formule de règlement. Par exemple, au moins un mois à l'avance vous déterminerez où vos enfants passeront les fêtes de Noël et du Nouvel An. À défaut d'entente, l'un de vous aura le premier choix les années paires et l'autre aura le premier choix les années impaires. Une telle façon de faire assure à chacun un pouvoir de décision égal, tout en vous laissant de la flexibilité.

B) Entente concernant les congés et événements particuliers

Congés de Noël et du Nouvel An : _____

Semaine de relâche : _____

Pâques : _____

Fête des Mères : _____

Fête des Pères : _____

Saint-Jean-Baptiste : _____

1er juillet : _____

Vacances d'été : _____

Nombre de semaines de vacances chez la mère : _____

Nombre de semaines de vacances chez le père : _____

Nous conviendrons des dates de vacances avant le : _____

Fête du Travail : _____

Action de Grâces : _____

Anniversaire des enfants : _____

Anniversaire des parents : _____

Fêtes de famille : _____

Toujours parents : la négociation des responsabilités parentales

---

Si nous ne parvenons pas à nous entendre, nous convenons de ce qui suit :

Noël et Nouvel An : _____
(précisez le nom) aura le privilège du premier choix les années où Noël est une année paire.
_____ (précisez le nom) aura le privilège du premier choix les années où Noël est une année impaire.

Choix des dates des vacances d'été :
_____ (précisez le nom) aura le privilège du premier choix les années paires.
_____ (précisez le nom) aura le privilège du premier choix les années impaires.

III. Partage des tâches

Il existe plusieurs façons de démontrer à vos enfants que vous vous préoccupez d'eux. En plus de passer du temps avec eux et de payer leurs dépenses, vous pouvez aussi vous intéresser à différents secteurs qui les concernent : éducation, santé, loisirs et bien-être.

L'accomplissement de ces tâches, surtout lorsque les enfants ne résident pas principalement avec vous, est un bon moyen de leur montrer à quel point ils comptent pour vous.

Vous pouvez vous partager des responsabilités ; par exemple, l'un de vous s'occupe de l'aspect santé et l'autre de l'aspect loisir. Vous pouvez décider de vous occuper tous les deux de l'éducation en vous présentant ensemble pour la remise des bulletins scolaires. Vous pouvez décider de vous partager les tâches en fonction de vos disponibilités, ou encore vous pouvez décider que le parent chez qui les enfants passent le plus de temps assume ces responsabilités et en informe l'autre. L'important, c'est que les tâches soient accomplies et que chacun de vous y participe dans la mesure de ses possibilités.

Entente concernant le partage des tâches

A) Éducation

Numéros de téléphones et adresses qui seront communiqués aux instances officielles (école, garderie, loisirs, gouvernement, etc.) :
Mère_____ Père_____ Les deux_____

Communications avec l'école :
Mère_____ Père_____ Les deux_____

Rencontre avec les enseignants (bulletins) :
Mère_____ Père_____ Les deux ensemble_____ Selon disponibilités_____

Participation aux activités de l'école : soirées récréatives, spectacles, etc. :
Mère_____ Père_____ Les deux ensemble_____ Selon disponibilités_____

En ce qui concerne les communications de l'information en provenance de l'école : bulletins, comité d'école, difficultés particulières d'un enfant, etc. Celui qui reçoit l'information la communique à l'autre.

Suivi scolaire à la maison : devoirs et leçons :

Mère_____ Père_____ Selon le parent chez qui se trouvent les enfants_____

B) Santé

Visites régulières chez le médecin :
Mère_____ Père_____ Selon disponibilités_____

Visites régulières chez le dentiste :
Mère_____ Père_____ Selon disponibilités_____

C) Loisirs

Choix des activités de loisirs qui nécessitent une inscription (hockey, ballet, musique...) :
Mère_____ Père_____ Les deux_____

Participation aux activités avec l'enfant et transport :
Mère_____ Père_____ Les deux_____

Responsable de l'inscription des enfants aux activités.
Selon les activités : _____

Selon les disponibilités : _____
Mère_____ Père_____

D) Bien-être

Transport entre les deux foyers :
Mère_____ Père_____ Les deux_____ Selon disponibilités_____

Modalités s'il y a lieu :_____

Modalités de communication des enfants avec le parent absent :
Téléphone_____ Internet_____ Autre_____

Modalités de communication entre les parents :
Téléphone_____ Cahier de bord_____ Rencontres_____ Autre_____

La révision du plan d'action parental

Même si les habitudes sont vite prises, l'expérience nous démontre que des changements surviennent parfois dans les arrangements initiaux faits par les parents. Il est donc important de retenir que les décisions que vous prendrez n'auront pas un caractère permanent et qu'elles pourront être modifiées au besoin. C'est une raison de plus pour vous entendre, au départ, sur une entente précise qu'il vous sera utile de consulter lorsque vous voudrez faire des changements.

Le plan d'action parental vous permet de tenir compte du fait que vos besoins évolueront et que vos circonstances économiques ou physiques sont susceptibles de se modifier avec le temps. En un mot, il s'agit d'un contrat qui scelle une nouvelle alliance entre vous en tant que parents.

Et si on ne s'entend pas ?

Peut-être avez-vous, au départ, des idées fort différentes sur la meilleure façon de partager votre temps auprès de vos enfants. Et vous restez peut-être aussi accroché à la question « Qui aura la garde ? »

- Il est possible que vous vouliez tous les deux avoir les enfants pour « gagner » et que vous soyez prêts à vous battre devant les tribunaux avec l'aide d'avocats.
- Vous pouvez vous mettre d'accord sur le fait que les enfants résident principalement chez l'un de vous deux, mais ne pas vous entendre sur les temps de vie chez l'autre.
- L'un veut les enfants à temps plein alors que l'autre préfère partager le temps de vie moitié-moitié.

Toutes ces façons de faire sont des positions auxquelles vous avez réfléchi chacun de votre côté. Une position, c'est la solution qu'une personne retient parmi toutes les autres possibilités, et cette position répond généralement à un besoin personnel non exprimé. Lise dira « je veux que les enfants vivent principalement chez moi », c'est sa position. En réalité, elle a besoin d'être confirmée dans son rôle de mère et de répondre à son besoin de sécurité matérielle. François dira « je veux un hébergement en alternance », c'est sa position. En réalité, il a besoin de garder un lien avec ses enfants et de continuer à être un père actif.

Si vous tentez d'imposer votre position, l'autre sentira que vous ne l'écoutez pas et demeurera, lui aussi, sur ses positions. Comme il faudra faire un seul choix, l'un de vous gagnera, l'autre perdra, et les enfants y perdront certainement au change.

Lorsqu'il y a un désaccord sur la garde des enfants, des motifs concernant l'intérêt des enfants sont souvent invoqués : « Ils sont habitués d'être avec moi dans la maison », « je ne veux pas qu'ils vivent dans des valises », « ils ont aussi besoin de leur père », etc. Il ne faut pas sous-estimer les intérêts et les préoccupations personnelles des parents : « Il n'est pas question que mes enfants se fassent garder par sa nouvelle blonde », « si on a une garde partagée, je n'aurai pas assez d'argent pour les faire vivre », « je ne veux pas être un papa gâteau », « ce sont mes enfants autant que les tiens », « leur place est ici avec moi, c'est toi qui es parti… » Pour défendre son point de vue, chacun y va de ses arguments. On ne s'écoute plus, on cherche à obtenir gain de cause.

Que faire dans une telle situation ? D'abord vous arrêter et prendre le temps de vous demander sincèrement ce qui est vraiment important pour vous. Il y a le discours que vous tenez à « l'autre » et il y a ce qui se passe vraiment en vous. Une réflexion sur ce que vous voulez, au fond de vous-même, permettra de revenir à l'essentiel et de faire cesser l'escalade avec l'autre parent. *Est-ce que j'ai peur de me faire évincer de la vie de mes enfants ? Est-ce que je me préoccupe surtout du côté financier ? Est-ce que j'ai à cœur de démontrer que je suis un bon parent ? Est-ce que je veux m'assurer que les enfants seront élevés selon mes valeurs ?*

Une collègue me faisait remarquer, en lisant ces lignes, que les personnes se cachent souvent à elles-mêmes les vraies raisons de leur attitude conflictuelle avec l'autre. Si elles agissent ainsi, c'est souvent parce qu'elles ont de la difficulté à reconnaître leur véritable motivation ou qu'elles veulent présenter une belle image aux autres. « Tu sais, me confiait cette collègue, c'est vraiment terrible, parfois, le jeu que les gens se jouent à eux-mêmes lorsqu'ils ne veulent pas revenir à leur véritable essence. »

Il est important de revenir à vous-même parce que c'est là que réside votre pouvoir. Si vous êtes en mesure de bien identifier ce qui compte vraiment pour vous, vous pourrez ensuite aborder l'autre sans lui imposer votre solution, mais en lui faisant part de vos besoins et en cherchant une réponse qui rejoindrait ses intérêts aussi bien que les vôtres.

Je vous propose une réflexion guidée pour vous aider à cerner ce qui est vraiment important dans cette situation et qui suscite un litige entre vous et l'autre parent. Vous serez aussi appelé à vous demander si vous voulez vous entendre ou si vous voulez gagner. Comme vous n'avez pas à donner vos réponses à qui que ce soit, soyez le plus honnête possible avec vous-même.

1. Qu'est-ce que je veux (décrire le plus précisément possible l'image de la situation souhaitée) ?	2. Qu'est-ce que l'autre veut d'après ce que je comprends ?
Ex. : Je veux un partage égal du temps de vie des enfants dans nos deux foyers.	*Ex. : Elle veut avoir les enfants la semaine et que je les sorte une fin de semaine sur deux. Elle accepte que je vienne les voir quand je veux.*
3. Pourquoi est-ce que j'opte pour cette solution ? Décrivez quels désirs vous cherchez à combler pour vous-même. *Exemples :* *· garder une relation avec mes enfants ;* *· ne pas être un « Père Noël » ;* *· payer directement pour mes enfants quand ils sont avec moi ;* *· vivre au jour le jour avec mes enfants ;* *· lui montrer que je suis capable autant qu'elle de m'occuper des enfants ;* *· ne pas vivre seul.* Décrivez quels besoins vous désirez ainsi combler pour les enfants. *Exemples :* *· besoin d'avoir un père ;* *· leur faire partager mes valeurs ;* *· les aider dans leurs études, etc.*	4. Selon moi, pourquoi l'autre opte-t-il pour cette solution ? Décrivez quels désirs votre vis-à-vis veut combler pour lui-même. Vous serez peut-être spontanément porté à répondre : *· elle ne veut plus me voir dans le décor ;* *· elle veut contrôler la vie des enfants ;* *· elle veut obtenir une pension alimentaire.* Si vous prenez le temps de vous mettre dans sa peau, qu'est-ce qui est vraiment important pour elle, selon vous ? Décrivez quels besoins votre vis-à-vis désire ainsi combler pour les enfants. *Exemples :* *· besoin de stabilité : leur éviter de vivre dans des valises ;* *· leur permettre de continuer à vivre dans leur milieu, etc.*

Après avoir fait cet exercice, prenez le temps de vous demander ce que vous avez à perdre ou à gagner si vous négociez ou si vous défendez votre position.

	Ce que j'ai à gagner	Ce que j'ai à perdre
Si je négocie	Exemples : · trouver une formule qui ferait l'affaire des deux ; · les enfants seraient contents que nous nous entendions ; · je ne serais pas obligé d'aller en cour.	Exemples : · je vais devoir lui parler ; · elle va me faire des reproches ; · elle va parler du passé.
Si je défends ma position	Exemples : · je montrerai que je suis décidé à m'occuper de mes enfants ; · je ne me ferai pas dicter ma conduite par elle.	Exemples : · je risque de la mettre en colère ; · je risque qu'elle ligue les enfants contre moi ; · si je gagne mon point, elle me le fera ensuite payer à sa façon.

Personnellement, est-ce que je souhaite que nous en arrivions à une entente négociée ?
- Si oui, pourquoi ?
- Sinon, pourquoi ?

Personnellement, est-ce que je préfère continuer à défendre ma position parce que je suis convaincu que c'est la meilleure ?
- Si oui, pourquoi ?
- Sinon, pourquoi ?

Si vous en arrivez à la conclusion que vous aimeriez mieux négocier, vous pouvez vous inspirer du chapitre 4 pour aborder votre ex-conjoint sur une base de négociation. Si vous craignez que la situation soit trop tendue et que vous êtes incapable de vous imaginer en tête-à-tête avec votre ex-partenaire, vous pouvez faire appel à un médiateur familial qui pourra créer, à votre intention, un espace neutre de négociation et vous accompagner dans vos discussions pour parvenir à une entente.

QUESTIONS FRÉQUEMMENT POSÉES CONCERNANT LE PARTAGE DU TEMPS DE VIE DES ENFANTS CHEZ CHAQUE PARENT

Que faut-il penser de la « garde conjointe » ?

On associe souvent « garde conjointe » à un partage égal du temps. Il est possible, pour les parents, de demeurer très présents à leurs enfants, sans passer la moitié du temps avec eux. Certaines formes d'organisation familiale (en nombre très limité) fonctionnent sur ce mode de partage du temps, mais il n'est pas nécessaire de se partager les enfants à parts égales pour jouer pleinement son rôle de parent.

Des recherches scientifiques réalisées au Québec considèrent qu'un parent qui vit avec son enfant 28 % du temps (6 jours par mois, un mois l'été et une semaine aux Fêtes équivalent à environ 28 %) vit un hébergement en alternance. Le ministère de la Justice reconnaît, aux fins de fixation de pension alimentaire, le statut de « garde conjointe » au parent qui vit avec son enfant 40 % du temps et plus.

Le partage conjoint des responsabilités parentales, c'est plus qu'un partage du temps, c'est un esprit, une volonté des deux parents de continuer à être présents à leurs enfants, que ce soit dans le domaine des décisions importantes à prendre (choix de l'école, de la religion ou du camp de vacances), du temps à partager (horaire régulier, congés et événements spéciaux), des tâches à effectuer (éducation, santé, loisirs, etc.) aussi bien que dans les coûts à assumer.

L'hébergement en alternance est un mode de fonctionnement qui n'est pas accessible à tous en raison des coûts qu'il engendre et de la coordination qu'il exige entre les parents. Les enfants qui le vivent en retirent de grands bénéfices lorsque les parents sont capables de coopérer ou, tout au moins, d'oublier leurs conflits devant eux. Les enfants qui résident principalement chez un parent s'ajustent aussi bien, dans la mesure où l'autre parent continue de jouer un rôle actif auprès d'eux en les visitant fréquemment et régulièrement.

Les recherches indiquent que ce n'est pas tant le mode de partage du temps de vie qui influencera l'adaptation des enfants après la séparation, mais la perte d'un parent ou le degré de conflit entre les parents. Le plan d'action parental n'est pas synonyme de partage égal du temps, il représente plutôt un engagement de chacun des parents à faire sa part dans la prise en charge des enfants. Il permet de créer un partage original du temps de vie des enfants chez chaque parent, en accord avec les besoins de tous les membres de la famille.

Comment tenir compte de l'âge des enfants pour organiser leur vie chez leur père et chez leur mère ?

La plupart des chercheurs conviennent des besoins qui suivent chez les enfants de ces différents groupes d'âge.

De 0 à 3 ans

Pour pouvoir établir un lien avec chacun de ses parents, le bébé a besoin que les deux prennent soin de lui et jouent avec lui. Les contacts du bébé de moins d'un an avec le parent qui n'assume pas la responsabilité principale devraient être fréquents, mais les couchers devraient être limités, car le bébé a besoin d'évoluer dans un environnement connu pour apprendre que le monde est un endroit sûr.

L'enfant qui a commencé à marcher peut plus facilement passer des fins de semaine chez l'autre parent. La continuité d'une présence rassurante et le fait de pouvoir prévoir des contacts avec l'autre parent sont ce qui convient le mieux à l'enfant de moins de trois ans. Il ne faut pas oublier que la notion du temps pour les enfants, et spécialement chez les tout jeunes, n'est pas la même que pour les adultes. Mieux vaut des visites brèves et fréquentes que des contacts plus longs, mais moins fréquents.

De 4 à 5 ans

Les enfants de cet âge peuvent être séparés du parent qui en assume la charge principale pour de plus longues périodes. Ils ont eux aussi besoin de pouvoir prévoir les contacts avec l'autre parent. Comme ils ne sont pas capables de mesurer le temps, il peut être intéressant d'avoir un grand calendrier et d'y coller des étoiles, ou d'autres images, qui représentent les couchers chez l'autre parent.

Un enfant de cet âge peut vivre un hébergement en alternance si : 1. les deux parents s'en occupaient avant la séparation ; 2. une bonne collaboration existe entre les parents ; 3. les périodes de temps dans chaque foyer sont assez brèves ; 4. les parents peuvent suivre la même routine, les mêmes horaires et recourir aux mêmes services de garde; 5. l'enfant a une bonne capacité d'adaptation et réagit bien aux changements[30].

Un enfant qui aurait été pris en charge principalement par un parent, pourrait s'habituer à un plus grand partage du temps, à condition d'y aller progressivement.

De 6 à 12 ans

Pour l'enfant d'âge scolaire, l'école, les amis et les jeux ont beaucoup d'importance. Il est donc primordial de tenir compte de ces dimensions en formulant votre plan d'action parental. Si vous pouvez habiter dans le même quartier, c'est l'idéal pour un enfant de cet âge.

L'enfant de ce groupe d'âge a un sens très aigu de la justice et recherche ce qui est équitable. Il peut facilement apprendre à vivre dans deux milieux si on préserve ce qui compte vraiment pour lui : l'école et ses amis. La possibilité de conserver la présence régulière de ses deux parents est un avantage qui lui fait accepter les inconvénients de vivre dans les valises.

De 13 à 17 ans

L'adolescent vit la transition du divorce en même temps qu'il vit une transition vers l'âge adulte. Il adopte un jour un comportement d'adulte et le lendemain, un comportement d'enfant; il n'est pas toujours facile de savoir quelle attitude adopter envers lui. Il cherche à se distinguer de ses parents et son groupe d'amis est plus important que sa famille; il est important d'ajuster le partage du temps qu'il passe avec chacun de vous en fonction de cette réalité.

Le jeune a encore besoin d'être guidé et encouragé, mais il a aussi besoin qu'on l'aide à faire usage de son autonomie. Les contacts avec le parent qui n'a pas la résidence principale devraient être plus flexibles et leurs modalités devraient être fixées avec le jeune lui-même. Mais on suggère de s'assurer d'un contact régulier, par exemple, un repas toutes les semaines ou tous les 15 jours, car il est facile de perdre le contact si aucune mesure régulière n'est prévue.

---

30. Gold, L. *Between Love and Hate. A Guide to a Civilized Divorce,* New York, London, Plenum Press, 1992.

Pour le jeune de cet âge, les inconvénients du temps partagé l'emportent bien souvent sur les avantages. Beaucoup d'enfants qui ont aimé vivre de cette façon pendant plusieurs années demanderont un changement lorsqu'ils arrivent à l'adolescence.

18 ans et plus

Lorsque les enfants sont majeurs, il est facile de penser qu'ils sont autonomes et qu'il n'est plus nécessaire d'avoir un plan d'action parental. Effectivement, il serait irréaliste d'imposer aux jeunes adultes des modalités de contact avec leurs parents. Cela ne veut pas dire pour autant qu'ils n'ont pas besoin que vous vous entendiez à leur sujet, car même à cet âge, ils peuvent vouloir changer de résidence ou avoir des besoins financiers à combler. N'oubliez pas qu'ils vont sans doute se marier et avoir des enfants, autant d'occasions où ils apprécieraient une entente entre vous.

Faut-il tenir compte de nos besoins quand on établit un plan d'action parental ?

Il ne faut jamais oublier que la réponse aux besoins des enfants passe par la réponse aux besoins des parents et par la prise en considération de leurs possibilités. Si vous êtes satisfait de votre plan d'action parental, qu'il tient compte de vos besoins, de vos désirs et de vos disponibilités, vous serez plus enclin à le respecter et vos enfants en bénéficieront. S'il en est de même pour l'autre parent, vous ne pouvez qu'être gagnants tous les deux.

Quand vous négociez, prenez donc le temps d'exprimer, en plus des considérations qui concernent vos enfants, vos propres préoccupations et vos besoins, et assurez-vous de prendre aussi en considération les besoins de l'autre. La présence d'un nouveau compagnon ou d'une nouvelle compagne est un aspect délicat, mais vous devez en tenir compte puisqu'il s'agit de votre nouvelle réalité.

LES PRINCIPAUX OBSTACLES À LA NÉGOCIATION D'UN PLAN D'ACTION PARENTAL

Si vous éprouvez des difficultés à négocier votre plan d'action parental, il se peut que vous soyez confrontés à l'un ou l'autre des problèmes suivants.

L'absence de communication ou une communication hautement conflictuelle

Lorsque la communication est rompue entre vous et que les contacts avec les enfants sont maintenus, ces derniers doivent subir le stress de cette absence de communication. Toutefois, si une modalité de contact existe et est respectée, et que vous ne vous dénigrez pas mutuellement, vos enfants, selon leur résilience, peuvent apprendre à vivre cette situation.

En revanche, si l'absence de communication entre vous prive vos enfants d'un de leurs parents, ces enfants subiront les conséquences à long terme de cette privation, même s'ils ne présentent pas de problème apparent.

Dans les cas où votre communication est hautement conflictuelle, les enfants feront les frais de cette situation et vivront beaucoup de détresse en passant d'un foyer à l'autre. Cela vaudrait sans doute la peine de tenter une trêve pour leur éviter de souffrir de votre mésentente.

L'utilisation des enfants pour régler d'autres problèmes

La négociation du plan d'action parental sera difficile si vous vous servez de la question des enfants pour régler d'autres problèmes, que ces problèmes soient d'ordres financier ou émotionnel. Voici quelques exemples.

- Un parent veut obtenir un partage égal du temps de vie des enfants pour ne pas payer de pension alimentaire.
- Un parent ne veut pas laisser l'autre parent prendre part à la vie des enfants parce qu'il a, lui-même, besoin d'eux pour combler ses propres besoins affectifs.
- Un parent veut que les enfants résident avec lui la plupart du temps, soit pour prendre le contrôle de la situation, soit pour punir l'autre.
- Un parent veut que les enfants résident à temps plein avec lui pour éviter que l'autre ne quitte la maison ou pour le punir de partir.
- Un parent refuse que les enfants voient leur ex-conjoint parce qu'il n'accepte pas la présence du nouveau partenaire.

Lorsque la négociation du plan d'action parental vise à satisfaire le besoin négatif d'un parent au détriment des besoins des enfants, il serait important de souligner ce fait. Il est recommandé de demander à ce parent de se recentrer sur les besoins des enfants, tout en l'aidant à chercher des solutions à son problème, de façon à ne pas nuire aux enfants.

La mère qui veut contrôler la vie des enfants sans laisser de place au père

La séparation entraîne un nouveau partage des rôles, ce qui est parfois difficile. Des mères trouvent souvent difficile de partager avec le père les tâches qui, auparavant, relevaient exclusivement d'elles. Les pères, eux, manquent souvent d'expérience et ils ne s'y prennent pas comme elles pour accomplir certaines tâches. Sous peine de se retrouver seules avec un lourd fardeau et avec une pension alimentaire inexistante ou qu'elles ne reçoivent que de façon irrégulière, les mères y gagneraient à laisser une place au père, dans la mesure où les enfants ne sont pas en danger en sa présence.

Le père qui ne montre pas d'intérêt à garder le contact avec ses enfants

Le désintérêt des pères est l'un des problèmes les plus difficiles à surmonter. On ne peut forcer une personne à en aimer une autre ou à prendre ses responsabilités. Lorsqu'un homme ne manifeste pas d'intérêt envers ses enfants, il pourrait être utile de comprendre pourquoi. Particulièrement lorsque les enfants sont en bas âge, il peut arriver qu'il se sente malhabile avec eux où qu'il n'ait pas les ressources matérielles adéquates pour les recevoir. Il peut aussi arriver qu'il souffre trop de ne plus vivre au quotidien avec ses enfants et préfère s'épargner la douleur des ruptures chaque fois qu'il les voit. Essayer de comprendre les raisons du manque d'investissement dès le départ peut permettre de trouver des solutions.

Un des parents n'accepte pas la séparation

Lorsqu'un parent refuse la séparation, il lui est impossible de négocier un avenir où il ne serait pas avec son conjoint et ses enfants, car cela irait contre ce qu'il souhaite. La négociation ne sera possible que lorsque ce parent aura une certitude profonde et personnelle que le retour de l'autre est impossible, le jour, donc, où il acceptera la réalité de la séparation.

Éloignement des domiciles

Lorsque les parents habitent éloignés l'un de l'autre, la distance fait en sorte que les enfants sont privés de la présence régulière d'un parent. Si ce parent comprend et accepte cette situation, la négociation d'un plan d'action parental qui tienne compte de ce facteur de distance est possible et plusieurs parents s'en tirent très bien. En revanche, si la relation entre les parents est conflictuelle, si un parent s'est volontairement éloigné pour fuir l'autre et qu'il ne veut pas négocier, la négociation sera difficile et même impossible.

Refus de négocier
Peu importe la raison invoquée, lorsque l'un des parents refuse de rechercher une entente avec l'autre, la négociation sera impossible. En effet, les divergences les plus importantes peuvent trouver une solution si les parents acceptent de rechercher ensemble une solution. Les détails les plus insignifiants demeureront cependant problématiques en l'absence d'une volonté de discuter.

Quelles précautions faut-il prendre quand on négocie un plan d'action parental ?

Attention aux mots que vous utilisez
Nous utilisons encore trop souvent de nos jours les termes légaux garde des enfants et droits de visites et de sorties pour décrire la façon d'exercer les rôles parentaux à la suite d'une séparation. Cette terminologie reflète mal le désir de continuer d'être parent à part entière, en dépit de la séparation. Comment peut-on se sentir parent à part entière si on ne dispose que de droits de visites et de sorties de ses enfants ? Ce vocabulaire appartient à l'époque où les mères assumaient seules le fardeau parental après à la séparation. Le père, quant à lui, était alors « condamné » à payer une pension alimentaire.

Pour jouer votre rôle de parent, il est important que chacun de vous puisse passer du temps avec les enfants, assumer des tâches qui contribuent à leur bien-être et participer aux décisions qui les concernent. Si vous voulez parler un langage qui incite à la coopération, je vous invite à parler de partage des responsabilités parentales, de partage du temps de vie et de partage des tâches auprès des enfants. Utiliser ce langage vous évitera de tomber dans le jargon juridique qui oppose les parties et vous aidera à considérer les besoins des enfants et les vôtres, en tant qu'adultes, au lieu de vous asseoir sur des positions à défendre.

Faites attention de ne pas vous en tenir à des formules toutes faites, tenez compte de votre réalité

Beaucoup de parents s'en tiennent encore, sans se poser de questions, à ce qui se faisait traditionnellement. Dans ces cas, les enfants sont habituellement confiés à la mère, le père paie une pension alimentaire et peut voir ses enfants une fin de semaine par deux semaines, et peut-être une journée la semaine suivante, deux semaines l'été et une semaine aux Fêtes, incluant Noël ou le Jour de l'An.

Cette façon de partager les charges parentales entraîne la plupart du temps une surcharge pour la mère et une perte progressive de la relation du père avec ses enfants. Si vous voulez donner ce qu'il y a de mieux à vos enfants, il serait important de chercher à maintenir une implication de chacun de vous à la mesure de vos possibilités.

En tant que parents, vous voulez donner à vos enfants ce qu'il leur faut sur les plans affectif, éducatif et matériel, pour qu'ils puissent bien se développer. Cela ne veut pas nécessairement dire que vous devez tout faire. Il faut tenir compte, comme vous l'avez fait auparavant, de votre travail et de votre horaire. Vous devrez en plus, maintenant que vous êtes séparés, tenir compte de la distance entre les deux foyers. Chaque famille a une vie bien à elle, et ce qui convient à l'une ne convient pas toujours à l'autre. De plus en plus de parents refusent les formules de garde toutes faites et se construisent plutôt un arrangement sur mesure.

Hervé est camionneur et travaille selon des horaires difficilement prévisibles. Héloïse travaille à temps partiel. Dans leur cas, l'hébergement en alternance de leur fils de 4 ans est tout à fait impossible. Ils ont convenu qu'Hervé passerait le voir à la maison quand il reviendrait de voyage (environ 2 fois par semaine) et le prendrait chez lui une fin de semaine sur deux, du samedi midi au dimanche soir.

Gilbert et Huguette travaillent tous les deux de jour, habitent dans le même quartier et souhaitent tous les deux partager la prise en charge des enfants. Ils pourront plus facilement permettre aux enfants de changer de résidence toutes les semaines.

Claudette et Yves sont les parents de deux fillettes de 2 et 4 ans. Claudette habite Chicoutimi et Yves habite Québec. Pour continuer de demeurer présents tous les deux dans la vie de leurs filles, ils ont convenu qu'elles vivraient avec leur mère et que d'ici à ce qu'elles commencent l'école, leur père les hébergerait chez lui une semaine par mois.

Que faire si vous vous sentez incapable de collaborer avec l'autre parent ?

Il n'est pas nécessaire que les partenaires soient en bons termes pour développer un tel plan. Si vous considérez qu'il serait important que les enfants puissent profiter de leurs deux parents, malgré vos difficultés, ce qui importe est que vous vous fixiez un temps de rencontre une fois par année pour déterminer votre plan.

Lors de cette rencontre, vous vous engagez à faire une trêve pour discuter de vos enfants et fixer les modalités pour l'année. Par la suite, vous pourrez agir conformément à ce plan, chacun de votre côté, pour atteindre votre objectif commun, soit le bien-être de vos enfants. Au besoin, cette rencontre peut se faire en présence d'un médiateur.

Le plan d'action parental vous permet, s'il vous est impossible de faire autrement, d'agir parallèlement, sans vous court-circuiter et sans avoir à communiquer avec l'autre trop souvent. Vous avez alors en main une entente précise en ce qui concerne vos engagements en termes de temps où vous aurez les enfants et des tâches que vous accomplirez pour eux.

EN BREF : LE CHEMINEMENT PARENTAL PENDANT LA PÉRIODE DE TRANSITION

Étapes à franchir	Obstacles possibles	Que faire ?
• Établir une nouvelle répartition des tâches auprès des enfants	• Difficulté à changer les habitudes acquises dans la relation avec les enfants pendant la vie commune	• Les difficultés de communication au sujet des enfants étant parfois le symptôme que le deuil du lien conjugal ne se fait pas, vous demander si c'est votre cas
• Expérimenter et ajuster le nouveau mode de vie	• Les problèmes des adultes empêchent de voir ceux des enfants	• Établir clairement les règles de contact
• Prévoir une période d'adaptation	• Difficultés de communication permanentes au sujet des enfants	• Vous entendre sur le préavis nécessaire avant de vous présenter chez l'autre
• Établir les modalités de communication entre parents : téléphone, cahier de bord, rencontres prédéterminées…	• Utilisation des enfants comme messagers, espions, confidents, alliés…	• Fixer des heures et les respecter
• Établir un plan d'action parental	• Conflits sur le partage du temps, des tâches et des responsabilités	• Prévoir un petit coin où l'enfant pourra ranger ses effets personnels auprès des enfants
	• Non-respect des ententes	• Identifier la cause du non respect des ententes et rechercher des solutions
	• Difficultés à modifier les ententes pour tenir compte des nouveaux besoins	

Chapitre 8

LA RÉORGANISATION FINANCIÈRE
UN DÉFI DE TAILLE

Maman est-ce que je peux avoir des espadrilles comme celles d'Éric ?
Papa, je veux aller à Disney World pour les vacances.
Madame, nous n'avons pas reçu votre paiement depuis deux mois, nous allons devoir référer votre compte à notre service de perception.
Depuis qu'on s'est séparés, je n'arrive plus.

Après avoir ressenti l'impact émotionnel de la séparation, vous devez maintenant en calculer les coûts. L'augmentation des dépenses, la baisse soudaine de votre niveau de vie et la perte d'habitudes qui rendaient la vie agréable engendrent un stress considérable. Certaines recherches soutiennent que les facteurs économiques peuvent expliquer à eux seuls les problèmes psychologiques vécus par les enfants après le divorce[31].

Une déstabilisation financière importante accompagne la période de transition qui suit la séparation. Vous devez assumer un logement de plus, vous perdez les économies que vous réalisiez du fait que vous étiez plusieurs personnes au point de vue de la nourriture, vous augmentez vos frais de transport et tout cela coïncide avec le moment où vous devez vous habituer à une nouvelle façon de gérer vos finances. Le défi est de taille. Que la relation entre vous et votre ex-conjoint soit amicale, conflictuelle ou que vous soyez indifférents, la séparation se fait lourdement sentir sur le plan financier.

Vous composerez mieux avec cette situation si vous savez comment vous y prendre pour aborder le partage de vos biens et le nouveau partage de vos contributions financières respectives, et si vous êtes prévenus des difficultés qui peuvent survenir lorsque ces points sont abordés. Voilà de quoi il sera question dans les deux prochains chapitres. Mais arrêtons-nous d'abord à identifier les étapes de cette réorganisation ainsi que les facteurs susceptibles de l'influencer.

LES ÉTAPES DE LA RÉORGANISATION FINANCIÈRE

La réorganisation financière se fait d'une manière progressive. La première étape est déjà franchie : c'est le moment où vous avez pris des

---

31. Bogolub, E. B. *Helping Families Through Divorce*, New York, Springer Publishing Company, 1995.

dispositions financières concernant votre séparation physique ; il s'agit habituellement d'une entente temporaire. Certains couples souhaitent s'entendre sur toutes les questions avant de se séparer ; c'est beaucoup se demander quand la tension émotionnelle est très élevée. À cette étape, il vaut mieux s'en tenir à une entente temporaire.

La deuxième étape se produit à moyen terme, une fois que vous avez mis votre entente temporaire à l'essai pendant un certain temps. Il s'agit de vous entendre sur le partage de vos biens, de décider combien chacun de vous devra payer pour les enfants et, s'il y a lieu, de déterminer la pension alimentaire pour le conjoint. Cette dernière est versée pour tenir compte de l'interdépendance financière qui s'est créée durant le mariage et à laquelle vous ne pouvez mettre fin du jour au lendemain. Toutes ces décisions vous aideront à établir une nouvelle base de fonctionnement qui vous permettra de devenir deux entités financières autonomes.

Cette deuxième étape devrait idéalement survenir de huit mois à un an après la séparation physique. Il vous restera ensuite à obtenir un jugement de séparation de corps ou de divorce, ou, si vous n'êtes pas mariés, un jugement en ce qui concerne la garde des enfants et la pension alimentaire.

La troisième étape se produira plus tard ; elle concerne les révisions que vous devrez faire au sujet de votre entente, en cas de changement ou de perte d'emploi, d'augmentation ou de diminution des revenus, de changement de résidence des enfants, de départ des enfants du foyer ou pour mettre fin à la pension alimentaire pour le conjoint.

Bien que les couples franchissent ces étapes de façon bien personnelle, presque tous passent par ces trois temps.

LES DÉCISIONS FINANCIÈRES À PRENDRE

À moyen terme, vous déciderez du partage de vos biens et d'une répartition plus définitive des dépenses dans chaque foyer. Ces deux enjeux sont reliés et il est difficile de décider de l'un sans tenir compte de l'autre. Pour éviter la confusion, je traiterai ces sujets en deux temps comme je vous suggère de le faire.

Le chapitre 9 portera sur la négociation des contributions financières pour les enfants et de la pension alimentaire pour le conjoint.

Ces deux questions pourront faire l'objet de modifications pour tenir compte des changements qui interviendront, dans le futur, dans vos vies et celles de vos enfants.

Au chapitre 10, je présenterai les modalités de partage des biens. Ce partage, une fois établi, ne peut être modifié, à moins de circonstances tout à fait exceptionnelles.

Le partage des biens vous permettra de déterminer les biens et les dettes qui vous reviendront après la séparation, que ce soit en argent comptant, sous forme de biens meubles ou immeubles, ou encore de régimes de retraite. Une fois ces données en main, vous pourrez plus facilement planifier votre budget de fonctionnement quotidien.

La manière d'aborder les questions financières découle de plusieurs aspects de votre vie sur lesquels il y a lieu de réfléchir. Nous les passerons en revue avant de traiter concrètement des négociations financières.

L'histoire de trois couples illustrera les facteurs qui ont un impact sur la nouvelle gestion de vos finances après la séparation.

Lyane et Jacques font vie commune depuis trois ans. Ils ont respectivement 27 et 24 ans et sont les parents de Michaël, 18 mois. Lyane détient un diplôme de secrétaire et elle gagne 24 000 $ par année. Jacques est gérant dans un grand magasin et gagne environ 35, 000 $ par année. Lyane est à l'origine de la demande de séparation. Elle a pris cette initiative après avoir appris que Jacques avait eu une liaison avec sa meilleure amie.

Lucie et Jean-Luc sont les parents de deux adolescents de 15 et 17 ans. Ils sont mariés depuis 20 ans. Lucie, âgée de 45 ans, est devenue depuis peu agent immobilier et gagne, une fois ses dépenses payées, 20 000 $ par année. Jean-Luc a 48 ans, il est représentant et ses revenus sont de 45 000 $ annuellement. C'est Lucie qui a pris l'initiative de la séparation en raison des comportements violents de Jean-Luc à son égard.

Jean-Claude et Marie vivent en couple depuis 32 ans. Jean-Claude, 58 ans, a fait carrière comme cadre supérieur dans la fonction publique, alors que Marie, 51 ans, est demeurée à la maison pour s'occuper de leurs deux enfants aujourd'hui majeurs. Jean-Claude a pris une retraite anticipée l'an dernier et ses revenus s'élèvent à 50 000 $ par année. C'est Jean-Claude qui a décidé de mettre fin à leur vie de couple, car la situation devenait intenable depuis qu'ils étaient tous les deux à la maison.

LES FACTEURS QUI AFFECTERONT VOTRE RÉORGANISATION FINANCIÈRE

Le niveau socio-économique

Assez étrangement, ce sont les familles de classe supérieure et moyenne habituées à un certain confort qui éprouvent le plus grand choc au moment de la séparation. Ce serait le cas de Jean-Claude et Marie. L'épouse, qui n'avait peut-être jamais travaillé, doit parfois retourner sur le marché du travail ; la maison doit être vendue pour obtenir de plus grandes liquidités ; les vacances annuelles dans le Sud sont choses du passé. Ces familles habituées à un certain luxe doivent diminuer leur train de vie à un moment où elles sont perturbées et où elles pourraient avoir envie de compenser en se donnant plus de confort. Lorsque leur relation n'est plus harmonieuse, ces ex-conjoints peuvent débourser beaucoup d'argent en frais d'avocat. Ils ont beaucoup à perdre ou à gagner, et ils ont les moyens de se battre.

Pour les familles à revenus plus faibles ou chez les jeunes couples n'ayant bien souvent que très peu d'actifs, le divorce affecte les besoins de base. Pas de maison ou une maison qui n'a que peu d'équité, pas d'épargnes ni de régimes de retraites à se séparer ; ces couples doivent trouver l'argent pour se loger, se vêtir et se nourrir. Très souvent, il n'y a tout simplement pas assez de ressources.

Les études démontrent que parce qu'elles retournent au travail ou qu'elles passent d'un travail à temps partiel à un travail à temps plein, les femmes augmentent leurs revenus au cours des trois années qui suivent la séparation. En dépit de cette augmentation, leur niveau de vie demeure inférieur à ce qu'il était avant la séparation.

Pour les familles qui vivaient déjà sous le seuil de pauvreté, la séparation signifie : « Être encore plus pauvre. » Cela peut signifier le recours à la sécurité du revenu pour la conjointe et parfois même pour le conjoint.

Enfin, les personnes à la retraite ou à la veille de l'être vivent deux transitions financières en même temps. Alors que leurs revenus et leurs habitudes de vie changent, la redistribution des ressources affectera leur niveau de vie. Une telle situation exigera une étude approfondie de toutes les solutions possibles afin de maximiser les avantages et de minimiser les inconvénients. Partager ou non le régime de retraite ? En l'absence de partage, comment compenser ?

Y aura-t-il versement de pension alimentaire ? Quel en sera l'impact fiscal ?

Peu importe les revenus, la séparation entraîne un déséquilibre important dans toutes les familles et occasionne un casse-tête financier à la plupart des gens.

La répartition des rôles dans votre famille

La répartition traditionnelle des rôles où l'homme avait la responsabilité de pourvoir aux besoins économiques de la famille et où la femme s'occupait des enfants et des tâches domestiques n'a que peu changé, malgré l'arrivée des femmes sur le marché du travail.

Comme résultante de ces conditionnements sociaux, après la séparation, les hommes se retrouvent privés de leurs enfants dans la vie quotidienne, ils doivent payer, sans même pouvoir profiter avec eux de cette contribution et ils risquent d'être soumis à ce que j'appelle l'impérialisme maternel quand ils se voient refuser l'accès à leurs enfants.

Les femmes, de leur côté, doivent souvent porter seules la lourde charge quotidienne des enfants, elles doivent parfois retourner sur le marché du travail ou travailler pendant un plus grand nombre d'heures, elles doivent vivre avec leurs enfants l'appauvrissement et la perte de leur niveau de vie. Lucie fait sans doute partie de ces femmes qui se retrouveront avec la charge des enfants et qui devront augmenter leurs heures de travail pour boucler leur budget.

Si un certain nombre de pères revendiquent leur place auprès de leurs enfants, beaucoup d'autres s'éloignent de leur rôle de père, laissant aux mères le privilège de vivre une relation significative avec les enfants, mais leur laissant en même temps les problèmes économiques engendrés par la séparation.

C'est au moment de la séparation que le coût de la vie conjugale est payé, que la dévaluation relative des contributions de chacun devient perceptible[32]. En effet, pendant que la famille était unie, la répartition des rôles permettait un fonctionnement où chacun s'acquittait de ses tâches au profit de l'ensemble, et bénéficiait du travail de l'autre, comme l'autre bénéficiait du sien. La rupture vient mettre en évidence la nécessité, pour chaque individu de l'ex-couple, de

---

32. De Singly, F. *Sociologie de la famille contemporaine,* Paris, Nathan, 1993.

venir combler une lacune occasionnée par la vie commune. Par exemple, la mère de famille demeurée à la maison n'a pas développé son potentiel d'emploi ; en revanche, le père a moins développé sa capacité de s'occuper des enfants.

Si vous êtes une femme qui a mis son emploi ou sa carrière en veilleuse, vous avez intérêt à miser sur votre vie professionnelle, que ce soit par un retour aux études ou par la participation à un programme de soutien à l'emploi. Si votre ex-conjoint a le devoir de vous aider à reconquérir votre autonomie financière, il n'est pas tenu de vous payer une rente à vie si vous avez l'âge et la capacité de devenir autonome.

Si vous êtes un homme qui a consacré son temps et son énergie à son travail, et si vous avez délégué à votre femme la responsabilité de prendre soin de vos enfants, vous avez du rattrapage à faire de ce côté. Si vous ne voulez pas tomber dans la catégorie des hommes qui perdent contact avec leurs enfants après quelques années de séparation, continuer d'être papa exigera de vous une volonté et un effort.

Il est donc possible et rentable de miser sur ce que j'appellerais une « complémentarité inversée » dès la période de transition, pour permettre à chacun d'investir là où il doit rattraper le temps perdu. Pendant que la mère consacre du temps à l'amélioration de sa situation économique, pourquoi le père ne prendrait-il pas soin des enfants afin de solidifier ou de rétablir sa relation avec eux ? Plutôt que de continuer à vous centrer sur ce qu'était votre rôle principal jusqu'ici, vous pouvez vous engager à développer un autre aspect de votre potentiel. Vos enfants en seront les premiers gagnants, sans compter que vous en retirerez des avantages.

Ces changements ne se font pas du jour au lendemain. Si vous aviez un mode traditionnel de fonctionnement, ce n'est qu'avec le temps que vous retrouverez le nouvel équilibre entre vos tâches parentales et économiques.

L'étape de vie

Le cycle de vie de la famille entraînera une façon différente de considérer la réorganisation financière après la séparation. Il est évident que nos trois couples n'envisageront pas leur réorganisation financière de la même façon.

Lyane et Jacques sont encore jeunes ; ils ont peu de biens accumulés ensemble. La brève durée de leur union fait en sorte qu'ils ne subiront pas de conséquences irréparables du fait de leur vie commune.

Lucie et Jean-Luc se retrouvent dans une situation beaucoup plus difficile. En tant que mère de deux enfants, Lucie travaillait pour arrondir les fins de mois, sans plus. Aujourd'hui, elle a un revenu tout juste suffisant pour subvenir à ses propres dépenses. Tant qu'elle vivra avec les enfants, elle profitera indirectement de la pension qui leur est versée. Que lui arrivera-t-il lorsque, dans quelques années, ses enfants quitteront la maison et qu'elle ne recevra plus de pension alimentaire pour eux ?

Enfin, la situation de Jean-Claude et de Marie présente un autre type de difficulté. Il est assez évident que Marie devra bénéficier d'une aide en raison de son âge et de son absence d'expérience sur le marché du travail. Comment Jean-Claude pourra-t-il assumer cette charge, étant donné qu'il est à la retraite. De quel revenu disposera-t-il, une fois qu'il aura partagé la moitié de son régime de retraite ? À l'âge de la retraite ou de la préretraite, les personnes qui se séparent subissent un impact permanent sur leur niveau de vie. Ceux qui étaient sur le point de prendre leur retraite doivent souvent retarder leur décision de quelques années.

Votre rapport à l'argent pendant la vie commune

La façon dont vous avez administré vos finances pendant votre union aura un impact sur la manière dont vous vous réorganiserez financièrement après la séparation. Quelle était votre manière de gérer votre budget familial ? Vous reconnaissez-vous parmi les types de gestion qui suivent ?

Chez certains couples, les ressources du ménage sont versées dans un compte conjoint où sont prélevées toutes les dépenses. Le compte est géré par l'un ou l'autre des conjoints ou par les deux, en toute transparence.

Chez d'autres couples, chaque conjoint verse une partie de ses revenus dans son compte personnel et une autre partie, souvent au prorata des salaires, dans un compte conjoint pour les dépenses communes. Les dépenses à combler par le compte commun sont souvent reliées à la maison, aux enfants et aux vacances. Le budget peut être géré par l'un des conjoints ou par les deux.

Dans les ménages où un seul conjoint travaille, il arrive que le conjoint pourvoyeur gère lui-même le compte personnel dans lequel il dépose son salaire ; l'autre conjoint reçoit une allocation mensuelle ou hebdomadaire. Il arrive dans d'autres cas que le conjoint pourvoyeur confie son revenu à l'autre conjoint qui assure la gestion complète du budget. D'autres enfin gèrent le budget à deux.

La façon de gérer l'argent témoigne bien souvent du type de relation conjugale qui existe. On trouve des conjoints plus autonomes dans leur façon de gagner et de dépenser l'argent, alors que d'autres fonctionnent plutôt en commun. Dans certains cas, les deux connaissent et participent au budget, alors que dans d'autres situations, un seul des conjoints est informé de l'état des revenus et des dépenses. Très souvent, la femme sera familière avec les dépenses des enfants et de la maison, alors que l'homme sera plus habitué à gérer les dépenses plus importantes comme le paiement de l'hypothèque, des assurances, des rénovations, etc.

Dans le cas de Lyane et Jacques, l'argent était versé dans un compte conjoint et le budget était géré par Jacques avec la participation de Lyane. Jean-Luc, quant à lui, versait ses revenus dans son compte personnel et donnait une somme hebdomadaire à Lucie pour les dépenses des enfants et l'épicerie. Jean-Luc payait l'hypothèque, les assurances, l'électricité, le câble, le déneigement, etc. Jean-Claude et Marie avaient pris l'habitude de tout mettre dans un compte conjoint et c'est Marie qui gérait les finances de la famille, après en avoir discuté avec Jean-Claude.

La réorganisation financière reposera donc en grande partie sur votre capacité à générer des revenus et à les gérer.

Votre propre rapport à l'argent

Sur le plan personnel, l'argent ne représente pas la même chose pour tout le monde. En effet, nous ne recherchons pas la satisfaction des mêmes besoins à travers l'argent. Une médiatrice familiale française, Isabelle Juès, fait ressortir quatre motivations principales que les gens ont, en ce qui concerne l'argent. L'argent peut répondre à des besoins de liberté, de sécurité, de pouvoir ou d'amour.

« Les personnes qui privilégient le besoin de liberté voient, dans la possession de l'argent, l'occasion d'aller où elles le désirent et de faire ce qui leur plaît. Elles sont souvent très peu comptables, n'établissent pas de budget et se montrent plutôt généreuses. (...)

« Les personnes qui recherchent dans l'argent une sensation de sécurité aiment se sentir en terrain connu et détestent prendre des risques. Posséder de l'argent permet de se sentir à l'abri, d'être assuré de ne pas avoir de « mauvaises surprises. (...)

« Ceux qui voient principalement dans l'argent un outil de pouvoir ont souvent besoin d'être reconnus et admirés. Ils recherchent la réussite et ont tendance à s'investir énormément dans leur activité professionnelle. Ils recherchent les plaisirs et les angoisses de la compétition. (...)

« Les personnes qui cherchent surtout à satisfaire un besoin affectif à travers l'argent sont la plupart du temps d'une générosité excessive. Pour elles, l'argent sert à entretenir les relations, à « acheter » l'affection de leur entourage. Elles se montrent gentilles, disponibles et conciliantes[33]. »

Qu'en est-il pour vous ? Pourquoi avez-vous besoin d'argent ? Pour vous sentir libre, en contrôle, en sécurité ou pour être aimé ? Selon votre réponse à cette question, vous aurez un comportement différent dans vos négociations financières. Si vous acceptez de réfléchir sincèrement à la valeur de l'argent pour vous, vous prendrez conscience de ce qui est vraiment important quand vous discutez argent, et vous pourrez ainsi mieux faire valoir votre point de vue.

Les circonstances de la séparation

La manière dont la décision de la séparation s'est prise est l'un des facteurs qui a le plus d'impact dans les négociations financières. La personne qui a pris l'initiative de la séparation souhaite que la réorganisation financière des deux foyers se fasse le plus rapidement possible et elle est habituellement plus encline à rechercher des solutions aux problèmes financiers rencontrés. La personne qui n'accepte pas la séparation, tout au contraire, cherchera souvent à démontrer par les problèmes financiers les coûts élevés de la rupture, et ne sera pas portée à faciliter la résolution des problèmes financiers. Enfin, si la décision est acceptée par les deux, même à des degrés divers, la négociation financière se fera plus en douceur.

---

33. Juès, I. *Tout compte fait. Mémoire en vue de l'obtention du titre de médiatrice familiale*, Paris, 2000.

La connaissance de vos besoins et de vos valeurs

La négociation de votre réorganisation financière sera facilitée par la connaissance de vos besoins et de vos valeurs. La séparation vous obligera, vous et votre ex-conjoint, à faire des choix. Vous devrez nécessairement sacrifier certains besoins pour en satisfaire d'autres.

Si vous avez réfléchi sur votre vision de la vie, sur vos valeurs et sur ce que vous voulez réaliser dans le futur, vous pourrez négocier à partir d'une vue d'ensemble de ce qui est vraiment essentiel pour vous. Par exemple, si vous vouliez donner priorité à votre besoin de devenir autonome sur le plan financier, vous serez peut-être prêt à sacrifier la maison pour obtenir les liquidités nécessaires à financer votre retour aux études. Vous pouvez au contraire vouloir conserver la maison pour assurer une continuité de vie aux enfants en leur permettant de demeurer dans le même quartier ; vous serez alors prête à obtenir une part moins grande du régime de retraite de votre conjoint.

Vous aurez des choix importants à faire. Il vaut donc la peine de miser sur ce qui compte vraiment pour vous et pour vos enfants.

Chapitre 9

Un casse-tête financier
Le partage des contributions financières

GUIDE DE PARTAGE DES RESPONSABILITÉS FINANCIÈRES POUR LES ENFANTS

Établir combien et comment payer pour vos enfants n'est pas une mince affaire, car cette décision déterminera en grande partie le niveau de vie dans chacun des deux foyers pour les années à venir.

Il est bien connu que la pension alimentaire est toujours trop élevée pour celui qui la paye et jamais assez élevée pour celui qui la reçoit. Trop souvent, la question du partage des coûts financiers à l'égard des enfants se résume à la fixation de la pension alimentaire qui sera versée par le parent qui n'a pas la garde des enfants, soit généralement le père. On oublie souvent que, lorsque les deux parents travaillent, tous deux contribuent aux besoins des enfants. La fixation de la contribution financière pour vos enfants est une étape déterminante dans votre réorganisation. Il vaut la peine de prendre le temps nécessaire de bien connaître les ressources de chacun et les dépenses des enfants dans chaque foyer avant de fixer un montant.

LES ÉTAPES POUR FIXER LA CONTRIBUTION FINANCIÈRE POUR LES ENFANTS

Voici la marche à suivre, étape par étape, pour déterminer vos contributions financières respectives ainsi qu'une grille que vous pourrez utiliser pour inscrire les différentes informations recueillies ainsi que vos décisions.

Ce cheminement tient compte du modèle québécois de fixation des pensions alimentaires pour enfants[34] (voir annexe 1), tout en vous laissant le soin de déterminer vous-même les sommes que vous désirez consacrer à vos enfants.

La méthode utilisée en médiation pour fixer la contribution financière concernant les enfants est relativement complexe et exige une grande capacité de coopération de la part des parents.

---

34. Direction des communications du ministère de la Justice. *Le modèle québécois de fixation des pensions alimentaires pour enfants,* Québec, 1997.

Un casse-tête financier : le partage des contributions financières

L'accompagnement d'un médiateur est fortement suggéré pour assurer le bon déroulement des discussions.

Étape 1 :	Déterminer vos revenus
Étape 2 :	Faire le budget de vos enfants
Étape 3 :	Déterminez le revenu familial disponible.
Étape 4 :	Identifier le montant de contribution prévu par la table de fixation
Étape 5 :	Déterminer le coût annuel des enfants
Étape 6 :	Prévoir les contributions respectives de chacun
Étape 7 :	Déterminer la manière dont chacun acquittera sa contribution
Étape 8 :	Déterminer les modalités de paiement de la pension alimentaire
Étape 9 :	Déterminer qui recevra l'allocation familiale et qui prendra les enfants à charge dans sa déclaration d'impôt lors d'une garde partagée
Étape 10 :	Assurer la sécurité financière future de vos enfants à l'aide des assurances-vie

Étape 1 : Déterminez vos revenus bruts

Les revenus que vous devez identifier sont les revenus de l'année courante, à moins que ce revenu soit très différent de celui que vous prévoyez pour les 12 prochains mois. Pour établir votre revenu, le plus simple, si vous êtes salarié, sera de vous référer à votre talon de chèque de paye. Si vous êtes travailleur autonome et que vos revenus fluctuent, vous pouvez faire une moyenne de vos revenus des trois dernières années, si ces années sont représentatives. Si vous avez une entreprise, je vous suggère fortement de faire appel à un comptable pour vous aider à déterminer vos revenus annuels. Si vous êtes travailleur saisonnier et que vous bénéficiez chaque année de prestations d'assurance-emploi, vous devez en tenir compte dans l'établissement de votre revenu. Les revenus suivants ne sont pas pris en compte dans le calcul du revenu :

- *les allocations familiales, les prestations fiscales pour enfants ou les allocations pour enfants handicapés ;*
- *les prestations accordées en vertu du programme d'aide aux parents pour leurs revenus de travail ;*
- *les prestations de sécurité du revenu.*

Afin que vos discussions se fassent en toute transparence, je vous suggère de vous remettre mutuellement une copie des documents attestant de vos revenus : déclaration d'impôt, relevés de placements, états financiers d'une entreprise, etc. Un jugement qui serait basé sur une entente prise en se fondant sur des données erronées ou qui n'aurait pas tenu compte de tous les revenus disponibles pourrait être annulé.

REVENUS		
	Mère	Père
Salaire brut	_____	_____
Commissions/pourboires	_____	_____
Revenus nets d'entreprise et de travail autonome	_____	_____
Prestations d'assurance-emploi	_____	_____
Pension alimentaire versée par un tiers et reçue à titre personnel	_____	_____
Prestations de retraite, d'invalidité et autres	_____	_____
Intérêts et dividendes, et autres revenus de placements	_____	_____
Loyers nets	_____	_____
Autres revenus	_____	_____
Total	_____	_____

Étape 2 : Faites le budget de vos enfants

Pour aider les parents et les tribunaux à établir une pension alimentaire pour les enfants, il existe au Québec, depuis 1997, des lignes directrices qui établissent le coût moyen des enfants selon le niveau de revenus des parents. Les barèmes fixés par le gouvernement sont fondés sur des données fournies par Statistique Canada; ils déterminent, pour chaque tranche de revenu familial, les dépenses moyennes effectuées à l'égard des enfants dans notre société.

Pourquoi faire un budget pour les enfants, alors qu'il existe des barèmes pour fixer la pension alimentaire? Il est important de faire cet exercice parce que le budget vous permet d'identifier ce que vous avez l'habitude, dans votre famille, de dépenser pour les enfants. Il se peut que vos dépenses soient supérieures ou inférieures aux barèmes. Si vos dépenses sont différentes de celles prévues aux barèmes, vous devrez justifier cet écart devant le tribunal; c'est le juge qui appréciera la validité de vos motifs et rendra une décision finale.

Le fait, pour chacun de vous, d'identifier les dépenses de vos enfants, vous permet de vérifier si les barèmes sont suffisants pour répondre à leurs besoins, d'échanger sur les dépenses que vous estimez pertinentes pour eux et de vous entendre sur les modifications que votre séparation apportera au budget actuel.

Comment faire le budget?
Dans un premier temps, faites le budget global de vos enfants. Ce qui compte, à cette étape, c'est de déterminer ce que coûtent vos enfants, peu importe qui paie ou encore à quel endroit les dépenses se font.
Je vous propose de faire le budget, chacun de votre côté, au meilleur de vos connaissances. Ne vous inquiétez

Un casse-tête financier : le partage des contributions financières

pas si vous ne connaissez pas les coûts d'une ou de plusieurs dépenses. Lorsque vous ferez une mise en commun, vous échangerez les informations nécessaires.

Le partage de vos données avec l'autre est un moment crucial. Attention de ne pas perdre les pédales. Ce que vous visez, dans un premier temps, c'est un partage d'information sur votre évaluation des coûts. Il est possible et même, dans un premier temps, probable que vous ne vous entendiez pas sur le montant à consacrer à certains postes. Si, après avoir discuté, vous n'arrivez pas à vous entendre, laissez la case vierge et mettez un point d'interrogation. Ne perdez pas de temps à discuter sur un point avant d'avoir une vue d'ensemble de votre budget.

Après avoir discuté chacun des postes, revenez à vos points d'interrogation. Il arrive souvent que le fait de regarder l'ensemble des besoins relativise le coût d'un besoin donné. Par exemple, si vous ne vous entendiez pas sur le montant à accorder aux loisirs et que vous observez que le total du budget dépasse de beaucoup votre capacité de payer, vous accepterez peut-être plus facilement de repenser le montant alloué à ce poste.

À cette étape, vous devriez savoir ce qu'il en coûte actuellement pour vos enfants. Il est préférable de considérer cette première évaluation comme provisoire, car en franchissant les étapes subséquentes, vous recueillerez des informations qui pourraient vous inciter à modifier cette première évaluation de leurs besoins.

Quelles dépenses inclure dans chacun des postes du budget et comment en évaluer le coût ?
Le Règlement sur la fixation des pensions alimentaires pour enfants considère les besoins suivants : le logement, l'alimentation, la communication, l'entretien ménager, les soins personnels, l'habillement, l'ameublement, le transport et les loisirs.

D'autres frais relatifs aux enfants peuvent s'ajouter aux besoins de base. Ces frais particuliers doivent faire l'objet d'une entente entre vous, à défaut de quoi ils doivent faire l'objet d'une appréciation du tribunal.

Voici quelques critères à retenir pour fixer les frais particuliers :
* frais raisonnables ;
* capacité de payer des parents ;
* activités liées aux besoins de l'enfant et à sa situation particulière, par exemple : talent exceptionnel, avenir prometteur, frais occasionnés par des besoins nés de la rupture des parents ;
* poursuite d'une activité qui avait cours avant la séparation ;
* décision commune des parents.

Explications sur les postes budgétaires
Logement
Le logement est l'un des postes les plus difficiles à évaluer, car vous devez vous entendre sur une façon d'évaluer ce qu'il en coûte de plus pour héberger vos enfants. Dans le cas d'un hébergement en alternance, chacun aura des frais additionnels de logement pour les enfants. Dans le cas où les enfants habitent surtout avec un parent, seul le parent chez qui résident les enfants peut se prévaloir de cette dépense.

Il n'y a pas de règles objectives pour effectuer un tel calcul, vous devez vous en remettre à votre gros bon sens pour tenter de déterminer un montant qui correspond à votre réalité et à votre capacité de payer.

Si vous êtes locataire, vous pouvez par exemple considérer la différence entre ce qu'il en coûterait pour vous loger seul dans un 3 ½ et ce qu'il en coûte pour vous loger avec vos enfants dans un appartement plus grand.

Alimentation
Dans ce poste, vous incluez les dépenses d'épicerie ainsi que les repas à l'école ou les sorties au restaurant. Les parents que je rencontre en médiation me font souvent part de la difficulté qu'ils éprouvent à calculer ce qu'il en coûte d'épicerie uniquement pour les enfants. Là encore, il n'y a pas de règle. En réfléchissant à ce qu'il vous en coûterait si vous étiez seul, établissez un montant de ce qu'il en coûte pour les enfants. Ce montant sera évidemment approximatif. De toute façon, il n'est pas nécessaire, à cette étape, de faire un budget au sous près. Ce que nous recherchons, c'est une vue d'ensemble.

Habillement
Qu'en coûte-t-il pour habiller vos enfants ? « Cher », me direz-vous, mais encore ? Mon expérience de médiatrice m'a amenée à prendre conscience que ce poste des vêtements est l'un des postes les plus élastiques en fonc-

tion des valeurs des parents. Certains parents peuvent profiter de vêtements qui leur sont donnés par des amis ou des parents, il leur en coûte alors très peu pour habiller leurs enfants ; d'autres tiennent à avoir des vêtements de marque achetés dans les magasins haut de gamme.

Une façon d'évaluer ce qu'il vous en coûte est de relever vos factures de la dernière année, si vous les avez conservées, ou de penser à ce qu'il vous en coûte aux changements de saisons (rentrée de septembre et du printemps) pour regarnir la garde-robe de vos jeunes. N'oubliez pas les vêtements les plus coûteux, comme les habits de gymnastique, les habits et les bottes d'hiver, les vêtements pour l'école, etc.

Transport
À ce poste, vous incluez les cartes d'autobus, les frais de transport scolaire, s'il y a lieu, l'essence que vous utilisez pour véhiculer vos enfants pour les loisirs ou d'un domicile à l'autre.

Matériel scolaire
Pour calculer ces frais qui semblent augmenter d'année en année, consultez votre commission scolaire ou l'école de vos enfants. Vous obtiendrez alors le montant annuel que vous aurez à débourser. Les classes de neige ou les classes vertes devraient être considérées.

Frais médicaux
Au chapitre des frais médicaux, vous devez inclure les médicaments et les soins de santé courants. Certains frais extraordinaires comme l'orthodontie peuvent être considérés dans les frais particuliers.

Si vous détenez une assurance groupe auprès de votre employeur, je vous suggère de tenir compte de la prime supplémentaire que vous payez pour bénéficier de la couverture familiale. Vous devez également tenir compte de la franchise que vous devez payer, ainsi que du coût des médicaments non remboursables par votre assurance.

Loisirs
Vous pouvez inclure dans ce poste toutes les activités culturelles (cinéma, théâtre, etc.), les loisirs organisés (hockey, ballet, soccer, etc.), les sorties et les activités familiales (ski, patin, etc.).

Vous pouvez aussi considérer l'achat d'équipement sportif ou d'instruments de musique à ce poste. Certaines dépenses peuvent être incluses dans les frais particuliers.

Frais de garde
Les frais de garde sont les frais requis pour répondre aux besoins des enfants, ainsi que les frais encourus pour les faire garder pendant que vous travaillez, que vous suivez des cours ou pour des raisons de santé. Ce poste ne comprend pas les frais de la gardienne qui vient chez vous quand vous allez au cinéma.

Vous devez inscrire les frais de garde nets et non le montant que vous payez. Vous devez retrancher du montant que vous versez les déductions d'impôt qui vous sont accordées. Il suffit de consulter votre déclaration d'impôt pour obtenir ce montant.

Frais d'études post-secondaires
Les jeunes qui fréquentent le cégep ou l'université doivent payer leurs livres ainsi que des frais d'inscription dans le cas du cégep et des frais de scolarité dans le cas de l'université ; des frais de logement et de transport peuvent aussi s'ajouter.

Les frais particuliers
Comme ces frais ne font pas partie des besoins de base, ils doivent donc faire l'objet d'une entente entre vous ou, à défaut, être fixés par le juge.

- *École privée*
  L'inscription à l'école privée primaire et secondaire et les frais de scolarité.
- *Frais médicaux exceptionnels*
  Les frais d'orthodontie, fréquents de nos jours, entrent dans cette catégorie.
- *Camps de vacances*

Un casse-tête financier : le partage des contributions financières

Vous pouvez inscrire à ce poste les frais de colonie de vacances ou de terrain de jeu qui ne sont pas considérés comme des frais de garde.
* *Activités sportives ou culturelles*
  Si votre enfant est champion dans une discipline ou obtient des bourses pour ses prestations musicales, vous voudrez peut-être l'encourager à développer ses talents. Vous inscrirez à ce poste les coûts additionnels que vous êtes prêts à débourser pour favoriser la poursuite de ces activités.
* *Activités parascolaires lorsque la situation particulière dans laquelle se trouve un enfant exige des besoins spéciaux.*

Budget de vos enfants	
Postes budgétaires	**Coûts mensuels**
Frais de base	
Logement et ameublement	
Alimentation	
Habillement	
Transport	
Coiffure et soins personnels	
Matériel scolaire	
Frais médicaux	
Loisirs	
Sous total des frais de base	
Frais de garde nets	
Frais d'étude post-secondaires	
Frais particuliers	
* École privée (primaire et secondaire)	
* Frais médicaux spéciaux	
* Camp de vacances	
* Activités culturelles ou sportives	
* Autres frais	
Sous total	
Grand total des dépenses	

Étape 3 : Déterminez le revenu familial disponible et le montant prévu pour vos enfants par la table de fixation de la contribution alimentaire de base*

Maintenant que vous avez fait l'exercice d'établir le budget de vos enfants, vous pouvez vérifier le montant que la table de fixation prévoit pour les besoins de base.

Depuis 1997, le ministère de la Justice du Québec a établi des barèmes de fixation des pensions alimentaires. Ces mesures visent à affirmer la responsabilité commune des parents à l'égard de leurs enfants, à assurer aux enfants la couverture de leurs besoins en fonction de la capacité de payer des parents, à partager la responsabilité du soutien financier des enfants entre les parents, en proportion de leurs revenus respectifs et à considérer comme prioritaire l'obligation alimentaire du parent qui doit verser une pension alimentaire au bénéfice de ses enfants.

Pour cette étape, vous aurez besoin du formulaire de fixation des pensions alimentaires pour enfants[36]. Vous trouverez ce document en annexe ; vous pouvez également vous le procurer au ministère de la justice ou à l'adresse Internet : www.justice.gouv.qc.ca/francais/publication.htm

Dans un premier temps, pour déterminer le montant que la table de fixation prévoit dans votre cas pour les dépenses de base des enfants, il faudra établir le revenu disponible.

Le revenu disponible est établi à partir de votre revenu brut auquel chacun retranche une déduction de base de 9000$ pour ses dépenses personnelles, ainsi que les déductions pour cotisations syndicales ou professionnelles s'il y a lieu. C'est à partir de ce montant total que sera déterminé à l'aide des tables prévues à cet effet, le montant prévu pour couvrir les besoins de base de vos enfants.

Revenu disponible		
	Père	Mère
Revenu annuel	_____	_____
Déduction de base	- 9 000 $	- 9 000 $
Déduction pour cotisations syndicales	- _____	- _____
Déduction pour cotisations professionnelles	- _____	- _____
Revenu disponible de chaque parent (1)	_____	_____
Revenu disponible des deux parents (2)		_____
Montant prévu pour les enfants à la table de fixation		_____

---

* Voir la table de fixation de la contribution alimentaire de base à l'annexe II.

Un casse-tête financier : le partage des contributions financières

Étape 4 : Identifiez le montant de contribution de chacun prévu par les barèmes, selon le mode de garde[35]

Faire les calculs tel qu'indiqué dans la partie 5 du formulaire de fixation de pension alimentaire pour obtenir les chiffres qui suivent.

Montant de contribution de chacun selon le mode de garde	
Total des besoins de base des enfants prévus par la table de fixation	_____
Total des frais de garde nets	_____
Total des frais d'études post-secondaires	_____
Total des frais particuliers	_____
Grand total des dépenses des enfants	_____
Identifiez le mode de partage de la résidence des enfants : (par exemple, garde exclusive à la mère, garde exclusive au père, garde partagée, garde avec droits de sorties prolongées, etc.)	
Part à payer par le père selon mode de garde	_____
Part à payer par la mère selon mode de garde	_____

---

35. Direction des communications du ministère de la Justice. *Le modèle québécois de fixation des pensions alimentaires pour enfants*, Québec, 1997.
36. *Ibid.*

Étape 5 : Déterminez le coût annuel de vos enfants

Après avoir complété le formulaire prévu à cet effet, vous avez obtenu le montant dont vos enfants ont besoin en vertu des tables de fixation. Quels sont les résultats ? Est-ce que votre budget est supérieur ou inférieur à ce montant ? S'il est supérieur, vérifiez si vous n'avez pas inclus des frais particuliers dans votre budget. Il se peut aussi, tout simplement, que vous ayez dépensé plus que la moyenne pour vos enfants dans le passé.

Si votre budget est inférieur au montant prévu aux barèmes, il se peut que vous ayez oublié des dépenses ou que vous ayez mal évalué le coût réel de certains postes. Les montants prévus par les barèmes sont présumés correspondre aux besoins des enfants et à la capacité des parents. Vous pouvez décider de consacrer moins d'argent que ce qui est prévu, dans le cas où cela créerait des difficultés excessives, mais dans un tel cas, vous devrez justifier votre décision devant le tribunal.

C'est maintenant le temps de décider du montant que vous souhaitez consacrer à vos enfants. Pourrez-vous continuer de payer l'école privée ? La colonie de vacances ? Donnerez-vous priorité aux loisirs ou aux vêtements ? Choisirez-vous de garder la maison et de sabrer dans d'autres dépenses ? Autant de questions qui vous amènent à établir vos nouvelles priorités.

Pour être capable d'apprécier l'impact que votre contribution financière, pour vos enfants, aura sur vos dépenses personnelles, il serait bon d'avoir complété votre budget et harmonisé vos dépenses et celles de vos enfants.

La première décision à prendre est celle du montant total que vous êtes en mesure de consacrer aux dépenses de vos enfants, incluant les besoins de base, les frais de garde, les frais d'études post-secondaires et les frais particuliers.

Supposons que vous ne parveniez pas à vous entendre sur ce montant. Imaginons, par exemple, que l'un de vous désire s'en tenir au montant prévu aux barèmes, plus les frais de garde, alors que l'autre voudrait ajouter des frais particuliers. Dans ce cas, je vous suggère de continuer la discussion en conservant vos deux hypothèses comme des possibilités, et en trouvant au moins une autre possibilité qui serait susceptible de répondre aux préoccupations les plus importantes de chacun.

Comme vous n'avez pas à décider tout de suite du montant de pension alimentaire, cela vous donnera le temps d'y penser. De plus, lorsque vous négocierez le partage des biens, vous pourrez peut-être faire un compromis sur la pension alimentaire contre un autre sur le partage des biens.

Coût annuel des enfants
Comparaison budget des enfants et table de fixation
Sous total des frais de base prévus au budget annuel selon vos calculs (étape 2) _____
Montant total des frais de base prévus à la table de fixation (étape 3)_____
Égal ☐   Supérieur ☐   inférieur ☐
Discussion et décision sur le montant à accorder aux enfants.
Coût annuel des frais de base des enfants mutuellement déterminé
Entente sur les frais de base des enfants (A) _____ Entente sur les frais de garde, d'étude post-secondaire et frais particuliers mutuellement déterminé (B)_____
Entente sur le grand total des dépenses des enfants (A + B) _____

Un casse-tête financier : le partage des contributions financières

Étape 6 : Déterminez les contributions respectives de chacun

Une fois que vous avez établi le coût total des dépenses des enfants, vous aurez à fixer la contribution de chacun. Le formulaire de fixation des pensions alimentaires prévoit un partage basé sur un prorata des salaires établi après avoir retranché une déduction de 9 000 $ pour les besoins personnels de chaque parent ainsi que les cotisations syndicales et professionnelles.

Exemple de calcul du pourcentage de contribution de chacun :

	Père	Mère
Revenu annuel	50 000 $	30 000 $
Déduction de base	- 9 000 $	- 9 000 $
Déduction pour cotisation syndicale	650 $	Nil
Déduction pour cotisations professionnelles	Nil	Nil
Revenu disponible de chaque parent (1)	40 350 $	21 000 $
Revenu disponible des deux parents (2)	61 350 $	
Facteur (%) de répartition des revenus (revenu disponible d'un parent (1) divisé par revenu disponible des deux parents (2) et multiplié par 100)	40 350/61 350 x 100 = 65,77 %	21 000/61 350 x 100 = 34,23 %
	65,77 %	34,23 %

Il s'agit maintenant d'appliquer ce pourcentage au montant total des dépenses que vous avez retenu à l'étape 5. Supposons que vous vous êtes mis d'accord sur le fait que vos deux enfants vous coûtaient au total 10 530 $ par année. Si votre prorata est de 65,77 % pour le père et de 43,23 % pour la mère, cela signifie que le père assumera 6 926 $ par année pour les enfants et que la mère assumera les 3 604 $ restants.

Aussi longtemps que vos revenus demeureront les mêmes, la proportion de vos contributions aux dépenses des enfants ne changera pas, peu importe où résideront les enfants.

Contributions respectives de chacun		
Revenu disponible de chaque parent (1) (étape 3)	_____	_____
Revenu disponible des deux parents (2) Facteur (%) de répartition des revenus (revenu disponible des deux parents (2) divisé par revenu disponible d'un parent (1) et multiplié par 100)	_____ %	_____ %
Part à payer par le père (% du père X coût des enfants (étape 5)	_____	
Part à payer par la mère (% de la mère X coût des enfants (étape 5)	_____	

Étape 7 : Déterminez la manière dont chacun acquittera sa contribution

Le modèle québécois de fixation des pensions alimentaires présume que, dans le dans le cas où les enfants vivent principalement avec un parent, toutes les dépenses sont assumées par le parent qui a la garde des enfants ; dans le cas d'un hébergement en alternance, les dépenses de base sont réparties entre les parents en proportion du temps de garde assumé par chacun, et les frais particuliers sont payés par le parent qui reçoit la pension alimentaire.

Si vous vous entendez, vous n'êtes pas obligés de vous en tenir à ces modalités. Vous pouvez décider de vous répartir les dépenses selon ce qui vous convient le mieux. Vous pouvez par exemple vous répartir les différents postes budgétaires et en tenir compte au moment de fixer le montant de la pension alimentaire. Il suffit de retrancher le montant déjà versé par le parent pour le bénéfice des enfants à la part totale qu'il doit assumer pour ses enfants, en fonction du prorata des revenus.

Exemple : Si le père doit assumer une part de 6 000 $ par année pour ses enfants et qu'il verse 2 000 $ pour les loisirs, le matériel scolaire et les frais de santé, la pension à verser à la mère pour les enfants sous forme de pension alimentaire sera de 4 000$.

Manière dont chacun acquittera sa contribution
♦ Pension alimentaire
Montant : _____   À payer par : ☐ père ☐ mère
♦ Paiements directs (Précisez)
Père : _____
_____
Mère : _____

Un casse-tête financier : le partage des contributions financières

Étape 8 : Déterminez les modalités de paiement de la pension alimentaire

Une fois que vous vous êtes entendus sur le total des contributions à verser à vos enfants et sur la façon dont vous vous acquitterez de ces contributions, il vous reste quelques détails à préciser.

De quelle façon procéderez-vous pour effectuer le versement de la pension ? Avant de répondre à cette question, il faut savoir si vous vous en tiendrez à une entente informelle entre vous ou si vous obtiendrez un jugement de divorce ou de séparation de corps. Si vous êtes conjoints de fait vous pourrez obtenir un jugement pour garde d'enfants et pension alimentaire.

Si vous décidez de faire homologuer votre entente par le tribunal afin qu'elle devienne exécutoire, c'est-à-dire que vous soyez tous les deux contraints de vous y conformer, vous serez automatiquement soumis au régime de perception automatique universel des pensions alimentaires. Dans ce cas, c'est le ministère du Revenu qui percevra la pension du payeur par un prélèvement automatique effectué deux fois par mois sur sa paye et qui la versera au parent qui a la garde, le 1er et le 16 de chaque mois.

Si vous êtes tous les deux d'accord, vous pouvez vous soustraire au régime de perception des pensions alimentaires ; il faut cependant demander une dispense au tribunal et verser, à titre de sûreté, la valeur d'un mois de pension alimentaire qui vous sera remis avec les intérêts cumulés lorsque la pension alimentaire prendra fin. Dans le cas de non-paiement de la pension, si vous avez un jugement, vous pouvez toujours recourir au service de perception automatique pour vous permettre de récupérer vos dûs. Par la suite, vous serez soumis au régime.

Si vous décidez de ne pas obtenir de jugement, vous devrez néanmoins déterminer le mode et la période de versement de la contribution financière. Par exemple, vous pouvez procéder par paiements directs au compte du parent qui a la garde des enfants, ou faire une série de chèques postdatés. La période de paiement peut être le 1er et le 16 de chaque mois ou, si vous préférez, vous pouvez faire correspondre le paiement avec votre période de paye.

Vous devez savoir que si vous prenez des ententes entre vous sans les faire sanctionner par le tribunal, advenant le non-paiement de la pension alimentaire, vous n'avez aucun recours légal pour en obtenir le paiement.

N'oubliez pas, même si votre entente n'est pas homologuée, de tenir compte de l'indexation annuelle au coût de la vie basée sur l'indice de la Régie des rentes du Québec ou sur tout autre indice que vous souhaiteriez retenir. Cette indexation se fait le 1er janvier de chaque année.

Modalités de paiement de la pension alimentaire (cochez)
Perception automatique des pensions alimentaires.
☐ Demande, au tribunal, de dispense du système de perception automatique.
Modalités de paiements de la pension alimentaire (en cas de dispense) :
☐ Chèques postdatés ;
☐ Paiements directs au compte du bénéficiaire ;
☐ Autre : _____
☐ La pension sera versée, le 1er et le 16 de chaque mois ;
☐ La pension sera versée en fonction des jours de paye, soit (précisez) _____
☐ La pension sera versée à une autre fréquence (précisez) _____

Étape 9 : Déterminez qui recevra l'allocation familiale et qui prendra les enfants à charge dans sa déclaration d'impôt en situation de garde partagée

L'allocation familiale et la prestation fiscale canadienne pour enfant sont versées à la personne qui assume principalement la charge des soins et de l'éducation de l'enfant.

Si vous avez une garde partagée, il vous reste maintenant à déterminer lequel des deux partenaires recevra l'allocation familiale et les prestations fiscales pour enfants, et aussi qui prendra les enfants à charge.

L'allocation familiale et les prestations fiscales pour enfants.
En cas de divorce ou de séparation depuis plus de 90 jours, vous pouvez signaler le changement de situation familiale à l'Agence de douane et revenu Canada qui fera part de l'information à la Régie des rentes du Québec. Le montant de prestation est plus élevé pour les familles monoparentales ; vous avez donc intérêt à faire votre demande le plus tôt possible. La Régie des rentes recalcule le montant de l'allocation familiale dès qu'elle reçoit l'information du fédéral. S'il y a lieu, les paiements seront ajustés rétroactivement depuis le mois qui suit le changement de la situation familiale.

En cas d'hébergement en alternance, l'allocation familiale ne peut être partagée entre les deux parents. Les parents peuvent cependant la recevoir alternativement chaque année. Le montant étant calculé à partir des revenus de l'année précédente du parent qui reçoit l'allocation, il est avantageux pour la famille, que celui qui a le plus faible revenu, reçoive cette allocation[37].

La fiscalité
Le parent chez qui les enfants résident principalement inscrit les enfants à charge sur sa déclaration d'impôt. Le parent qui paie une pension alimentaire pour un enfant ne peut déclarer cet enfant à sa charge. Dans les cas d'hébergement en alternance où les parents ont des revenus équivalents, certains crédits et exemptions fiscales ne sont pas disponibles au parent qui paye une pension alimentaire.

Allocation familiale et enfants à charge en situation de garde partagée
L'allocation familiale et la prestation fiscale seront versées :
☐ À la mère
☐ Au père
☐ Alternativement à chacun, à chaque année
À des fins fiscales :
_____(prénom de l'enfant), sera à la charge de _____(prénom du parent)
_____(prénom de l'enfant), sera à la charge de _____(prénom du parent)
_____(prénom de l'enfant), sera à la charge de _____(prénom du parent)

---

37. Régie des rentes du Québec. 2000. *Allocations familiales, questions fréquentes*, http://www.rrq.gouv.qc.ca

Étape 10 : Assurez la sécurité financière future de vos enfants à l'aide des assurances-vie

Afin d'assurer la sécurité économique de vos enfants, advenant votre décès, vous pouvez maintenir ou souscrire à une assurance-vie dont l'autre parent ou vos enfants seront bénéficiaires. Le montant de cette assurance devrait être suffisant pour remplacer la contribution que vous versez.

Afin de vous assurer que les enfants pourront y avoir accès avant leur majorité, il est important de bien établir les modalités de versement des sommes en cas de décès. Si vous ne souhaitez pas que l'autre parent soit le bénéficiaire et gère cet argent pour les besoins des enfants, vous pouvez nommer un fiduciaire en vous assurant que le parent survivant bénéficiera des sommes nécessaires pour les enfants et d'une latitude suffisante dans leur gestion.

Vous devriez tous les deux contribuer à une telle assurance et vous montrer les preuves de renouvellement chaque année. Si vous craignez que votre ex-conjoint ne paie pas sa prime d'assurance, vous pouvez prendre une assurance sur sa vie, que vous paierez vous-même et dont vous serez le bénéficiaire.

Assurances-vie
_____ (nom du père) conservera une assurance-vie au montant de _____, auprès de _____ (nom de la compagnie d'assurance), dont _____ (personne bénéficiaire : mère, enfants ou fiducie pour les enfants) sera bénéficiaire.
_____ (nom de la mère) conservera une assurance-vie au montant de _____, auprès de _____ (nom de la compagnie d'assurance), dont ____ (personne bénéficiaire : père, enfants ou fiducie pour les enfants) sera bénéficiaire.

COMMENT ABORDER LA QUESTION DE LA PENSION ALIMENTAIRE POUR LE CONJOINT ?

Cette question est toujours très délicate à traiter. Payer pour les enfants, ça peut toujours aller, mais payer pour l'autre, surtout si c'est lui qui vous quitte, c'est toujours plus difficile.

Roger a été marié à Gabrielle pendant 32 ans. Âgée de 58 ans, elle est demeurée à la maison pour élever ses quatre enfants. S'il risque de lésiner sur le montant à verser, Roger n'aura pas de difficulté à reconnaître que son épouse ne peut devenir autonome financièrement et qu'il devra lui verser une pension alimentaire. Il en va autrement pour Martine qui est âgée de 35 ans et qui a interrompu sa carrière de technicienne en génie civil pour suivre son mari dans toute la province à cause de ses nombreux transferts. Qu'en sera-t-il pour Yvette, 37 ans, qui vient de se trouver un emploi à statut précaire après être demeurée 10 ans à la maison pour s'occuper des enfants ? Ou pour Julienne qui a toujours travaillé à temps partiel avec un revenu de 8 000 $ par année ?

Ces femmes, après la séparation, seront aux prises avec des problèmes de survie, à moins de recevoir de l'aide de leur conjoint.

Les femmes et les conséquences économiques de la rupture

Ce sont les femmes qui réclament, en grande majorité, des pensions alimentaires. En effet, ce sont elles qui subissent le plus durement les conséquences économiques de la rupture et pour qui le mariage entraîne les conséquences les plus graves sur le plan de la carrière.

Il est démontré que les hommes mariés avancent plus vite dans leur carrière que les célibataires. Pendant ce temps, les femmes mariées qui ont des enfants consacrent beaucoup d'énergie à s'occuper de leurs enfants, des travaux de la maison et souvent de leurs parents vieillissants. Ce faisant, elles sacrifient leur carrière ou, tout au moins, ralentissent considérablement leur avancement.

Aussi longtemps que le couple fonctionne en tandem, ce partage des rôles est efficace. C'est au moment de la rupture que les effets se font sentir. Les conjoints qui se sont engagés dans le mariage doivent continuer d'assumer leurs responsabilités après la séparation ;

cette façon d'agir peut être volontairement consentie par le conjoint, sinon, elle peut lui être imposée par la loi.

La loi et la pension alimentaire pour le conjoint

Le législateur prévoit que les époux doivent partager les inconvénients économiques qui découlent de l'échec du mariage. La Loi sur le divorce, article 15.2(6), formule en ces termes les objectifs visés par la pension alimentaire au conjoint.

> L'ordonnance (...) rendue pour les aliments d'un époux (...) vise :
> a) à prendre en compte les avantages ou les inconvénients économiques qui découlent, pour les époux, du mariage ou de son échec ;
> b) à répartir entre eux les conséquences économiques qui découlent du soin de tout enfant à charge, en sus de toute obligation alimentaire relative à tout enfant à charge ;
> c) à remédier à toute difficulté économique que l'échec du mariage leur cause ;
> d) à favoriser, dans la mesure du possible, l'indépendance économique de chacun d'eux dans un délai raisonnable.

La loi ne prévoit pas de lignes directrices dans le cas des pensions entre conjoints comme c'est le cas pour la pension alimentaire pour les enfants. La Loi sur le divorce à l'article 15.2(4) précise cependant certains facteurs.

> En rendant une ordonnance ou une ordonnance provisoire au titre du présent article, le tribunal tient compte des ressources, des besoins et, d'une façon générale, de la situation de chaque époux, y compris :
> a) la durée de la cohabitation des époux ;
> b) les fonctions qu'ils ont remplies au cours de celle-ci ;
> c) toute ordonnance, toute entente ou tout arrangement alimentaire, au profit de l'un ou l'autre des époux.

Comment déterminer le montant et la durée de la pension alimentaire ?

À moins de vous entendre spontanément sur un montant de pension qui vous conviendrait à tous les deux, ce qui est une chose assez rare, je serais portée à dire que la négociation de cet enjeu entre vous est quasi impossible et je vous recommanderais de faire appel à un médiateur ou de consulter des avocats.

Je vous recommande de ne prendre aucune décision sur cette question sans consulter au préalable un conseiller juridique qui vous indiquera vos droits et vos responsabilités. Il est également important de ne pas accepter de mettre un terme à une pension alimentaire, si vous n'êtes pas en mesure de prévoir vos sources de revenus pour l'avenir. Enfin, si vous pouvez subvenir à vos besoins pour le moment, mais qu'en raison de votre mariage, vous détenez un emploi à statut précaire, vous devriez réserver vos recours en pension alimentaire. Cette mesure vous permettra de demander une pension alimentaire dans le cas où vous en auriez besoin ultérieurement. Elle ne garantit pas que votre demande sera acceptée, mais elle vous assure que votre situation sera réanalysée à la lumière des nouvelles données, tant de votre côté que du côté de votre ex-conjoint.

QUESTIONS FRÉQUEMMENT POSÉES CONCERNANT LA PENSION ALIMENTAIRE

La pension alimentaire pour enfant est-elle déductible ?

Depuis le 1er mai 1997, la pension alimentaire pour enfant n'est plus déductible ni imposable. Les personnes qui ont un jugement rendu avant cette date peuvent, si elles le souhaitent, faire réviser le jugement pour que leur pension soit défiscalisée. Ces personnes ont intérêt à consulter un fiscaliste ou un médiateur pour vérifier si un changement pourrait être avantageux dans leur cas.

Est-ce que je dois continuer de payer ma pension si je perds mon emploi ?

Si vos revenus changent de façon significative, que ce soit à la hausse ou à la baisse, vous devez faire une requête en modification de pension alimentaire et obtenir un nouveau jugement si vous voulez apporter des changements.

Qu'arrive-t-il si l'enfant qui vit chez moi, et pour qui je reçois une pension alimentaire, va demeurer chez son père ?

Comme dans le cas précédent, un changement de résidence entraîne une révision de pension alimentaire. Vous devez donc retourner devant le tribunal.

Mon ex-épouse a un nouveau partenaire. Les revenus de ce partenaire doivent-ils être considérés dans le calcul des revenus disponibles ?

Les revenus du nouveau conjoint n'ont pas à être pris en considération dans le calcul des revenus disponibles, puisque ce dernier n'est pas responsable financièrement de vos enfants.

Quand prend fin la pension alimentaire ?

La pension alimentaire pour enfant prend fin lorsque votre enfant est autonome financièrement et capable de subvenir par lui-même à ses besoins. Dans le cas d'un enfant majeur, le tribunal peut fixer un montant autre que celui prévu dans le formulaire de fixation des pensions alimentaires pour enfants afin de tenir compte de diverses circonstances, notamment son âge, sa scolarité, son lieu de résidence, son état civil, son autonomie, etc.

Si je paye une pension pour ma conjointe, est-ce que je pourrai la déduire dans ma déclaration de revenus ?

La pension alimentaire pour le conjoint est déductible pour le payeur et imposable pour le receveur. Le payeur peut déduire le montant de la pension versée à son ex-conjoint, ce qui lui procure un avantage fiscal intéressant. En établissant le calcul de la pension alimentaire, il faut par ailleurs tenir compte de l'impôt que le receveur aura à payer.

Nous avons obtenu un jugement de divorce il y a cinq ans et nous nous sommes mis d'accord pour changer le montant de la pension pour les enfants ; pouvons-nous le faire ?

Vous pouvez vous entendre pour modifier la pension alimentaire, mais vous devez obtenir un nouveau jugement qui confirme cette entente si vous voulez la rendre exécutoire, sinon le dernier jugement aurait force de loi. Prenons l'exemple d'une mère qui recevait 800 $ par mois de pension alimentaire fixée par jugement. Elle convient avec le père, étant donné qu'un des enfants est parti de la maison, de réduire ce montant à 500 $. Les parents ne demandent pas de modification à leur ancien jugement. Après 18 mois, un conflit éclate entre Monsieur et Madame. Madame décide donc de réclamer 5 400 $ en arrérages (300 $ par mois x 18 mois). À moins que le tribunal en décide autrement, Monsieur pourrait être obligé de remettre l'argent à Madame, étant donné qu'ils sont encore soumis au dernier jugement.

J'ai vécu en union de fait pendant 12 ans. Mon conjoint et moi avons eu quatre enfants dont je me suis occupée en demeurant à la maison. Ai-je droit à une pension alimentaire pour moi-même ?

Légalement, vous n'avez pas droit à une pension alimentaire pour vous, car vous n'étiez pas mariés. Sur le plan moral toutefois, le père de vos enfants pourrait accepter de tenir compte des préjudices que votre situation familiale vous a créés et vous verser une compensation sous une forme qui serait déterminée entre vous. Cette compensation ne serait ni déductible ni imposable.

Un casse-tête financier : le partage des contributions financières

Vous pourriez partager vos Régimes des Rentes du Québec et vos REÉR, à certaines conditions.

La discussion concernant les questions financières risque de vous entraîner dans des discussions enflammées, car l'argent, en affectant votre future qualité de vie et celle de vos enfants, touche un point sensible.

La séparation entraîne une période de réajustement sur le plan financier comme sur le plan affectif ; souvenez-vous que vous ne pouvez rompre les liens financiers entre vous du jour au lendemain et donnez-vous du temps.

EN BREF : LE CHEMINEMENT ÉCONOMIQUE PENDANT LA PÉRIODE DE TRANSITION

Étapes à franchir	Obstacles possibles	Que faire ?
• Chacun gère son budget	• Un des conjoints est sans revenu	• Si les conjoints sont mariés, obligation de subvenir aux besoins du conjoint dépendant pour une période de réorganisation
• S'ajuster au nouveau partage des dépenses	• Difficulté d'un conjoint à gérer son budget	
• Faire des démarches pour parvenir à l'autonomie financière	• Baisse du niveau de vie et nécessité de compresser des dépenses	• Connaître les dispositions de la loi
• Conserver les factures pour dresser un portrait exact des dépenses dans chaque foyer	• Difficulté à se replacer sur le marché du travail	• Consulter un conseiller budgétaire
• Réviser l'entente temporaire sur le partage des dépenses pour fixer une entente plus permanente	• Travail à statut précaire et à faibles revenus	• Faire un bilan professionnel
	• Les montants prévus pour assumer les dépenses sont insuffisants	• Consulter des organismes de transition pour le retour sur le marché du travail
• Fermer les comptes conjoints ou redéfinir leur utilisation	• Désaccord sur les dépenses faites par l'autre à même un compte conjoint	• Faire un budget pour les enfants
• Mettre fin aux cartes de crédit communes		• Examiner les barèmes prévus par le ministère de la Justice
• Établir le montant de contribution financière à long terme pour les enfants	• Désaccord sur la manière d'utiliser le compte conjoint pour les enfants	• Déterminer les modalités de partage de dépense des enfants
	• Risque d'endettement	
• Établir une pension alimentaire pour un conjoint dépendant s'il y a lieu	• Irrégularité des paiements	• Conclure une entente
	• Refus de payer	• Dans les situations où l'entente doit être modifiée ou qu'elle n'est pas respectée, consulter un médiateur, ou un avocat si l'autre refuse la médiation
	• Négocier sans avoir toutes les informations	
	• Vouloir régler trop vite sans prendre le temps de bien analyser les revenus disponibles et les besoins	

Chapitre 10

Le partage des biens
Un règlement de comptes
au propre et au figuré

LE PARTAGE DES BIENS, UNE DÉMARCHE CRUCIALE DANS VOTRE TRANSITION

Est-ce que l'un de nous pourra garder la maison ?
Est-ce que je suis obligé de partager mon régime de retraite ?
Sur quoi nous baserons-nous pour effectuer le partage de nos biens ?
Nous ne nous entendons pas sur la valeur de la maison, que faire ?
Est-ce que l'argent que j'ai placé pour les enfants fait partie du patrimoine familial ?

Votre séparation physique vous a obligé à faire des choix à court terme. La période de transition vous amènera à prendre des décisions qui auront des impacts à plus long terme. Partager les biens acquis durant votre mariage constitue une de ces décisions. Il s'agit d'un travail important, car lorsque vous aurez conclu une entente à ce sujet et que vous aurez obtenu un jugement, vous ne pourrez plus y apporter de changements à moins de circonstances exceptionnelles.

Le partage de vos biens n'est pas un acte anodin. Il s'agit d'une démarche où vous ferez le bilan économique des acquis et des dettes de votre mariage. Cet exercice entraînera aussi un autre bilan, plus symbolique : « Qu'est-ce que j'ai apporté dans ce mariage ? Qu'est-ce que j'en ai retiré ? »

Si l'on compare la famille à une entreprise, on pourrait dire que dans plusieurs cas le conjoint est directeur de la production, alors que la conjointe est responsable des ressources humaines. Habituellement, dans notre société, l'homme se voit attribuer la responsabilité de procurer à sa famille des biens matériels faciles à comptabiliser et la femme est responsable du « management affectif et relationnel », tâche plus difficile à évaluer.

La reconnaissance de l'apport de chacun est très subjective. Lorsque vient le temps de discuter des apports respectifs de chacun, la femme a de la difficulté à prendre conscience de la valeur de ses contributions, ensuite, il lui est difficile de faire reconnaître son travail d'éducatrice et de maîtresse de maison. L'homme, de son côté, peut souvent démontrer, factures à l'appui, toutes ses contributions.

Dans cette tâche de partage comme dans les autres accomplies jusqu'à maintenant, l'argent et les émotions s'entremêleront, rendant le travail plus difficile. Une façon de ne pas tomber dans le piège du règlement de compte sauvage est de procéder méthodiquement.

COMMENT PROCÉDER AU PARTAGE DE VOS BIENS ?

Très souvent, les personnes qui se séparent, partagent leurs biens à la pièce de façon assez informelle. « Tu gardes ton auto, je garde la mienne ; tu gardes ton régime de retraite, je garde le mien ; on partage la maison 50-50. »

On négocie sans trop approfondir la discussion, par peur du conflit, pour garder la paix ou pour éviter de payer des frais d'avocat. Cette façon de faire peut fonctionner si vous n'avez que peu de biens et qu'ils sont d'une valeur peu élevée. Elle risque toutefois d'entraîner des problèmes si votre bilan est plus complexe. De plus, une telle façon de faire n'est pas toujours équitable et peut défavoriser l'un des négociateurs.

Si vous désirez régler le partage de vos biens de la façon qui répondra le mieux à vos besoins mutuels, en utilisant la loi comme outil et non comme arme, il est préférable de suivre une démarche préétablie et mutuellement acceptée pour baliser vos échanges sur le sujet.

Cette démarche, utilisée en médiation familiale, vous propose de suivre les étapes suivantes :
- faire le bilan de tous vos biens et dettes ;
- connaître la loi, échanger sur vos principes, vos préoccupations et vos besoins, puis vous entendre sur les objectifs à atteindre avec le partage ;
- faire la liste de diverses possibilités de partage ;
- analyser ces hypothèses à la lumière des principes retenus.

Toutes les situations ne se prêtent pas à la négociation ou à la médiation familiale. Si un conjoint refuse de négocier, s'il y a un trop grand déséquilibre des pouvoirs entre les personnes, si l'état de santé mentale de l'un des conjoints est atteint ou encore s'il existe une relation hautement conflictuelle, le recours à un avocat est nécessaire pour parvenir à régler les questions associées à la séparation du couple.

GUIDE DU PARTAGE DES BIENS

Comme nous l'avons fait pour les questions des enfants et de la pension alimentaire, nous vous proposons le cheminement par étape utilisé en médiation pour vous aider à parvenir à une entente.

Voici quelques explications pour vous faciliter la tâche ainsi que des tableaux pour consigner vos données.

LES ÉTAPES POUR DÉTERMINER LE PARTAGE DES BIENS

Étape 1 : Identifier et évaluer tous vos biens et dettes.
Étape 2 : Déterminer les biens partageables.
Étape 3 : Déterminer votre principe de partage.
Étape 4 : Faire ressortir plusieurs possibilités de partage.
Étape 5 : Analyser les possibilités à la lumière des objectifs visés.

Étape 1 : Identifiez et évaluez vos biens et dettes

Identification des biens et dettes

Pour procéder à un partage éclairé de vos biens et dettes, la première tâche à accomplir est d'en faire un bilan détaillé. Dans un premier temps, à l'aide du formulaire proposé, faites une liste de vos biens et de vos dettes, sans vous préoccuper de savoir si ces biens sont ou non partageables. Ce qui importe à cette étape est d'obtenir une liste complète ainsi que la valeur de tous vos biens et dettes.

Avant de procéder à l'identification et à l'évaluation de vos biens et dettes, il est important d'arrêter une date de partage à partir de laquelle vous ferez l'évaluation de vos biens. Ce peut être la date de votre séparation physique ou une autre date sur laquelle vous vous entendez. À défaut de vous entendre, la date retenue sera la date du dépôt des procédures ou la date de la séparation, si le tribunal en décide ainsi.

Si, par exemple, vous retenez le 1er juillet comme date de votre bilan, vous verrez à obtenir l'évaluation de votre hypothèque, du solde du prêt sur votre automobile, de la valeur de vos placements et du solde de vos emprunts à cette date. Si vous vendez votre automobile le 15 juillet, pour vous en racheter une autre, vous ne tiendrez pas compte de cet actif ni de ce passif dans votre bilan au 1er juillet, mais bien de la valeur du bien qui était en votre possession à ce moment et de toute dette s'y rapportant, s'il y a lieu.

Évaluation de vos biens et dettes

Déterminer la valeur d'un bien est simple dans les cas où vous pouvez obtenir un document qui confirme sa valeur, comme c'est le cas pour un placement ou un REÉR. Pour d'autres biens, comme la maison ou les meubles, la valeur attribuée peut être variable.

Les dispositions sur le patrimoine familial utilisent la valeur marchande pour évaluer un bien, c'est-à-dire ce qu'il en coûterait pour en obtenir un semblable sur le marché. Vous pourriez toutefois décider de vous entendre sur une autre valeur si vous êtes d'accord. Par exemple, la valeur de remplacement des meubles au lieu de leur valeur marchande.

Le partage des biens : un règlement de comptes au propre et au figuré

La maison
Si vous ne vous entendez pas sur la valeur de votre résidence, vous pouvez dans un premier temps vous référer à l'évaluation municipale et vérifier si, dans votre quartier, les propriétés se vendent à un prix supérieur ou inférieur à l'évaluation municipale. Vous pouvez également vérifier le prix obtenu dans votre quartier lors de ventes récentes de maisons comparables à la vôtre.

Si, après ces démarches, vous ne vous êtes toujours pas entendus, je vous suggère de retenir les services d'un évaluateur agréé que vous aurez sélectionné d'un commun accord. Vous pouvez aussi recourir à l'évaluation d'un agent immobilier. L'important est de consulter le même spécialiste.

Les meubles
Si vous vous entendez sur un partage mutuellement satisfaisant de vos meubles et que vous estimez que vous avez tous deux obtenu une valeur équitable, il ne sera pas nécessaire de procéder à l'évaluation de vos meubles.

En revanche, vous devez faire une évaluation si l'un de vous deux conserve tous les meubles ou si vous souhaitez les partager de façon inégale. Pour obtenir la valeur marchande de vos meubles, vous pouvez vérifier auprès d'un marchand de meubles d'occasion ou consulter les annonces à la télévision et dans les journaux.

La manière d'évaluer les meubles varie beaucoup d'un couple à l'autre.

Plusieurs s'entendent pour reconnaître que les meubles acquis il y a 15 ou 20 ans n'ont pas une grande valeur ; les partenaires vont alors s'entendre sur une valeur globale subjective de ces meubles. Il peut arriver qu'ils attribuent une valeur plus précise à un bien récemment acquis dont la valeur est plus importante, par exemple un ameublement de salon ou un appareil ménager.

D'autres, au contraire, préféreront faire un inventaire détaillé et attribuer une valeur précise à tous leurs biens.

Une méthode intermédiaire qui facilite l'identification et l'évaluation des meubles sans qu'il soit nécessaire d'entrer dans des détails fastidieux est d'en faire un inventaire et une évaluation pièce par pièce : salon, cuisine, chambre des maîtres et autres. Vous vous assurez ainsi de ne rien oublier et vous êtes plus précis sur les valeurs. Dans votre inventaire, pensez aussi à la remise et au sous-sol.

Les automobiles
Pour évaluer la valeur des automobiles vous pouvez vous référer au Club automobile du Québec, à un guide d'évaluation des automobiles (Redbook) ou à un garagiste.

Les placements
Qu'il s'agisse de dépôts à termes, d'actions ou d'obligations, vous pouvez obtenir la valeur de vos placements auprès de votre institution financière en spécifiant la date retenue pour votre bilan.

Les comptes d'épargne
Les comptes personnels ou conjoints, ceux où vous cumulez vos épargnes, mais pas les comptes courants que vous utilisez pour gérer votre budget et payer vos factures mensuelles et qui ne comportent pas d'épargne.

Autres
Dans cette rubrique, vous pouvez inclure des biens qui ne seraient pas inclus dans les postes qui précèdent :
   une résidence secondaire ;
   des sommes à recevoir (honoraires, remboursement d'impôt, créance) ;
   une roulotte de camping, une motoneige, une motocyclette ;
   des antiquités ;
   des bijoux de valeur, des œuvres d'art ;
   un ordinateur ou une chaîne stéréo ;
   des intérêts dans une entreprise ou un cabinet privé ;
   un terrain ;
   la valeur de rachat d'une police d'assurance-vie.

Les régimes enregistrés d'épargne retraite
Vous obtiendrez la valeur de vos REÉR à la date retenue pour votre bilan en consultant votre institution financière. Prenez en considération que si vous incluez des REÉR dans votre part du partage, vous devrez payer l'impôt sur ces montants si vous décidez de les retirer. Si vous n'y touchez pas, vous aurez l'avantage d'accumuler les intérêts à l'abri de l'impôt.

Les régimes de retraite
L'évaluation et le partage des régimes de retraite sont des questions complexes. Avec la maison, votre régime de retraite constitue peut-être votre principal actif. Il est donc très important, avant de prendre quelque décision que ce soit à ce sujet, de connaître la valeur réelle des régimes de retraite à partager. Vous recevez annuellement le montant des cotisations versées à ce jour et des intérêts versés ; attention, cette valeur ne correspond pas nécessairement à la valeur réelle de votre régime. Consultez votre employeur pour connaître la procédure à suivre pour obtenir la valeur exacte de votre régime. Dans ce domaine, les « à peu près » peuvent représenter des différences substantielles et faire en sorte que votre partage ne sera pas équitable.

Le régime de rentes du Québec
Les revenus de travail inscrits au Régime de rentes du Québec pour chacun de vous sont partageables. Ils seront d'ailleurs automatiquement partagés par la Régie des rentes du Québec sur réception de votre jugement de divorce ou de séparation de corps, à moins que vous n'ayez décidé de ne pas procéder à ce partage et que vous l'ayez indiqué dans votre convention de séparation.

Vous pouvez obtenir une simulation des effets du partage en remplissant le formulaire prévu à cet effet que vous pouvez trouver à la Régie des rentes du Québec.

Depuis le 1er juillet 1999, les conjoints de fait peuvent demander le partage des revenus de travail inscrits au Régime de rentes du Québec pour la période qui correspond à leur vie commune. Pour faire cette demande, les conjoints doivent être séparés après le 30 juin 1999, être consentants à procéder au partage et vivre séparés depuis un an. Ils peuvent faire cette demande jusqu'à trois ans après l'année d'attente qui suit la séparation.

Identifiez vos dettes
Maintenant que vous connaissez votre actif, vous devez identifier votre passif.

L'hypothèque
Votre hypothèque doit être calculée à la date retenue pour votre partage. Tout emprunt fait pour rénovation doit être inclus. Si vous avez retiré des REÉR pour financer votre maison, il faudra aussi en tenir compte.

Le prêt auto
Le montant retenu ici est le capital qu'il vous reste à verser sans tenir compte des intérêts que vous allez encourir dans l'avenir jusqu'au paiement complet.

Les cartes de crédit et autres dettes
Indiquez uniquement la dette accumulée sur vos cartes ; ne tenez pas compte des soldes que vous remboursez mensuellement. Les marges de crédit, emprunts personnels, dettes d'études et dettes d'impôt sont d'autres dettes qui devront être indiquées.

Le partage des biens : un règlement de comptes au propre et au figuré

Bilan			
Actif	Copropriété	Monsieur	Madame
Résidence principale			
Meubles			
Automobile			
Placements			
Comptes d'épargne			
Autre			
Autre			
Total			
Régime enregistré d'épargne retraite			
Régime de retraite : valeur actuarielle ou à défaut, cotisations versées et intérêts			
Régime de rentes du Québec Cochez dans votre colonne si vous avez cotisé au RRQ			
Passif	Copropriété	Monsieur	Madame
Hypothèque			
Emprunt meubles			
Emprunt auto			
Emprunt personnel			
Marge de crédit			
Cartes de crédit			
Total			

Étape 2 : Déterminez les biens et les dettes partageables

Certains actifs (biens acquis avant le mariage, héritages, dons ou legs) ne sont pas partageables en vertu de la loi. Vous voudrez peut-être vous en tenir à cette règle ou peut-être voudrez-vous inclure, dans l'actif partageable, pour des raisons personnelles, des biens que vous ne seriez pas tenus de partager.

Lyne, qui est mariée en séparation de biens, a investi dans la maison, 10 000 $ qu'elle avait reçus d'un héritage. Pour tenir compte du fait que son ex-conjoint l'a soutenue pendant qu'elle était aux études, elle accepte de ne pas se prévaloir de son droit de réclamer son montant et la plus-value accumulée.

Luc, quant à lui, part du principe que leur union a toujours fonctionné sur une base égalitaire et il souhaite procéder de la même façon au moment de la séparation. Il possède des actions et accepte donc de les inclure dans l'actif partageable.

Lise et Denis décident de ne pas inclure leurs régimes de retraite dans les actifs partageables. Souhaitons qu'ils en connaissent la valeur réelle avant de prendre une telle décision.

Biens et dettes partageables
Actif _____
_____
_____
_____
Passif _____
_____
_____
_____

Étape 3 : Déterminez les principes et les besoins qui régiront le partage de vos biens

Lorsque vous avez établi le bilan des biens et des dettes que vous voulez partager et que vous en avez établi la valeur nette, vous devez vous demander dans quelle proportion se fera le partage. Beaucoup de couples retiennent le principe du partage 50-50 qui, selon eux, avait constitué la base de leur fonctionnement antérieur. D'autres couples retiendront d'autres formes de partage qui répondront mieux à leur principe d'équité.

Prenons l'exemple de Lisette et Gérard. Tout au long de leur union, ils tenaient un budget rigoureux et se partageaient les dépenses au prorata de leur salaire qui était de 40 % du total des salaires pour elle et de 60 % pour lui. Au moment de la séparation, il leur est apparu tout à fait naturel de respecter ce même principe.

Robert et Sophie, quant à eux, ont opté pour un partage de 60 % de l'actif partageable à Sophie et 40 % à Robert. Leur principe étant de rééquilibrer les niveaux de vie dans les deux foyers. En obtenant 60 % des actifs, Sophie pourrait compenser pour un salaire inférieur à celui de Robert.

Jeannine est demeurée 10 ans à la maison pour prendre soin des enfants. Cette décision du couple a ralenti le développement de sa carrière ; son salaire est aujourd'hui moins élevé qu'il pourrait l'être. Gaston reconnaît qu'en élevant les enfants, Jeannine lui a permis d'avancer dans sa profession. Ils estiment tous deux qu'il est équitable que Jeannine conserve une part plus importante des biens. Ils en détermineront la proportion au moment où ils décideront des biens et des dettes qui reviendront à chacun.

La manière d'évaluer et de reconnaître les contributions de chacun est très importante. En médiation familiale, au-delà de la loi et des chiffres, on prend le temps d'entendre ce que symbolisent, pour chacun, les biens et les dettes acquis pendant l'union et la manière de les répartir.

Maintenant que vous connaissez la valeur nette de votre actif, vous devez vous demander comment vous vous partagerez cette somme. Vous pouvez décider d'appliquer la loi ou, si vous êtes d'accord, décider d'un partage qui correspond mieux à vos besoins ou à vos principes.

Le partage en fonction de la loi
Les époux, qu'ils négocient entre eux avec ou sans l'aide d'avocats ou de médiateurs, le font toujours « à l'ombre de la loi[38] ». Cette expression signifie qu'à l'arrière-plan des discussions, les personnes considèrent toujours ce qu'il adviendra s'ils ne s'entendent pas et qu'ils doivent s'en remettre au tribunal. Les dispositions légales qui s'appliquent au partage des biens exercent donc une influence sur les échanges. Plus la loi est précise, plus elle facilite la décision.

La loi est complexe et il peut être difficile pour une personne non avertie d'appliquer la règle légale; la loi peut aussi prêter à interprétation. Une consultation juridique vous sera utile dans plusieurs cas.

Voici des exemples.

Gisèle et Paul ont une maison dont ils sont devenus copropriétaires au moment de leur mariage. Gisèle avait reçu cette maison en héritage deux ans avant leur mariage. Il est important qu'ils sachent comment s'applique le patrimoine familial dans leur cas. Un juriste ou un médiateur peut les aider à effectuer ce calcul.

Luc est propriétaire d'une ferme et Sylvie a travaillé avec lui pendant 12 ans. Elle a donc contribué à l'enrichissement de son conjoint. Le montant auquel elle pourrait avoir droit peut varier beaucoup en fonction de plusieurs facteurs. Dans ce cas, le juge dispose d'une grande marge de manœuvre; chacun des époux aura intérêt à consulter un conseiller juridique indépendant afin d'obtenir des indications sur les décisions antérieures des tribunaux dans des situations comme la leur.

Les personnes qui négocient entre elles ou avec l'assistance d'un médiateur cherchent à répondre à leurs besoins et font une grande place à leurs besoins. Nous nous concentrerons sur ces questions.

Le partage selon vos principes d'équité et vos besoins
Une fois que vous connaissez vos droits et responsabilités, vous pouvez maintenant faire entrer en ligne de compte d'autres considérations. Plusieurs personnes croient qu'elles sont tenues de suivre la loi à la lettre. Tel n'est pas le cas. Si vous vous entendez sur un partage différent de celui qui est prévu par la loi, à moins que cela contrevienne à l'ordre public, le tribunal entérinera votre entente.

Parlez de vos besoins
L'échange sur les besoins vise à prendre en considération les aspects de la situation dont la loi ne tient pas compte. Cet échange est essentiel lorsque la loi n'est pas précise et qu'il est impossible de prévoir quelle serait la décision du juge.

À la fin de cet échange, vous devriez avoir identifié les objectifs que vous désirez atteindre en effectuant le partage de vos biens, que ce soit faciliter la réorganisation matérielle de chacun, reconnaître votre besoin de prévoir pour vos vieux jours, trouver les moyens de conserver la maison jusqu'à la majorité des enfants, etc.

Cette discussion peut susciter de vives émotions, surtout si vous n'êtes pas tous les deux d'accord avec la séparation. La présence d'un médiateur vise à vous aider à exprimer ce qui est vraiment important pour

---

38. Mnookin, R. H. et Tornhauser, L. *Divorce Bargaining: The Limits of Private Ordering; The Resolution of Family Conflict, Comparative Legal Perspectives,* Butterworths, Toronto, 1979.

chacun de vous, tout en gardant le calme nécessaire pour prendre des décisions éclairées qui sont acceptables pour les deux parties.

Principes et besoins à considérer dans le partage des biens
Identifiez les besoins et les aspects que vous désirez considérer en effectuant le partage de vos biens.

Étape 4 : Faites ressortir plusieurs possibilités de partage

Lorsque vous avez échangé sur vos besoins et vos préoccupations, et que vous avez décidé de vos principes d'équité, il s'agit de faire ressortir des hypothèses de partage. En identifiant uniquement la solution que vous souhaiteriez, vous risquez de polariser la discussion, car votre vis-à-vis fera de même, et vous vous retrouverez alors avec deux positions difficiles à concilier.

Le médiateur vous aidera à identifier toutes les possibilités. Cet exercice a pour avantage d'éviter de vous concentrer sur votre solution préférée, il vous permet de penser à des solutions intermédiaires qui peuvent répondre aux besoins essentiels des deux, même si elles ne correspondent pas à votre idée de départ.

Michèle et Martin ont choisi, comme principe d'équité, de faire un partage égal de la valeur de leurs biens. Voici des exemples de possibilités qui correspondent à ce principe.

Le partage des biens : un règlement de comptes au propre et au figuré

Possibilité 1		
Actif	*Monsieur*	*Madame*
Résidence principale		55 000 $
Meubles	7 500 $	7 500 $
Automobile	8 000 $	8 000 $
REÉR		8 000 $
Régime de retraite (valeur actualisée)	146 500 $	73 500 $
Passif		
Marge de crédit	(10 000 $)	
Total	152 000 $	152 000 $

Possibilité 2		
Actif	*Monsieur*	*Madame*
Résidence principale	27 500 $	27 500 $
Meubles	7 500 $	7 500 $
Automobile	8 000 $	8 000 $
REÉR	4 000 $	4 000 $
Régime de retraite	110 000 $	110 000 $
Passif		
Marge de crédit	(5 000 $)	(5 000 $)
Total	152 000 $	152 000 $

Possibilité 3*		
Actif	*Monsieur*	*Madame*
Résidence principale		55 000 $
Meubles	7 500 $	7 500 $
Automobile	8 000 $	8 000 $
REÉR		8 000 $
Régime de retraite (valeur actualisée)	140 000 $	80 000 $
Passif		
Marge de crédit	(10 000 $)	
Total	145 500 $	158 500 $
Versement de Madame à Monsieur*	+6 500 $	-6 500 $
	152 000 $	152 000 $

*Pour équilibrer le partage, dans ce scénario, Madame versera une somme d'argent à Monsieur.

*Dans les scénarios 1 et 3, il y a échange entre des biens de nature différente (REÉR et maison), il faudra donc tenir compte de l'impact fiscal.

Plusieurs autres possibilités auraient pu être développées pour répondre à d'autres besoins. Le médiateur pourra vous proposer des scénarios auxquels vous n'auriez pas pensé.

Le partage des biens : un règlement de comptes au propre et au figuré

Reproduisez le bilan qui suit et servez-vous-en pour inscrire vos hypothèses de partage des biens.

Possibilités de partage		
Actif	Monsieur	Madame
Résidence principale		
Meubles		
Automobile		
Placements		
Comptes d'épargne		
REÉR		
Régime de retraite (valeur actualisée)		
Autre		
Autre		
Total		

Passif	Monsieur	Madame
Hypothèque		
Emprunt auto		
Emprunt personnel		
Autre		
Autre		
Total		

Étape 5 : Analysez les possibilités à la lumière des objectifs visés

Vous avez maintenant le choix entre plusieurs scénarios. Parmi ces possibilités, certaines ne vous intéressent aucunement alors que d'autres vous apparaissent plus attrayantes. Avec l'aide du médiateur, vous les reprendrez une à une en indiquant si le scénario analysé est tout à fait inacceptable ou s'il pourrait faire l'objet de discussions. Lorsqu'un scénario est tout à fait inacceptable pour l'un de vous deux, il sera éliminé. Votre solution se retrouve parmi les possibilités qui restent.

Voici comment les scénarios élaborés par Michèle et Martin à l'étape 4 peuvent répondre à des besoins différents.

Possibilité 1 : Répond au besoin de Michèle de conserver la maison et à celui de Martin de toucher le moins possible à son régime de retraite.

Possibilité 2 : La vente de la maison procure des liquidités à Michèle pour se réorganiser et à Martin pour régler ses dettes.

Possibilité 3 : Ce scénario répond au besoin de Michèle de prévoir pour sa sécurité future et il a l'avantage de laisser à Martin une partie importante de son régime de retraite.

Toutes les questions qui font l'objet de la négociation ont un impact les unes sur les autres. La décision concernant le partage des biens, comme toutes les autres décisions, ne devrait être prise qu'une fois que les informations sur l'ensemble des points à négocier ont été partagées et que vous avez une vue d'ensemble de la situation. Attendez d'avoir une vue d'ensemble de votre situation avant de décider.

LES PROBLÈMES FRÉQUEMMENT RENCONTRÉS LORS DU PARTAGE DES BIENS

Un homme que j'ai reçu en médiation m'a dit un jour : « Je croyais être propriétaire de tout ce que j'avais ; je prends conscience aujourd'hui que je n'en possédais que la moitié. » Le partage des biens constitue un moment de bilan au propre et au figuré. En essayant d'établir ce qui est équitable, vous n'allez pas toujours vous entendre, et vous exprimerez vos divergences.

L'échange de vos points de vue sur vos besoins, sur vos préoccupations, sur votre perception de ce que vous avez amené dans le mariage fait partie des tâches à accomplir pour faire le deuil de votre union. Que vous vous en teniez à la loi ou que vous décidiez de négocier sur d'autres bases, vous rencontrerez des obstacles. Comme une personne avertie en vaut deux, je soulèverai maintenant quelques-uns de ces obstacles.

Connaissances inégales des conjoints sur les questions financières

Tel qu'il a été dit précédemment, les couples se répartissent la gestion des finances de la famille de bien des façons. Souvent, les femmes se concentrent sur les dépenses courantes du foyer alors que les hommes font la gestion des hypothèques, des prêts et des placements. Bien que de plus en plus de femmes s'intéressent à ces questions, il arrive encore qu'au moment du partage, certaines d'entre elles se sentent démunies.

Si c'est votre cas, n'hésitez pas à vous référer à des conseillers budgétaires, à des spécialistes en planification financière ou à des fiscalistes pour vous aider à analyser votre situation. Il est important d'obtenir un point de vue différent de celui de votre conjoint pour commencer à vous faire votre propre opinion. Dorénavant, ce sera à vous de gérer vos biens, pourquoi ne pas commencer dès maintenant à vous outiller ?

Désaccord sur la valeur de certains biens

Plusieurs raisons peuvent faire en sorte que vous ne vous entendiez pas sur la valeur d'un bien. Ce peut être parce que chacun y va de son évaluation sans avoir pris des informations objectives. Il est alors nécessaire de consulter une personne en qui vous avez tous les deux confiance et qui saura vous fournir une évaluation de ce bien.

Ce peut être parce que d'autres considérations entrent en ligne de compte dans l'analyse de la valeur du bien. Prenons les vieux meubles qui n'ont pas une valeur marchande élevée mais dont le remplacement est coûteux. Les meubles de la maison peuvent ne pas valoir plus de 5 000 $, mais pour obtenir l'équivalent neuf, il en coûterait 15 000 $. Une des façons de résoudre ce problème est de se partager les meubles anciens et les meubles neufs.

Un désaccord sur l'évaluation peut aussi survenir parce qu'un bien revêt une valeur symbolique importante qui n'est pas reconnue par l'autre. Par exemple, une personne qui ne désire pas la séparation, pourra attribuer beaucoup de valeur à des meubles qui n'en ont que peu. Ce dont il est question ici, ce n'est pas de la valeur des meubles, mais bien de la difficulté à accepter la décision de la séparation.

S'il s'agit d'un problème financier, des solutions peuvent être trouvées qui prennent en considération les besoins des deux personnes; dans le cas d'une blessure affective, il n'y a pas de somme d'argent qui puisse compenser. Il est plutôt nécessaire de reconnaître la souffrance de la personne.

Refus de faire évaluer le régime de retraite

Il arrive assez fréquemment que des conjoints refusent de faire évaluer leur régime de retraite, soit pour éviter de payer les frais requis, soit parce qu'ils ne perçoivent pas l'importance de ce bien dont ils ne bénéficieront que dans plusieurs années, soit encore parce qu'ils veulent éviter le conflit que la discussion sur cette question pourrait susciter entre eux.

Dans la plupart des cas, pour prendre une décision vraiment éclairée sur un actif qui est souvent l'un des plus importants du patrimoine, il vaut mieux faire évaluer les régimes pour en connaître les valeurs exactes.

Refus de partager le régime de retraite

Étant donné qu'elles ne ressentiront pas, à court terme, les conséquences de cette décision, plusieurs personnes n'accordent pas suffisamment d'importance au partage des régimes de retraite. Certaines, sans connaître les valeurs des régimes décideront que chacun garde les siens, d'autres tenteront de conserver cet actif qui est important pour eux. Lorsque ces personnes seront au bord de la retraite, que les émotions de la séparation se seront depuis longtemps dissipées, l'une d'elles risque de regretter amèrement de ne pas avoir porté plus d'attention au partage du régime de retraite. Il sera trop tard.

Oublier de prendre en considération les impacts fiscaux

Certains biens que vous partagerez sont sujets à des impacts fiscaux. Si vous ne tenez pas compte de ces impacts, vous risquez un partage inégal. Par exemple, si vous conservez la résidence secondaire et que votre conjoint conserve la résidence principale, vous devrez payer des impôts sur le gain de capital que vous réaliserez au moment de la vente, ce qui n'est pas le cas pour la maison. Si vous conservez les REÉR et que vous avez l'intention de les retirer, ils seront imposables.

Partager les biens sans discuter des principes de partage

Partager ses biens et ses dettes, sans en connaître la valeur ou sans savoir pourquoi on partage de telle façon plutôt que de telle autre constitue un partage sauvage qui reflète soit un déséquilibre de pouvoir où l'un des deux conjoints se fait avoir par l'autre, soit des difficultés à traiter des questions économiques à un moment où les émotions sont intenses, soit un désir des conjoints d'en finir au plus vite.

Peu importent les raisons invoquées pour ne pas prendre le temps de discuter du partage des biens et des dettes, il est possible qu'un jour ou l'autre l'un de vous deux regrette de ne pas avoir porté toute l'attention nécessaire à ses besoins. Pensez-y pendant qu'il en est encore temps, prenez soin d'examiner la question sous tous ses angles.

ÊTES-VOUS PRÊTS À BOUCLER UNE ENTENTE ?

Vous avez échangé sur toutes les questions à régler et vous disposez maintenant d'une vue d'ensemble de votre situation. Vous en êtes maintenant à l'étape de choisir, parmi tous les scénarios que vous avez imaginés, ceux qui répondront le mieux aux besoins de vos enfants et à vos besoins prioritaires.

Les circonstances de la séparation sont très différentes d'un couple à l'autre et les tentatives de négociation ne donnent pas les mêmes résultats pour tout le monde. Qu'en est-il dans votre cas, et que faire maintenant ?

Vous vous entendez sur tous les aspects de votre séparation

Vous avez discuté de tous les enjeux de votre séparation, vous avez été en mesure de faire valoir votre point de vue, de trouver des solutions à vos différends, et rien n'a été laissé de côté. Si vous êtes en médiation, le médiateur rédigera le résumé de vos ententes et vous serez prêts à procéder à la légalisation de ces ententes. Vous pouvez alors passer au chapitre suivant où vous apprendrez comment procéder à la légalisation de votre entente.

Vous demeurez paralysés par un point

Vous avez réussi à vous entendre sur plusieurs points, mais vous êtes dans l'impasse au sujet d'une ou de quelques questions importantes. N'oubliez pas que, tant que la négociation n'est pas conclue, l'un de vous peut décider de retirer son adhésion aux accords intervenus. Si vous tenez à préserver les ententes auxquelles vous êtes parvenus, vous avez intérêt à maintenir une approche de coopération en allant chercher de l'aide afin de débloquer la situation. Un médiateur peut vous aider à dénouer cette impasse.

Vous ne vous entendez sur aucun point

Vous n'arrivez pas à conclure une entente parce que vos émotions s'emparent de vous lorsque vous discutez de points chauds, parce que vous tournez en rond et n'arrivez pas à avancer ou parce que vous manquez d'information sur certains aspects de vos négociations.

Négocier une séparation n'est pas facile. Vous ne devez surtout pas vous reprocher de ne pouvoir vous entendre par vous-même. Il ne serait pas avisé de conclure une entente qui ne comblerait pas des besoins qui vous paraissent essentiels. Plusieurs raisons peuvent vous empêcher de vous entendre :
- manque de ressources financières ;
- manque d'information ;
- difficulté de communiquer ;
- attentes irréalistes ;
- refus de faire des compromis ;
- refus de la séparation par l'un de vous ;
- déséquilibre des forces entre vous.

Vous auriez intérêt, dans ce cas, si vous ne l'avez déjà fait, à poursuivre vos négociations avec l'aide professionnelle d'un médiateur. Si vous n'arrivez pas à vous entendre parce que l'un de vous deux refuse de coopérer, refuse de partager l'information ou vous fait des menaces, vous devriez songer à consulter un avocat.

Lorsque vous êtes parvenus à un accord par quelque moyen que ce soit, il est important de faire entériner votre entente par le tribunal.

EN BREF : CHEMINEMENT DE L'ORGANISATION MATÉRIELLE PENDANT LA PÉRIODE DE TRANSITION

Étapes à franchir	Obstacles possibles	Que faire ?
◆ Faire votre bilan	◆ Désaccord sur les biens à partager	◆ En cas de difficulté à s'entendre sur le partage des biens, consulter un médiateur
◆ Obtenir l'évaluation des biens, notamment des régimes de retraite	◆ Désaccord sur la valeur des biens ◆ Refus de faire évaluer le régime de retraite ◆ Refus d'un conjoint de partager son régime de retraite	
◆ Procéder à la négociation du partage définitif des biens		◆ La loi prévoit le partage de la valeur du régime de retraite. Examiner la possibilité de remplacer cette valeur actualisée du régime par un autre bien de valeur équivalente. REÉR, maison, etc.

Phase 4

La légalisation

Chapitre 11

CLORE POUR ÉCLORE
LA LÉGALISATION
DE VOTRE ENTENTE

Plusieurs mois après votre séparation, vous commencez à prendre un nouveau rythme, vous prenez la mesure de votre nouvelle vie, vous commencez à agir de façon plus autonome. La période de transition que vous venez de traverser vous a forcé à prendre beaucoup de décisions.

Vous venez de terminer une négociation et vous êtes parvenus à vous entendre. Si vous avez négocié par vous-même, vous avez tenu compte de la loi dans la mesure de vos connaissances, si vous avez négocié en médiation, on vous a donné des informations générales sur les questions juridiques. Que faire avec cette entente maintenant ?

FAIRE RÉVISER VOTRE ENTENTE PAR UN CONSEILLER JURIDIQUE INDÉPENDANT

Vous êtes maintenant prêt à faire officialiser les ententes que vous avez prises par vous-mêmes ou avec l'aide d'un médiateur. Avant de procéder devant le tribunal, il serait prudent d'examiner la portée légale des ententes que vous avez prises et, pour ce faire, de consulter un conseiller juridique indépendant.

Pourquoi consulter un avocat ?

Les clients qui me consultent en médiation sont parfois réticents à consulter un avocat : « Nous sommes venus vous consulter pour ne pas faire affaire avec un avocat », me disent-ils. Ils craignent, en fait, que l'avocat ne vienne semer la bisbille et compromettre leur entente à l'amiable.

Cette crainte de se faire entraîner dans une bataille par les avocats est sans doute inspirée par les histoires d'horreur vécues par certains couples lors de leur affrontement devant les tribunaux. Or, s'il faut bien admettre que certains avocats sont plus vindicatifs que d'autres, en principe le client est responsable d'accepter ou non les stratégies proposées par son procureur. Et le problème se situe peut-être justement là. Lorsqu'ils consultent un avocat, les clients s'en remettent parfois trop facilement entre leurs mains et cessent d'exercer leur jugement.

De nos jours, les personnes sont de plus en plus instruites et capables de comprendre les enjeux de leur situation, capables de se prononcer sur ce qui est préférable pour eux et leurs enfants, et tout à fait aptes à ne pas s'engager dans une bataille s'ils ne le veulent pas. En revanche, ils n'ont pas la connaissance des lois qui changent constamment. Au cours des dernières années, plusieurs nouvelles lois sont venues changer le paysage juridique au Québec. À titre d'exemples, prenons les dispositions sur le patrimoine familial, la *Loi facilitant le paiement des pensions alimentaires,* la *Loi instituant au Code de procédure civile la médiation préalable en matière familiale* et le *Règlement sur la fixation des pensions alimentaires pour enfants.* Ces lois s'ajoutent à *La loi sur le divorce* et à toutes les autres lois du droit matrimonial. Il est impossible pour le citoyen ordinaire de connaître toutes ces lois, même si elles sont de plus en plus vulgarisées et largement diffusées, que ce soit par Internet ou des dépliants et brochures de toutes sortes.

L'avocat peut jouer différents rôles

C'est justement le travail de l'avocat de connaître ces lois et leur application dans votre situation. L'avocat peut aussi vous donner des indications quant à ce qu'un juge pourrait décider dans un cas comme le vôtre. Si la loi est parfois claire et précise, elle comporte également beaucoup de zones grises sur lesquelles un procureur ne peut pas vous garantir la réponse du tribunal. C'était le cas en matière de pension alimentaire pour enfant avant l'entrée en vigueur du *Règlement sur la fixation des pensions alimentaires pour enfants,* c'est encore le cas pour les pensions alimentaires pour le conjoint.

N'oubliez pas que vous pouvez viser différents objectifs lorsque vous consultez un avocat :
- obtenir des informations sur la loi et la jurisprudence, c'est-à-dire les décisions rendues par les tribunaux dans des situations similaires à la vôtre ;
- vous faire représenter pour ne pas avoir à négocier directement ;
- vous défendre d'une requête présentée par une autre partie ;
- faire rédiger votre entente en termes juridiques ;
- présenter une requête conjointe en séparation ou en divorce, etc.

Comment choisir votre conseiller juridique indépendant ?

Il est important de choisir un juriste spécialisé dans le droit de la famille. Les avocats qui œuvrent en droit civil ou commercial, et qui ne font pas de droit de la famille ne peuvent vous donner un avis aussi précis qu'un avocat spécialisé qui connaît bien la législation dans ce domaine ainsi que les pratiques des tribunaux.

Il serait indiqué de consulter un avocat sensibilisé à la médiation familiale et peut-être même un avocat qui fait lui-même de la médiation.

Il est important de bien préciser le mandat confié à votre avocat

Selon l'objectif que vous poursuivez, vous donnerez un mandat précis à votre avocat. Il est donc très important, avant de consulter, de bien réfléchir pour être capable de lui formuler clairement ce que vous attendez de lui.

Si vous consultez après une négociation entre vous ou avec l'aide d'un médiateur, le mandat que vous donnez à votre avocat est de l'ordre d'une consultation juridique indépendante. Vous désirez obtenir son avis sur votre entente et non pas entreprendre des procédures. Dans ce cas, le rôle de l'avocat devrait être de prendre connaissance du résumé de vos ententes pour s'assurer que tous les points ont été couverts, de vous indiquer dans quelle mesure cette entente se conforme aux standards ou diffère des standards légaux habituels, de vous faire savoir si votre entente respecte ou non certains de vos droits ou certains des droits de votre conjoint, de vous mettre en garde lorsque votre entente risque de vous nuire d'une façon ou d'une autre.

Comment utiliser les fruits de la consultation juridique indépendante ?

Les résultats de votre consultation juridique indépendante peuvent varier :
- vous pouvez recevoir un avis qui vient confirmer la validité de votre entente ;

Clore pour éclore : la légalisation de votre entente

- vous pouvez recevoir des informations nouvelles qui viennent améliorer votre entente ;
- dans le cas où vous auriez renoncé sciemment à des droits pour tenir compte de motifs d'une autre nature, vous pouvez obtenir une confirmation de ce que vous saviez déjà ;
- vous pouvez recevoir des informations nouvelles qui changent entièrement votre point de vue sur votre entente ;
- vous pouvez recevoir des informations nouvelles qui changent partiellement votre point de vue sur votre entente.

C'est à vous, maintenant, de reconsidérer votre entente à la lumière de ces informations d'ordre juridique. Vous devez revenir à vos principes, à vos besoins essentiels et à votre objectif de parvenir à une entente équitable avec votre ex-conjoint. Vous devez aussi vous rappeler que l'avocat a étudié la situation à la lumière de vos intérêts et de vos droits et non de ceux de votre ex-conjoint. Si celui-ci consulte au sujet de cette même entente, il risque fort d'obtenir un avis différent qui tienne compte de ses intérêts à lui.

Alors qu'en négociation et en médiation vous visiez l'intérêt de l'ensemble et recherchiez une solution acceptable pour tous, l'avis juridique indépendant vous permet de reconsidérer votre entente à partir de votre point de vue personnel. Ce n'est qu'une fois que vous connaissez ce que vous pourriez éventuellement obtenir devant le tribunal que votre décision de renoncer à certains droits se fait en toute connaissance de cause.

Attention de ne pas prendre pour des certitudes les probabilités d'obtenir certains gains devant le tribunal. L'avocat ne peut vous promettre qu'il obtiendra ce qu'il demande. L'important est de vous servir de cette consultation pour consolider votre entente si l'avocat ne soulève pas de points majeurs susceptibles de vous désavantager, ou pour renégocier à la lumière des nouvelles informations que vous avez obtenues et qui vous ont fait changer d'idées sur certaines questions.

Si votre avocat vous recommande de prendre des procédures, il serait avisé que vous reveniez en parler avec votre ex-conjoint en médiation avant de procéder.

LES AVENUES QUI S'OFFRENT À VOUS LORSQUE VOUS AVEZ UNE ENTENTE

Que faire une fois que vous avez obtenu un avis juridique indépendant sur votre accord et que vous êtes prêt à aller de l'avant avec cette entente ?

Si vous avez vécu en union de fait

Si vous avez vécu en union de fait, il va sans dire que vous n'avez pas à divorcer. Pour tout ce qui touche vos enfants, vous pouvez cependant vous adresser au tribunal pour homologuer vos ententes par un jugement de garde ou de pension alimentaire. Pourquoi obtenir un tel jugement ?

Un jugement rend votre entente exécutoire, c'est-à-dire qu'elle vous contraint tous les deux de la respecter et prévoit des mesures et des sanctions en cas de non-respect. Si vous préférez une entente informelle, c'est possible, mais vous n'aurez alors aucun moyen d'agir si l'autre ne respecte pas ses engagements.

Si vous étiez mariés

Comme on le disait si joliment dans une brochure publiée par un grand quotidien : « Quand vous vous mariez, vous le faites devant la loi. Ce n'est donc pas en appelant les déménageurs que vous rompez les liens du mariage. Une fois légalement unis, vous devez vous adresser au tribunal pour retrouver votre liberté[39]. »

Comment faire pour se séparer légalement ou pour divorcer ? Il existe beaucoup de confusion entre les notions de séparation de fait, de séparation de corps et de divorce. Beaucoup d'informations erronées circulent. Certains pensent qu'après un certain nombre d'années de séparation, ils sont automatiquement divorcés, d'autres croient que lorsqu'ils vivent dans deux logements différents, ils sont séparés de corps, d'autres enfin croient que la séparation de corps est une première étape dans l'obtention du divorce. Qu'en est-il au juste ?

---

39. Malbœuf, M.-C. « Se séparer, un peu, beaucoup », *La Presse*, 10 mars 1999, Cahier « J'ai le droit », p. 4.

Séparation de fait

Lorsque vous vous êtes séparés physiquement, vous êtes séparés de fait. Dans ce type de séparation, vous restez mari et femme et vous conservez toutes vos responsabilités l'un envers l'autre ainsi que les droits qui découlent de votre mariage.

Séparation de corps

Le jugement en séparation de corps vous délie de votre obligation de faire vie commune, mais vous conservez certaines obligations entre conjoints et ne pouvez vous remarier. La séparation de corps dispose du partage de vos biens, de la garde de vos enfants, de la pension alimentaire pour enfants ou pour conjoint. Si vous décidez de vous réconcilier, le seul fait de reprendre vie commune met fin à votre séparation légale.

La séparation de corps n'est pas une étape préalable au divorce. Les personnes qui en font la demande le font pour des motifs religieux ou parce qu'ils ne sont pas prêts à rompre définitivement tous les liens avec l'autre.

Divorce

Le divorce est la seule procédure qui vous délie des liens du mariage. Le jugement de divorce dispose du partage de vos biens, de la garde de vos enfants et de la pension alimentaire pour enfant et pour conjoint. Il vous permet de vous remarier. Pour obtenir le divorce, il faut prouver l'échec du mariage. On peut prouver cet échec de trois façons :
- une année complète de non-cohabitation ;
- adultère ;
- cruauté mentale ou physique qui rend la cohabitation impossible.

Les personnes qui négocient elles-mêmes leur séparation ou qui viennent en médiation choisissent habituellement de ne pas s'accuser et optent pour une année de non-cohabitation.

L'IMPORTANCE D'OFFICIALISER VOTRE ENTENTE

Il est important de faire officialiser votre entente par une séparation de corps ou un divorce. Les grands moments de la vie sont soulignés par des cérémonies : baptêmes, mariage, décès, etc. Ces cérémonies ont pour but de marquer une étape pour aider à passer à une autre, elles favorisent l'émergence d'une nouvelle réalité en confirmant votre nouveau statut. Le divorce a valeur de rituel, il va vous aider à faire le deuil de votre relation.

Cette formalité va également vous permettre de fermer les livres économiques de votre union en séparant tous vos biens et en déterminant les modalités de paiement des dettes.

Le jugement établira avec précision vos nouvelles responsabilités respectives envers vos enfants, que ce soit en termes de partage du temps de résidence ou de contributions financières. S'il y a lieu, il précisera la pension alimentaire à verser à un conjoint économiquement dépendant.

Le fait d'avoir enchâssé votre entente dans un jugement lui conférera une valeur plus grande en la rendant légale et donc exécutoire, c'est-à-dire en vous donnant les moyens légaux de la faire respecter. En ayant un document légal qui régit vos nouvelles relations, vous pourrez plus facilement y apporter des modifications en cas de changement significatif, puisque vous aurez un point de départ officiellement reconnu.

COMMENT PROCÉDER POUR OBTENIR UN JUGEMENT DU TRIBUNAL ?

Après vous être entendus sur toutes les conséquences de votre séparation, vous pouvez procéder de différentes façons pour obtenir un jugement.

- Vous pouvez consulter le même avocat pour les deux, pour votre demande conjointe en divorce.

    Après avoir obtenu un avis juridique indépendant de votre avocat, vous n'avez qu'à vous présenter tous les deux chez un avocat de votre choix, munis de votre entente. Ce dernier en prendra connaissance et complétera les informations requises pour préparer la requête. Il rédigera la convention juridique ainsi que les divers documents nécessaires. Vous devrez par la suite signer une déclaration assermentée. L'avocat présentera votre demande au tribunal. À moins que le juge n'ait de questions précises sur votre dossier, le jugement sera rendu et vous le recevrez par courrier.

- Vous pouvez présenter vous-mêmes votre demande conjointe de divorce.

Le ministère de la Justice, à la suite des nombreuses demandes formulées quotidiennement pour obtenir des informations sur la façon de préparer et de présenter une demande conjointe en divorce sur projet d'accord, a rédigé une brochure pour aider les justiciables à faire ensemble une telle demande.

Cette brochure, en plus d'informer sur la médiation familiale et d'énumérer des articles de loi et des règles de pratique qui s'appliquent en matière de divorce, indique comment rédiger les actes de procédure : la déclaration en divorce, l'affidavit, le projet d'accord, l'affidavit circonstancié, etc. Le document décrit en outre à qui et comment présenter la demande, les frais à payer et les modalités d'ouverture de votre dossier au greffe.

Si vous n'avez pas obtenu l'avis d'un conseiller juridique indépendant sur votre entente, le fait de présenter vous-même votre demande conjointe en divorce peut présenter certains risques. Il se peut, en effet, que vous ne soyez pas informé de toutes les conséquences, tant personnelles que financières, de l'entente que vous avez signée. Cela pourrait même avoir pour effet que votre jugement soit contesté ultérieurement parce que l'un de vous deux pourrait invoquer qu'il n'avait pas signé l'entente en toute connaissance de cause.

- Vous pouvez faire rédiger votre convention juridique par un notaire ou un avocat et préparer vous-mêmes votre demande conjointe de divorce.

Dans la mesure où vous avez consulté un conseiller juridique indépendant et que vous avez fait rédiger votre convention par un juriste, vous pouvez, sans risque, préparer vous-même votre procédure et ainsi épargner quelques dollars.

QUE FAIRE SI UN CHANGEMENT IMPORTANT SURVIENT APRÈS QUE VOUS AYEZ OBTENU VOTRE JUGEMENT ?

Exception faite du partage des biens, vous pouvez toujours faire réviser le jugement en ce qui concerne la résidence des enfants ainsi que la pension alimentaire pour les enfants ou pour le conjoint si des changements significatifs surviennent. Vous perdez votre emploi, votre conjointe retourne sur le marché du travail, l'un de vos enfants vient vivre avec vous, un autre de vos enfants part de la maison, voilà une série de motifs qui justifient la révision de votre jugement.

Attention ! Si vous décidez d'apporter des changements à votre jugement sans le faire réviser, vous risquez d'être pénalisé. En effet, c'est toujours le dernier jugement qui est valide. Par exemple, si vous cessez de payer une pension alimentaire parce que c'est maintenant vous qui avez la garde de votre enfant, il est préférable de faire modifier le jugement par le tribunal pour éviter un éventuel litige.

LE JUGEMENT EST UNE ÉTAPE IMPORTANTE, MAIS LA VIE CONTINUE

Un jugement « ça ne change pas le monde, mais... ». Lorsque vous avez obtenu votre jugement, vous passez à une nouvelle phase de votre vie. Votre vie a changé, mais certaines choses demeurent, vous continuez de prendre soin des enfants, de travailler, de cuisiner, de faire le ménage, d'aller au cinéma. Mais tout est différent, l'autre n'est plus là, il ou elle vit sa vie ailleurs et vous n'êtes plus un couple.

Quelle que soit la manière dont votre union s'est terminée, vous entretenez encore une relation avec cet être avec qui vous avez quand même connu des jours heureux et avec qui vous avez eu vos enfants. Le divorce, ce n'est pas la fin du monde, mais c'est la fin d'un monde... Maintenant que vous avez tourné la page, vous êtes en voie de réinventer votre vie.

Clore pour éclore : la légalisation de votre entente

EN BREF : LE CHEMINEMENT PENDANT LA PHASE DE LÉGALISATION

Dimension	Étapes à franchir	Obstacles possibles	Que faire ?
Émotionnelle	• Savoir adopter une attitude rationnelle	• Danger que les procédures n'entraînent l'escalade du conflit • Danger de mêler les émotions aux discussions et d'étirer les débats • Danger de se soumettre aux conseils de son avocat sans se faire une opinion personnelle	• Considérer la légalisation de votre séparation comme un moment symbolique essentiel dans votre processus de séparation
Interpersonnelle	• Être prêt à officialiser les ententes intervenues	• Refuser de discuter • Considérer la loi comme une arme • Se retrancher derrière les avocats et éviter de communiquer	• Utiliser la loi comme outil. La loi est d'un grand secours lorsqu'elle est utilisée comme repère pour parvenir à une entente, mais elle peut devenir destructrice si elle est utilisée pour combattre l'autre
Parentale	• S'entendre sur le partage du temps de vie et les contributions financières pour les enfants	• Danger de conflit sur la résidence des enfants et/ou la pension alimentaire • Faire comparaître les enfants devant le tribunal	• Présenter au tribunal une convention détaillée portant sur les dispositions à prendre en cas de désaccord concernant les enfants • Consulter un médiateur s'il vous est impossible de vous entendre
Matérielle	• S'entendre sur le partage des biens • Faire les transactions chez le notaire	• Incapacité de s'entendre sur le partage des biens	• Faire appel à un médiateur ou à un avocat

Conclusion

On met du temps à devenir un couple, on met aussi beaucoup de temps à se séparer. Le long cheminement de votre séparation jusqu'à votre nouvelle vie s'est fait, se fait et se fera. La vie est changement. Si vous vous donnez les conditions favorables, vous arriverez plus vite à bon port.

Nous venons de faire un bout de route ensemble. Nous avons franchi plusieurs étapes, nous avons évité quelques obstacles et considéré les orientations à prendre.

En écrivant ce livre, je me suis souvent demandée qui vous étiez, vous ma lectrice, vous mon lecteur, à quelle étape de la route vous en étiez ; quelles étaient vos émotions, vos peurs, vos espoirs ; quelles étaient vos interrogations. J'ai souvent douté de l'utilité des informations que je vous apportais, de leur infinie petitesse par rapport à l'envergure du travail de reconstruction à accomplir.

J'ai voulu quand même partager avec vous le fruit de mon expérience, les grandes lignes d'un itinéraire que les personnes que j'ai rencontrées ont tracé avant vous. Je me suis dit qu'une bonne carte routière pouvait être un instrument précieux lorsque l'on se sentait perdu.

Vous prendrez le temps nécessaire, mais vous parviendrez à votre destination. Voici, en un clin d'œil, à la page suivante, un rappel de cette destination. Servez-vous de cet aide-mémoire pour prendre conscience du chemin parcouru et pour vous fixer de nouveaux objectifs. Et souvenez-vous, Rome ne s'est pas bâtie en un jour…

MA NOUVELLE VIE

Dimension émotionnelle	☐ J'ai tourné la page. ☐ J'ai acquis un nouvel équilibre personnel. ☐ J'ai retrouvé une sérénité et une paix intérieure. ☐ Je suis bien dans ma nouvelle identité. ☐ J'ai des projets pour l'avenir. ☐ J'ai établi mes priorités personnelles. ☐ Je me sens en voie de développer pleinement mon potentiel. ☐ Je suis parvenu à donner un sens à cette expérience de la séparation du couple dans ma vie.
Dimension interpersonnelle	☐ Je suis capable de voir les contributions et les torts de chacun dans le mariage. ☐ Je suis capable de maintenir un contact d'affaire avec mon ex-conjoint. ☐ Je suis prêt à vivre une nouvelle relation et à accepter que l'autre puisse aussi faire de même.
Dimension parentale	☐ Nous continuons de nous consulter au sujet de nos enfants. ☐ Nous sommes capables de régler les différends, s'il y a lieu. ☐ Nous n'avons pas besoin d'utiliser les enfants pour passer nos messages. ☐ Je considère que chacun de nous peut exercer une influence positive auprès de nos enfants. ☐ Même si le temps consacré aux enfants n'est pas le même, je me sens parent à part entière. ☐ J'ai du plaisir avec mes enfants. ☐ J'ai le sentiment que les enfants peuvent aller vers l'un et vers l'autre sans se sentir déloyaux.
Dimension matérielle	☐ J'ai maintenant un foyer bien à moi. ☐ Nous avons complété le partage de tous nos biens.
Dimension économique	☐ Je suis personnellement autonome sur le plan financier. ☐ Je bénéficie d'une pension alimentaire régulière pour moi-même. ☐ La contribution financière pour les enfants de la part de chacun se fait selon l'entente ou le jugement. ☐ Nous sommes capables de nous parler pour les besoins particuliers des enfants.
Dimension légale	☐ Nous avons obtenu un jugement de divorce ou un jugement pour garde d'enfants et pension alimentaire.

Annexe I

Formulaire de fixation
des pensions alimentaires pour enfants

ANNEXE I
(a. 3)

CANADA
Province de Québec
District de _____

N° du dossier _____

FORMULAIRE DE FIXATION DES PENSIONS ALIMENTAIRES POUR ENFANTS

> Remplir en caractères d'imprimerie

> Les parents peuvent remplir ensemble le formulaire et y joindre les documents requis. À défaut, le parent qui le remplit est tenu de fournir les informations et de produire les documents qui le concernent. Il peut également indiquer les informations qu'il connaît concernant l'autre parent.

Partie 1 – Identification

100 Nom _____ (Identification du père)   Prénom(s) _____

101 Nom _____ (Identification de la mère)   Prénom(s) _____

Indiquer la date de naissance de chacun des enfants visés par la demande

102 Année Mois Jour   105 Année Mois Jour
103 Année Mois Jour   106 Année Mois Jour
104 Année Mois Jour   107 Année Mois Jour

Partie 2 – État des revenus des parents

(Indiquer les revenus pour l'année courante ou, s'il y a lieu, les revenus prévisibles pour les 12 prochains mois.
Joindre une copie des déclarations d'impôt fédérale et provinciale ainsi que les avis de cotisation pour la dernière année fiscale _____)

		PÈRE	MÈRE
200	Salaire brut (Joindre relevé de paie)		
201	Commissions /Pourboires		
202	Revenus nets d'entreprise et de travail autonome (Joindre états financiers)		
203	Prestations d'assurance-emploi		
204	Pension alimentaire versée par un tiers et reçue à titre personnel		
205	Prestations de retraite, d'invalidité ou autres		
206	Intérêts et dividendes et autres revenus de placements		
207	Loyers nets (Joindre un état des revenus et dépenses relatif à l'immeuble)		
208	Autres revenus (À l'exception des transferts gouvernementaux reliés à la famille, des prestations de sécurité du revenu et des prestations APPORT) (Spécifier : _____)		
209	**TOTAL** (Additionner les lignes 200 à 208)		

Partie 3 – Calcul du revenu disponible des parents

		PÈRE	MÈRE
300	Revenu annuel (Ligne 209)		
301	Déduction de base	9 000 $	9 000 $
302	Déduction pour les cotisations syndicales		
303	Déduction pour les cotisations professionnelles		
304	Total des déductions (Additionner les lignes 301 à 303)		
305	Revenu disponible de chaque parent (Ligne 300 – ligne 304) Inscrire 0 si négatif		
306	Revenu disponible des deux parents (Additionner les montants de la ligne 305)		
307	Facteur (%) de répartition des revenus Revenu disponible du père (ligne 305 ÷ ligne 306 X 100) Revenu disponible de la mère (ligne 305 ÷ ligne 306 X 100)	_____ %	_____ %

Partie 4 – Calcul de la contribution alimentaire annuelle des parents

400	Nombre d'enfants visés par la demande	
401	Contribution alimentaire parentale de base selon le revenu disponible des deux parents (ligne 306) et selon le nombre d'enfants (ligne 400) Voir table à l'annexe II	
402	Contribution alimentaire parentale de base de chacun des parents (Ligne 401 X ligne 307)	
403	Frais de garde	
404	Frais d'études postsecondaires	
405	Frais particuliers (Spécifier : _____)	
406	Total des frais (Additionner les lignes 403 à 405)	
407	Contribution de chacun des parents aux frais (Ligne 406 X ligne 307)	

Partie 5 – Calcul de la pension alimentaire annuelle selon le temps de garde

(Identifier la section correspondant à votre situation et ne compléter que cette section. La pension alimentaire à payer calculée conformément à la présente partie présume que le total des frais (ligne 406) est payé par le parent qui reçoit la pension. Dans le cas contraire, effectuer les ajustements requis à la ligne 512.1, 518.1, 526.1, 534.1 ou 552.1, selon votre situation et en donner les motifs.)

Section 1 Garde exclusive
(Remplir cette section si un parent assume plus de 60% du temps de garde à l'égard de tous les enfants)

510	Identifier le parent non gardien («X»)	
511	Contribution alimentaire annuelle des deux parents (Ligne 401 + ligne 406)	
512	Pension alimentaire annuelle à payer par le parent non gardien (Ligne 511 X ligne 307)	
512.1	Pension alimentaire annuelle à payer ajustée Motif : _____	

Partie 5 – Calcul de la pension alimentaire annuelle selons de garde (suite)

Section 1.1 Ajustement pour droit de visite et de sortie prolongé   **PÈRE**   **MÈRE**
(Remplir cette section si le parent non gardien assume un droit de visite et de sortie se situant entre 20% et 40% du temps de garde)

513   Identifier le parent non gardien («X»)

514   Contribution alimentaire annuelle des deux parents
(Ligne 401 + ligne 406)

515   Pourcentage du temps de garde pour l'exercice du droit de visite et de sortie prolongé
(Nombre de jours _____ ÷ 365 X 100)   %

516   Compensation pour droit de visite et de sortie prolongé
(Pourcentage de la ligne 515 _____ – 20% = _____ % X ligne 401)

517   Contribution alimentaire annuelle ajustée des deux parents
(Ligne 514 – ligne 516)

518   Pension alimentaire annuelle à payer par le parent non gardien
(Ligne 517 X ligne 307)

518.1   Pension alimentaire annuelle à payer ajustée
Motif : _____

Section 2 Garde exclusive attribuée à chacun des parents
(Remplir cette section si chacun des parents assume la garde exclusive d'au moins un des enfants)

520   Indiquer le nombre d'enfants sous la garde du père

521   Indiquer le nombre d'enfants sous la garde de la mère

522   Contribution alimentaire parentale de base de chacun des parents
(Ligne 402)

523   Coût moyen par enfant
(Ligne 401 ÷ ligne 400)

524   Coût de la garde pour chaque parent
(Père : ligne 523 X ligne 520)
(Mère : ligne 523 X ligne 521)

525   Pension alimentaire annuelle de base
(Ligne 522 – ligne 524) Inscrire 0 si négatif

526   Pension alimentaire annuelle à payer
(Ligne 525 + ligne 407) Inscrire 0 si ligne 525 égale 0

526.1   Pension alimentaire annuelle à payer ajustée
Motif : _____

Section 3 Garde partagée
(Remplir cette section si chacun des parents assume au moins 40% du temps de garde à l'égard de tous les enfants)

530   Facteur (%) de répartition de la garde
(Père : nombre de jours de garde _____ ÷ 365 X 100)   %
(Mère : nombre de jours de garde _____ ÷ 365 X 100)   %

531   Contribution alimentaire parentale de base de chacun des parents
(Ligne 402)

532   Coût de la garde pour chaque parent
(Ligne 401 X ligne 530)

533   Pension alimentaire annuelle de base
(Ligne 531 – ligne 532) Inscrire 0 si négatif

534   Pension alimentaire annuelle à payer
(Ligne 533 + ligne 407) Inscrire 0 si ligne 533 égale 0

534.1   Pension alimentaire annuelle à payer ajustée
Motif : _____

Partie 5 – Calcul de la pension alimentaire annuelle selons de garde (suite)

Section 4 Garde exclusive et garde partagée simultanées PÈRE MÈRE
(Remplir cette section si au moins un des parents assume la garde exclusive d'au moins un enfant et si les parents assument la garde partagée d'au moins un autre enfant)

540 Coût moyen par enfant
(Ligne 401 ÷ ligne 400)

541 Nombre d'enfants visés par la garde exclusive

542 Coût de la garde des enfants visés par la garde exclusive
(Ligne 540 X ligne 541)

543 Contribution alimentaire de base des parents
(Ligne 542 X ligne 307)

544 Écart entre le coût de la garde et la contribution alimentaire de base
(Ligne 542 – ligne 543) Inscrire 0 si le résultat est négatif

545 Pension alimentaire annuelle de base pour les enfants en garde exclusive
(Père : ligne 544 de la mère – ligne 544 du père)
(Mère : ligne 544 du père – ligne 544 de la mère) Inscrire 0 si le résultat est négatif

546 Nombre d'enfants visés par la garde partagée

547 Coût de la garde des enfants visés par la garde partagée
(Ligne 540 X ligne 546)

548 Facteur (%) de répartition de la garde partagée
(Père : nombre de jours de garde _____ ÷ 365 X 100)   _____ %
(Mère : nombre de jours de garde _____ ÷ 365 X 100)   _____ %

549 Contribution alimentaire parentale de base de chacun des parents pour les enfants en garde partagée
(Ligne 547 X ligne 307)

550 Coût de la garde partagée pour chaque parent
(Ligne 547 X ligne 548)

551 Pension alimentaire annuelle de base
(Ligne 545 + ligne 549 = _____ – ligne 550) Inscrire 0 si négatif

552 Pension alimentaire à payer
(Ligne 551 + ligne 407) Inscrire 0 si ligne 551 égale 0

552.1 Pension alimentaire annuelle à payer ajustée
Motif: _____

Partie 6 – Capacité de payer du débiteur

600 Revenu disponible du parent devant payer la pension alimentaire
(Ligne 305)

601 Multipliez la ligne 600 par 50%

602 Pension alimentaire annuelle à payer selon les calculs d'une des sections de la partie 5

603 Pension alimentaire annuelle à payer
(Inscrire le montant le moins élevé des lignes 601 et 602)

Partie 7 – Entente entre les parents

(Compléter cette partie si les parents conviennent d'un montant de pension alimentaire à payer différent du montant calculé selon l'une des sections de la partie 5 ou de la partie 6 du présent formulaire)

700 Pension alimentaire annuelle à payer

701 Pension alimentaire annuelle à payer selon l'entente convenue entre les parents

702 Indiquer l'écart entre les deux montants
(Ligne 700 – ligne 701)

Partie 7 – Entente entre les parents (suite)

703 Énoncer avec précision les motifs de cet écart :

_____

Partie 8 – État de l'actif et du passif de chaque parent

Section 1 État de l'actif et du passif du père

ACTIF VALEUR

Indiquer l'argent comptant, les sommes en dépôt dans des comptes de banque ou d'autres institutions financières et la valeur marchande des biens par catégories (sans tenir compte des dettes qui y sont rattachées) : immeubles, meubles, automobiles, oeuvres d'art, bijoux, actions, obligations, intérêts dans une entreprise, autres placements, régimes de retraite, régimes d'épargne-retraite, créances, etc.

_____

TOTAL _____

PASSIF VALEUR

Indiquer les dettes ou engagements financiers de toute nature contractés sous forme de prêt ou d'ouverture de crédit (prêt hypothécaire, prêt personnel, marge de crédit, cartes de crédit, ventes à tempérament, cautionnements, etc.) ou que vous devez payer en application d'une loi (dettes fiscales, cotisations, redevances et autres droits impayés, etc.) ou d'une décision d'un tribunal (dommages-intérêts, pensions alimentaires, trop perçu d'assurance-emploi ou de sécurité du revenu, amendes, etc.)

_____

TOTAL _____

Sommaire (Actif – passif) _____

Partie 8 – État de l'actif et du passif de chaque parent (suite)

Section 2 État de l'actif et du passif de la mère

ACTIF   **VALEUR**

Indiquer l'argent comptant, les sommes en dépôt dans des comptes de banque ou d'autres institutions financières et la valeur marchande des biens par catégories (sans tenir compte des dettes qui y sont rattachées) : immeubles, meubles, automobiles, oeuvres d'art, bijoux, actions, obligations, intérêts dans une entreprise, autres placements, régimes de retraite, régimes d'épargne-retraite, créances, etc.

_____

TOTAL

PASSIF   **VALEUR**

Indiquer les dettes ou engagements financiers de toute nature contractés sous forme de prêt ou d'ouverture de crédit (prêt hypothécaire, prêt personnel, marge de crédit, cartes de crédit, ventes à tempérament, cautionnements, etc.) ou que vous devez payer en application d'une loi (dettes fiscales, cotisations, redevances et autres droits impayés, etc.) ou d'une décision d'un tribunal (dommages-intérêts, pensions alimentaires, trop perçu d'assurance-emploi ou de sécurité du revenu, amendes, etc.)

_____

TOTAL

Sommaire (Actif – passif)

Partie 9 – Déclaration sous serment

Je déclare que les renseignements donnés ci-dessus sont exacts et complets, en ce qui me concerne, et je signe :

à

le   ième jour de

_____
Signature du père

Je déclare que les renseignements donnés ci-dessus sont exacts et complets, en ce qui me concerne, et je signe :

à

le   ième jour de

_____
Signature de la mère

Déclaration faite sous serment devant moi

à

le   ième jour de

_____
Signature de la personne habilitée à recevoir le serment

Déclaration faite sous serment devant moi

à

le   ième jour de

_____
Signature de la personne habilitée à recevoir le serment

ANNEXE II

Table de fixation de la contribution
alimentaire parentale de base

LA PENSION ALIMENTAIRE POUR ENFANTS

Table de fixation de la contribution alimentaire parentale de base – 2001

Le taux d'indexation des pensions alimentaires pour l'année 2001 est de 2,5 %.

Revenu disponible des parents ($)	Contribution alimentaire annuelle de base (note 1)					
	Nombre d'enfants					
	1 enfant	2 enfants	3 enfants	4 enfants	5 enfants	6 enfants (note 2)
1 - 1 000	500	500	500	500	500	500
1 001 - 2 000	1 000	1 000	1 000	1 000	1 000	1 000
2 001 - 3 000	1 500	1 500	1 500	1 500	1 500	1 500
3 001 - 4 000	1 990	2 000	2 000	2000	2000	2000
4 001 - 5 000	2 040	2 500	2 500	2 500	2 500	2 500
5 001 - 6 000	2 100	3 000	3 000	3 000	3 000	3 000
6 001 - 7 000	2 190	3 440	3 500	3 500	3 500	3 500
7 001 - 8 000	2 290	3 570	4 000	4 000	4 000	4 000
8 001 - 9 000	2 370	3 700	4 350	4 500	4 500	4 500
9 001 - 10 000	2 440	3 820	4 500	5 000	5 000	5 000
10 001 - 12 000	2 580	4 000	4 740	5 480	6 000	6 000
12 001 - 14 000	2 750	4 280	5 080	5 890	6 710	7 000
14 001 - 16 000	2 940	4 540	5 430	6 310	7 210	8 000
16 001 - 18 000	3 130	4 820	5 790	6 770	7 750	8 700
18 001 - 20 000	3 310	5 090	6 150	7 220	8 280	9 340
20 001 - 22 000	3 500	5 380	6 530	7 680	8 830	9 960
22 001 - 24 000	3 690	5 670	6 900	8 120	9 360	10 590
24 001 - 26 000	3 870	5 950	7 260	8 570	9 890	11 210
26 001 - 28 000	4 070	6 220	7 670	9 090	10 530	11 950
28 001 - 30 000	4 290	6 520	8 050	9 590	11 140	12 670
30 001 - 32 000	4 490	6 800	8 450	10 110	11 750	13 400
32 001 - 34 000	4 680	7 080	8 860	10 610	12 380	14 150
34 001 - 36 000	4 900	7 360	9 240	11 120	12 990	14 860
36 001 - 38 000	5 080	7 650	9 560	11 490	13 420	15 340
38 001 - 40 000	5 280	7 900	9 880	11 860	13 850	15 830
40 001 - 42 000	5 480	8 160	10 210	12 250	14 290	16 340
42 001 - 44 000	5 680	8 430	10 520	12 600	14 700	16 780
44 001 - 46 000	5 860	8 670	10 830	12 990	15 140	17 300
46 001 - 48 000	6 040	8 940	11 160	13 390	15 610	17 840
48 001 - 50 000	6 220	9 160	11 470	13 770	16 080	18 380
50 001 - 52 000	6 400	9 400	11 790	14 180	16 550	18 950
52 001 - 54 000	6 580	9 650	12 100	14 540	17 000	19 460
54 001 - 56 000	6 750	9 880	12 420	14 970	17 500	20 040
56 001 - 58 000	6 920	10 110	12 710	15 300	17 910	20 510
58 001 - 60 000	7 080	10 310	12 990	15 660	18 350	21 010

Table de fixation de la contribution alimentaire parentale de base

Revenu disponible des parents	Contribution alimentaire annuelle de base (note 1)					
	Nombre d'enfants					
	1 enfant	2 enfants	3 enfants	4 enfants	5 enfants	6 enfants (note 2)
60 001 - 62 000	7 240	10 530	13 260	16 010	18 750	21 480
62 001 - 64 000	7 390	10 730	13 560	16 370	19 180	22 010
64 001 - 66 000	7 540	10 950	13 840	16 720	19 600	22 480
66 001 - 68 000	7 590	11 140	14 090	17 050	20 000	22 960
68 001 - 70 000	7 830	11 320	14 350	17 400	20 440	23 480
70 001 - 72 000	7 960	11 510	14 620	17 710	20 830	23 920
72 001 - 74 000	8 100	11 700	14 870	18 050	21 240	24 420
74 001 - 76 000	8 250	11 870	15 140	18 410	21 670	24 930
76 001 - 78 000	8 360	12 020	15 340	18 660	21 970	25 280
78 001 - 80 000	8 480	12 190	15 560	18 930	22 300	25 680
80 001 - 82 000	8 590	12 340	15 760	19 180	22 610	26 040
82 001 - 84 000	8 700	12 490	15 980	19 460	22 940	26 420
84 001 - 86 000	8 850	12 640	16 180	19 710	23 250	26 780
86 001 - 88 000	8 940	12 770	16 350	19 940	23 520	27 110
88 001 - 90 000	9 020	12 890	16 500	20 130	23 740	27 370
90 001 - 92 000	9 110	13 010	16 690	20 350	24 040	27 710
92 001 - 94 000	9 200	13 130	16 840	20 550	24 250	27 960
94 001 - 96 000	9 310	13 250	17 020	20 780	24 540	28 280
96 001 - 98 000	9 380	13 360	17 150	20 950	24 750	28 560
98 001 - 100 000	9 460	13 460	17 290	21 100	24 940	28 780
100 001 - 102 000	9 530	13 550	17 430	21 290	25 170	29 040
102 001 - 104 000	9 600	13 640	17 560	21 450	25 380	29 270
104 001 - 106 000	9 680	13 740	17 690	21 630	25 580	29 510
106 001 - 108 000	9 750	13 840	17 840	21 810	25 810	29 770
108 001 - 110 000	9 820	13 930	17 980	21 980	26 010	30 010
110 001 - 112 000	9 900	14 030	18 120	22 140	26 230	30 260
112 001 - 114 000	9 980	14 120	18 260	22 310	26 460	30 500
114 001 - 116 000	10 060	14 220	18 400	22 490	26 660	30 750
116 001 - 118 000	10 140	14 310	18 530	22 650	26 880	31 010
118 001 - 120 000	10 210	14 410	18 680	22 840	27 090	31 240
120 001 - 122 000	10 280	14 500	18 810	23 000	27 300	31 490
122 001 - 124 000	10 350	14 610	18 950	23 180	27 520	31 730
124 001 - 126 000	10 430	14 710	19 090	23 340	27 740	31 980
126 001 - 128 000	10 510	14 800	19 230	23 510	27 950	32 240
128 001 - 130 000	10 580	14 890	19 370	23 680	28 160	32 480
130 001 - 132 000	10 650	15 000	19 520	23 850	28 370	32 720
132 001 - 134 000	10 720	15 090	19 650	24 040	28 590	32 970
134 001 - 136 000	10 800	15 180	19 780	24 200	28 800	33 210
136 001 - 138 000	10 880	15 270	19 930	24 360	29 020	33 460
138 001 - 140 000	10 950	15 380	20 070	24 550	29 230	33 710

Revenu disponible des parents ($)	Contribution alimentaire annuelle de base (note 1)					
	Nombre d'enfants					
	1 enfant	2 enfants	3 enfants	4 enfants	5 enfants	6 enfants (note 2)
140 001 - 142 000	11 030	15 470	20 200	24 710	29 440	33 950
142 001 - 144 000	11 110	15 570	20 340	24 880	29 660	34 200
144 001 - 146 000	11 180	15 660	20 480	25 040	29 880	34 450
146 001 - 148 000	11 250	15 760	20 630	25 240	30 080	34 700
148 001 - 150 000	11 330	15 860	20 770	25 400	30 310	34 940
150 001 - 152 000	11 410	15 960	20 900	25 560	30 510	35 180
152 001 - 154 000	11 480	16 050	21 030	25 750	30 730	35 420
154 001 - 156 000	11 560	16 150	21 190	25 910	30 960	35 680
156 001 - 158 000	11 630	16 250	21 320	26 080	31 160	35 930
158 001 - 160 000	11 710	16 340	21 450	26 250	31 380	36 170
160 001 - 162 000	11 780	16 430	21 590	26 430	31 590	36 420
162 001 - 164 000	11 850	16 520	21 740	26 600	31 800	36 650
164 001 - 166 000	11 920	16 640	21 880	26 770	32 010	36 910
166 001 - 168 000	11 990	16 730	22 020	26 940	32 240	37 160
168 001 - 170 000	12 070	16 820	22 150	27 110	32 450	37 390
170 001 - 172 000	12 160	16 910	22 290	27 280	32 660	37 650
172 001 - 174 000	12 230	17 020	22 430	27 460	32 860	37 880
174 001 - 176 000	12 310	17 110	22 570	27 620	33 090	38 150
176 001 - 178 000	12 380	17 210	22 700	27 800	33 300	38 390
178 001 - 180 000	12 450	17 310	22 860	27 970	33 510	38 630
180 001 - 182 000	12 530	17 400	22 990	28 140	33 730	38 880
182 001 - 184 000	12 600	17 500	23 130	28 300	33 940	39 120
184 001 - 186 000	12 670	17 590	23 270	28 480	34 150	39 370
186 001 - 188 000	12 760	17 680	23 410	28 660	34 370	39 620
188 001 - 190 000	12 830	17 780	23 540	28 820	34 580	39 860
190 001 - 192 000	12 900	17 880	23 680	29 000	34 800	40 110
192 001 - 194 000	12 980	17 980	23 820	29 170	35 010	40 360
194 001 - 196 000	13 050	18 070	23 970	29 340	35 230	40 600
196 001 - 198 000	13 120	18 170	24 110	29 500	35 430	40 850
198 001 - 200 000	13 190	18 270	24 240	29 680	35 660	41 090
Revenu disponible supérieur à 200 000 $ (note 3)	13 190 plus 3,5 % de l'excédent	18 270 plus 4,5 % de l'excédent	24 240 plus 6,5 % de l'excédent	29 680 plus 8,0 % de l'excédent	35 660 plus 10,0 % de l'excédent	41 090 plus 11,5 % de l'excédent

Note 1
Les montants de contribution alimentaire de base sont indexés de plein droit au 1er janvier de chaque année, suivant l'indice des rentes (a.12). Pour obtenir les nouvelles tables consultez le site Internet du ministère de la Justice : www.justice.gouv.ca/francais/publication.htm

Note 2
Pour les familles de 7 enfants et plus, multiplier l'écart entre 5 et 6 enfants par le nombre d'enfants supplémentaires et ajouter le produit à la contribution alimentaire annuelle de base pour 6 enfants (a.11).

Note 3
Pour la portion du revenu supérieure à 200 000 $, le pourcentage indiqué n'y est donné qu'à titre indicatif (a.10).

ANNEXE III

Documents sur Internet
Accessibles directement par le site
du Centre de médiation Iris Québec, s.e.n.c.
www.mediation-iris.qc.ca

ENFANTS

- Comment aider votre enfant dans une situation de divorce ou de séparation
  www.travel-net.com/~pater/enf-div.htm

- Droit de garde et de visite des enfants

  Dispositions canadiennes sur la garde et les doits de visite : une comparaison législative

  La garde d'enfants et les droits de visite à l'étranger : une comparaison législative

  Pour l'amour des enfants

  Réponse du gouvernement du Canada au Rapport du Comité mixte spécial sur la garde et le droit de visite des enfants
  http://canada.justice.gc.ca/fr/ps/dgve/index.html

- Garde des enfants, droit de visite et pension alimentaire :
  Résultats tirés de l'Enquête longitudinale nationale sur les enfants et les jeunes
  Préparé par Nicole Marcil-Gratton et Céline Le Bourdais
  http://canada.justice.gc.ca/fr/ps/pae/pub/anlsc.pdf

PENSIONS ALIMENTAIRES ET PRESTATIONS POUR LES ENFANTS

- Le modèle québécois de fixation des pensions alimentaires pour enfants
  www.justice.gouv.qc.ca/francais/publicat.htm

- Présentation d'une requête conjointe en exemption selon l'article 3 de la Loi facilitant le paiement des pensions alimentaires
  www.justice.gouv.qc.ca/francais/publicat.htm

- La perception des pensions alimentaires par le ministère du Revenu du Québec
  www1.revenu.gouv.qc.ca/IN0931F.PDF

Pension alimentaire versée pour le bénéfice d'un enfant
www1.revenu.gouv.qc.ca/PZ0041F.PDF

- Lignes directrices fédérales

  Cahier d'application pour les parents (février 1998)
  Cahier d'application détaillé (novembre 1997)
  Guide des nouvelles lignes directrices (mai 1997)
  http://canada.justice.gc.ca/fr/ps/pae/index.html

- Vos prestations familiales, cette année!
  www.rrq.gouv.qc.ca/pdf/publications/famille/aaf.cet.an-f.pdf

---

- L'allocation familiale
  www.rrq.gouv.qc.ca/pdf/famille/aue_broc_f.pdf

RETRAITE

- Régime des rentes du Québec
  Vous vous séparez. Mariés ou conjoints de fait, vous êtes concernés
  www.rrq.gouv.qc.ca/pdf/publications/brochures/separe99f.pdf

---

- Régime de pension du Canada
  Partage des crédits par suite d'un divorce ou d'une séparation
  www.hrdc-drhc.gc.ca/isp/cpp/credit_f.shtml

- Régime de pension du Canada et Sécurité de la vieillesse
  www.hrdc-drhc.gc.ca/isp/common/homex.shtml

VIOLENCE

- Les statistiques :
  des faits troublants;
  www.cam.org/~fede/statistiques/faits.html

---

le cycle de la violence;
www.cam.org/~fede/statistiques/cycle.html

---

les formes de violence
www.cam.org/~fede/statistiques/formes.html

(Fédération des ressources d'hébergement pour femmes violentées et en difficulté du Québec)

- Centre national d'information sur la violence dans la famille. La mise en commun de l'information et des solutions! (plusieurs documents disponibles en format PDF ou HTML)
  www.hc-sc.gc.ca//hppb/violence familiale/

- Extrait des points saillants de la Politique d'intervention en matière de violence familiale
  www.justice.gouv.qc.ca/francais/publicat.htm

MINISTÈRE DE LA JUSTICE

- La demande conjointe en divorce sur projet d'accord

- La filiation

- La médiation familiale

- Le modèle québécois de fixation des pensions alimentaires pour enfants

- Présentation d'une requête conjointe en exemption selon l'article 3 de la Loi facilitant le paiement des pensions alimentaires

- Séparation et divorce

- L'union de fait
  www.justice.gouv.qc.ca/francais/publicat.htm

BARREAU DU QUÉBEC

Documents d'informations juridiques sur divers sujets :
mariage, séparation et divorce, médiation familiale, pension alimentaire, etc.
www.barreau.qc.ca

CHAMBRE DES NOTAIRES DU QUÉBEC

Documents d'informations juridiques sur divers sujets :
régimes matrimoniaux, union de fait, patrimoine familial, etc.
www.cdnq.org

Documents sur Internet

LOIS

- Lois du Québec
  www.justice.gouv.qc.ca/francais/lois.htm

- Loi sur le divorce
  http://canada.justice.gc.ca/FTP/FR/Lois/Titre/D/index.html

- Lignes directrices fédérales sur les pensions alimentaires pour enfants
  http://canada.justice.gc.ca/FTP/FR/Lois/Titre/D/index.html

ANNEXE IV

Comment trouver un médiateur familial

À QUI FAIRE APPEL POUR TROUVER UN MÉDIATEUR FAMILIAL?

Association de médiation familiale du Québec (AMFQ)	6896, Somerled Montréal (Québec) H4V 1V1 Région de Montréal: (514) 866-6769 Ailleurs au Québec: 1-800-667-7559
Barreau du Québec	Maison du Barreau 445, boul. Saint-Laurent Montréal (Québec) H2Y 3T8 Région de Montréal: (514) 954-3400 Ailleurs au Québec: 1 800 361-8495 www.barreau.qc.ca Courriel: infos@barreau.qc.ca
Chambre des notaires du Québec	630, boul. René-Lévesque Ouest, # 1700 Montréal (Québec) H3B 1T6 Région de Montréal: (514) 879-1793 Ailleurs au Québec: 1 800 361-5201 www.cdnq.org Courriel: admin@cdnq.org
Ordre des psychologues du Québec	1100, avenue de Beaumont, bureau 510 Ville Mont-Royal (Québec) H3P 3E5 Région de Montréal: (514) 738-1881 Ailleurs au Québec: 1 800 363-2644 www.ordrepsy.qc.ca Courriel: sercomm@ordrepsy.qc.ca
Ordre professionnel des conseillers et des conseillères en orientation du Québec	1100, avenue de Beaumont, bureau 520 Ville Mont-Royal (Québec) H3P 3E5 www.orientation.qc.ca Courriel: opccoq@orientation.qc.ca

Annexe IV

Ordre professionnel des travailleurs sociaux du Québec	5757, De Celles, bureau 335, Montréal (Québec) H3S 2C3
	Région de Montréal: (514) 731-3925 Ailleurs au Québec: 1 888 731-9420 www.optsq.org Courriel: info.general@optsq.org
Centre de médiation Iris Québec, s.e.n.c.	2750, chemin Sainte-Foy, bur. 263 Sainte-Foy G1V 1V6
	(418) 658-7473 www.mediation-iris.qc.ca Courriel: centre@mediation-iris.qc.ca
Médiation familiale Canada	528, rue Victoria Nord Kitchener (Ontario) N2H 5G1
	(519) 585-3118 www.fmc.ca Courriel: fmc@fmc.ca

OÙ TROUVER UN MÉDIATEUR EN FRANCE

Association pour la médiation familiale (APMF)	11, rue de Baccaria 75012 Paris France tél. 01 43 40 29 32
Institut européen de médiation familiale	26, Route nationale 113 31450 Montgiscard, France
	Tél.: 05 34 66 10 80 Courriel: babu.iemf@wanadoo.fr
CERA FF	Paris tél.: 01 42 63 05 00 fax: 01 42 63 05 44

Références

AHRONS, C. R. et RODGERS, R. H. *Divorced Families, A Multidisciplinary Developmental View*, New York, London, W.W. Norton & Company, 1987.

BOGOLUB, E. B. *Helping Families Through Divorce*, New York, Springer Publishing Company, 1995.

BRIDGES, W. *La conquête du travail*, Montréal, Village Mondial, 1995.

BRILLON, M. *Ces pères qui ne savent pas aimer*, Montréal, Les Éditions de l'Homme, 1998.

CLOUTIER, R. *La dynamique des liens parentaux après la séparation*, Le défi de la coparentalité suite à la rupture du couple, Québec, I.E.M.F. et Centre de médiation Iris, 2000.

DAHL, D. et SYKES, R. *Charting Your Goals*, New York, Perennial Library, 1988.

DE SINGLY, F. *Sociologie de la famille contemporaine*, Paris, Nathan, 1993.

DIRECTION DES COMMUNICATIONS DU MINISTÈRE DE LA JUSTICE. *Le modèle québécois de fixation des pensions alimentaires pour enfants*, Québec, 1997.

EMERY, R. E. *Renegotiating Family Relationships, Divorce, Child Custody and Mediation*, New York, London, The Guilford Press, 1994.

FISHER, R. et Ury, W. *Comment réussir une négociation*, Paris, Seuil, 1982.

FORMATION PERMANENTE DU BARREAU DU QUÉBEC. *Développements récents sur l'union de fait*, Cowansville, Éditions Yvon Blais, 2000.

GOLD, L. *Between Love and Hate, a Guide to a Civilized Divorce*, New York, London, Plenum Press, 1992.

GOLEMAN, D. *L'intelligence émotionnelle*, Paris, R. Laffont, 1997.

JOHNSON, G. B. « American Families. Changes and Challenges », *Families in Society, The Journal of Contemporary Human Services*, Vol. 77, n° 8, octobre 1991.

JUÈS, I. *Tout compte fait. Mémoire en vue de l'obtention du titre de médiatrice familiale*, 2000.
KANIN, R. *Write the Story of your Life*, New York, Hawthorn/Dutton, 1981.
KAUFMAN, J. C. *La trame conjugale : analyse du couple par son linge*, Paris, Nathan, 1992.
LÉVESQUE, A. *Partenaires multiples et projet commun*, Paris, L'Harmattan, 1993.
L'INSTITUT INTERNATIONAL CANADIEN DE LA NÉGOCIATION PRATIQUE, *La gestion des conflits en milieu de travail*, Ottawa, Ministère de la Justice du Canada, 1998 (8).
MALBŒUF, M.-C. « Se séparer, un peu, beaucoup », *La Presse*, 10 mars 1999, Cahier « J'ai le droit », p. 4.
MARCIL-GRATTON, N. *Garder contact avec papa et maman dans un contexte de fragilité des unions*, Le défi de la coparentalité suite à la rupture du couple, Québec, I.E.M.F et Centre de médiation Iris Québec, 2000.
MICHAUD, C. *Le mariage et la famille : des réalités dessoudées*, Recueil de réflexions sur la stabilité des couples-parents, Conseil de la famille, Québec, 1996.
MNOOKIN, R. H. et TORNHAUSER, L. *Divorce Bargaining. The Limits of Private Ordering; The Resolution of Family Conflict*, Comparative Legal Perspectives, Butterworths, Toronto, 1979.
MONBOURQUETTE, J. *Grandir. Aimer, perdre et grandir*, Ottawa, Novalis, 1994.
PARKINSON, L. et BABU, A. *Comment composer avec les réactions des enfants*, Formation aux médiateurs familiaux, Les enfants et la médiation, Institut européen de médiation familiale, 2000.
RÉGIE DES RENTES DU QUÉBEC. 2000. *Allocations familiales, questions fréquentes*, http://www.rrq.gouv.qc.ca
SATIR, V. *Making Contact*, Millbrae, Celestial Arts, 1976.
THÉRY, I. *Couple, filiation et parenté d'aujourd'hui*, Le droit face aux mutations de la famille et de la vie privée, Paris, Éditions Dunod, 1998.

Table des matières

Avant-propos	11
Introduction	13

PHASE 1
La décision de se séparer et le choc de la rupture 17
Chapitre premier - La décision de se séparer 19
   Les signes avant-coureurs de la crise 20

Chapitre 2 - Le choc 29
   Accuser le choc 30
   Tenir le coup 37
   En bref : Le cheminement pendant la période de la prise
      de décision et du choc 48

PHASE 2
La séparation physique : un moment charnière 49
Chapitre 3 - La séparation physique 51
   Incertitude et déstabilisation 52
   Séparation volontaire, imposée ou négociée ? 58
   Les conditions qui facilitent et les conditions qui font
      obstacle à votre séparation physique : un petit test 64
   Comment aborder la question de la séparation physique
      avec votre partenaire ? 73
   La négociation d'une entente temporaire 75
   Les questions fréquemment posées au moment
      de la séparation physique 77
   En bref : le cheminement pendant la période de
      la séparation physique 80

PHASE 3
**La période de transition : ajustement,
réorganisation et négociation**.......................... 83
Chapitre 4 - La médiation familiale :
   un moyen de gérer votre transition...................... 85
   Une nouvelle réalité du jour au lendemain............... 86
   Comment négocier votre transition...................... 87
   La médiation familiale et la négociation
      de votre séparation.................................. 89
   Gérer votre transition à l'aide de la médiation familiale... 100
   Les questions le plus fréquemment posées concernant
      la médiation familiale............................... 101

Chapitre 5 - Où en suis-je avec moi-même ?................ 109
   Les adieux à faire..................................... 110
   Mes émotions... 112
   Mes réactions par rapport au danger.................... 115
   Ma vision de la vie.................................... 117
   Mon étape de vie..................................... 122
   Ma vision du futur.................................... 124
   En bref : le cheminement émotionnel pendant
      la période de transition............................. 127

Chapitre 6 - Du « nous » au « je », redevenir célibataire....... 129
   Votre ancien partenaire ne disparaît pas................. 130
   Vers de nouveaux rapports............................ 131
   Est-il possible de rester amis ?......................... 132
   Des décisions à prendre, des conflits à résoudre......... 135
   Comment réagir ?..................................... 136
   En bref : le cheminement interpersonnel pendant
      la période de transition............................. 143

Chapitre 7 - Toujours parents : la négociation des responsabilités
   parentales.. 145
   Qu'est-ce qu'une famille au XXIe siècle ?................ 146
   Les besoins des enfants lors de la période de transition... 150
   Agir ensemble comme parents quand on
      n'est plus un couple, est-ce possible ?................ 152
   Comment faire pour continuer à être de bons parents ?... 154
   Comment composer avec les réactions des enfants....... 155

Comment aborder le partage des responsabilités parentales	162
Guide du plan d'action parental	163
Questions fréquemment posées concernant le partage du temps de vie des enfants chez chaque parent	173
Les principaux obstacles à la négociation d'un plan d'action parental	176
En bref : le cheminement parental pendant la période de transition	182
Chapitre 8 - La réorganisation financière, un défi de taille	**183**
Les étapes de la réorganisation financière	184
Les décisions financières à prendre	185
Les facteurs qui affecteront votre réorganisation financière	187
Chapitre 9 - Un casse-tête financier : le partage des contributions financières	**195**
Guide de partage des responsabilités financières pour les enfants	196
Comment aborder la question de la pension alimentaire pour le conjoint ?	210
Questions fréquemment posées concernant la pension alimentaire	212
En bref : le cheminement économique pendant la période de transition	216
Chapitre 10 - Le partage des biens : un règlement de comptes au propre et au figuré	**217**
Le partage des biens, une démarche cruciale dans votre transition	218
Comment procéder au partage de vos biens ?	219
Guide du partage des biens	220
Les problèmes fréquemment rencontrés lors du partage des biens	230
Êtes-vous prêts à boucler une entente ?	233
En bref : cheminement de l'organisation matérielle pendant la période de transition	235

PHASE 4
La légalisation 237
Chapitre 11 - Clore pour éclore. La légalisation de votre
    entente 239
    Faire réviser votre entente par un conseiller juridique
        indépendant. 240
    Les avenues qui s'offrent à vous lorsque vous avez
        une entente. 244
    L'importance d'officialiser votre entente. 246
    Comment procéder pour obtenir un jugement du tribunal? . . 246
    Que faire si un changement important survient après
        que vous ayez obtenu votre jugement? 248
    Le jugement est une étape importante, mais la vie continue . . . 248
    En bref: le cheminement pendant la phase de légalisation 249

Conclusion. 250
Ma nouvelle vie 251

ANNEXE I
Formulaire de fixation des pensions alimentaires
    pour enfants. 253

ANNEXE II
Table de fixation de la contribution alimentaire parentale
    de base 261

Annexe III
Documents sur Internet. 265

Annexe IV
Comment trouver un médiateur familial. 271

Références. 275

Psychologie, vie affective, vie professionnelle, sexualité

20 minutes de répit, Ernest Lawrence Rossi et David Nimmons
101 conseils pour élever un enfant heureux, Lisa McCourt
1001 stratégies amoureuses, Marie Papillon
À dix kilos du bonheur, Danielle Bourque
L'adultère est un péché qu'on pardonne, Bonnie Eaker Weil et Ruth Winter
*Aider mon patron à m'aider, Eugène Houde
Aimer et se le dire, Jacques Salomé et Sylvie Galland
Aimer un homme sans se laisser dominer, Harrison Forrest
À la découverte de mon corps — Guide pour les adolescentes, Lynda Madaras
À la découverte de mon corps — Guide pour les adolescents, Lynda Madaras
L'amour comme solution, Susan Jeffers
*L'amour, de l'exigence à la préférence, Lucien Auger
*L'amour en guerre, Guy Corneau
L'amour entre elles, Claudette Savard
Les anges, mystérieux messagers, Collectif
Apprendre à dire non, Marcelle Lamarche et Pol Danheux
Apprenez à votre enfant à réfléchir, John Langrehr
L'apprentissage de la parole, R. Michnik Golinkoff et K. Hirsh-Pasek
L'approche émotivo-rationnelle, Albert Ellis et Robert A. Harper
Arrosez les fleurs pas les mauvaises herbes, Fletcher Peacock
L'art de discuter sans se disputer, Robert V. Gerard
L'art de parler en public, Ed Woblmuth
L'art d'être parents, Dr Benjamin Spock
*Astrologie 2000, Andrée d'Amour
Attention, parents!, Carol Soret Cope
Au cœur de l'année monastique, Victor-Antoine d'Avila-Latourrette
Balance en amour, Linda Goodman
Bébé joue et apprend, Penny Warner
Bélier en amour, Linda Goodman
Bientôt maman, Janet Whalley, Penny Simkin et Ann Keppler
*Le bonheur au travail, Alan Carson et Robert Dunlop
Cancer en amour, Linda Goodman
Capricorne en amour, Linda Goodman
Ces chers parents!..., Christina Crawford
Ces gens qui remettent tout à demain, Rita Emmett
Ces gens qui vous empoisonnent l'existence, Lillian Glass
*Ces hommes qui méprisent les femmes... et les femmes qui les aiment, Dr Susan Forward et Joan Torres
Ces pères qui ne savent pas aimer, Monique Brillon
Cessez d'être gentil, Thomas d'Ansembourg
Ces visages qui en disent long, Jeanne-Élise Alazard
Changer en douceur, Alain Rochon
Changer ensemble — Les étapes du couple, Susan M. Campbell
Changer, oui, c'est possible, Martin E. P. Seligman
Les clés du succès, Napoleon Hill
Comment aider mon enfant à ne pas décrocher, Lucien Auger
Comment communiquer avec votre adolescent, E. Weinhaus et K. Friedman
Comment contrôler l'inquiétude et l'utiliser efficacement, Dr E. M. Hallowell
Comment faire l'amour sans danger, Diane Richardson

*Comment parler en public, S. Barrat et C. H. Godefroy
Comment s'amuser à séduire l'autre, Lili Gulliver
Comment s'entourer de gens extraordinaires, Lillian Glass
Communiquer avec les autres, c'est facile !, Érica Guilane-Nachez
Le complexe de Casanova, Peter Trachtenberg
*Comprendre et interpréter vos rêves, Michel Devivier et Corinne Léonard
La concentration créatrice, Jean-Paul Simard
La côte d'Adam, M. Geet Éthier
Couples en péril réagissez !, Dr Arnold Brand
Découvrez votre quotient intellectuel, Victor Serebriakoff
Découvrir un sens à sa vie avec la logothérapie, Viktor E. Frankl
Le défi de vieillir, Hubert de Ravinel
*De ma tête à mon cœur, Micheline Lacasse
La dépression contagieuse, Ronald M. Podell
La deuxième année de mon enfant, Frank et Theresa Caplan
Développez votre charisme, Tony Alessandra
Devenez riche, Napoleon Hill
*Dieu ne joue pas aux dés, Henri Laborit
Dominez votre anxiété avant qu'elle ne vous domine, Albert Ellis
Les douze premiers mois de mon enfant, Frank Caplan
Les dynamiques de la personne, Denis Ouimet
Dynamique des groupes, Jean-Marie Aubry
En attendant notre enfant, Yvette Pratte Marchessault
*Les enfants de l'autre, Erna Paris
Les enfants de l'indifférence, Andrée Ruffo
*L'enfant unique — Enfant équilibré, parents heureux, Ellen Peck
L'Ennéagramme au travail et en amour, Helen Palmer
Entre le rire et les larmes, Élisabeth Carrier
*L'esprit du grenier, Henri Laborit
Êtes-vous faits l'un pour l'autre ?, Ellen Lederman
*L'étonnant nouveau-né, Marshall H. Klaus et Phyllis H. Klaus
Être soi-même, Dorothy Corkille Briggs
*Évoluer avec ses enfants, Pierre-Paul Gagné
Exceller sous pression, Saul Miller
*Exercices aquatiques pour les futures mamans, Joanne Dussault et Claudia Demers
Fantaisies amoureuses, Marie Papillon
La femme indispensable, Ellen Sue Stern
La force intérieure, J. Ensign Addington
Le fruit défendu, Carol Botwin
Gémeaux en amour, Linda Goodman
Le goût du risque, Gert Semler
Le grand dauphin blanc, Bruno Saint-Cast
*Le grand manuel des cristaux, Ursula Markham
La graphologie au service de votre vie intime et professionnelle, Claude Santoy
Guérir des autres, Albert Glaude
*La guérison du cœur, Guy Corneau
Le guide du succès, Tom Hopkins
*Heureux comme un roi, Benoît L'Herbier
Histoire d'une femme traquée, Gaëtan Dufour
L'histoire merveilleuse de la naissance, Jocelyne Robert
Horoscope chinois 2001, Neil Somerville
Les initiales du bonheur, Ronald Royer
L'insoutenable absence, Regina Sara Ryan

J'ai commis l'inceste, Gilles David
*J'aime, Yves Saint-Arnaud
J'ai rendez-vous avec moi, Micheline Lacasse
Jamais seuls ensemble, Jacques Salomé
Je crois en moi et je vais mieux!, Christ Zois et Patricia Fogarty
Je réinvente ma vie, J. E. Young et J. S. Klosko
Le jeu excessif, Ladouceur, Sylvain, Boutin et Doucet
*Le journal intime intensif, Ira Progoff
Le langage du corps, Julius Fast
Lion en amour, Linda Goodman
Le mal des mots, Denise Thériault
Maman a raison, papa n'a pas tort..., Dr Ron Taffel
Maman, bobo!, Collectif
Les manipulateurs et l'amour, Isabelle Nazare-Aga
Les manipulateurs sont parmi nous, Isabelle Nazare-Aga
Ma sexualité de 0 à 6 ans, Jocelyne Robert
Ma sexualité de 6 à 9 ans, Jocelyne Robert
Ma sexualité de 9 à 12 ans, Jocelyne Robert
La méditation transcendantale, Jack Forem
Le mensonge amoureux, Robert Blondin
Nous divorçons — Quoi dire à nos enfants, Darlene Weyburne
Mère à la maison et heureuse! Cindy Tolliver
Mettez du feng shui dans votre vie, George Birdsall
*Mon enfant naîtra-t-il en bonne santé?, Jonathan Scher et Carol Dix
*Mon journal de rêves, Nicole Gratton
Parent responsable, enfant équilibré, François Dumesnil
Parle, je t'écoute..., Kris Rosenberg
Parle-moi... j'ai des choses à te dire, Jacques Salomé
Parlez-leur d'amour et de sexualité, Jocelyne Robert
Parlez pour qu'on vous écoute, Michèle Brien
Partir ou rester?, Peter D. Kramer
Pas de panique!, Dr R. Reid Wilson
Pensez comme Léonard de Vinci, Michael J. Gelb
Père manquant, fils manqué, Guy Corneau
Petit bonheur deviendra grand, Éliane Francœur
La peur d'aimer, Steven Carter et Julia Sokol
Les peurs infantiles, Dr John Pearce
Peut-on être un homme sans faire le mâle?, John Stoltenberg
*Les plaisirs du stress, Dr Peter G. Hanson
La plénitude sexuelle, Michael Riskin et Anita Banker-Riskin
Poissons en amour, Linda Goodman
Pour en finir avec le trac, Peter Desberg
Pour entretenir la flamme, Marie Papillon
Pourquoi l'autre et pas moi? — Le droit à la jalousie, Dr Louise Auger
Pourquoi les hommes s'en vont, Brenda Shoshanna
Le pouvoir d'Aladin, Jack Canfield et Mark Victor Hansen
Le pouvoir de la couleur, Faber Birren
Le pouvoir de la pensée «négative», Tony Humphreys
Le pouvoir de l'empathie, A.P. Ciaramicoli et C. Ketcham
Préparez votre enfant à l'école dès l'âge de 2 ans, Louise Doyon
*Prévenir et surmonter la déprime, Lucien Auger
Le principe de Peter, L. J. Peter et R. Hull
Les problèmes de sommeil des enfants, Dr Susan E. Gottlieb
Psychologie de l'enfant de 0 à 10 ans, Françoise Cholette-Pérusse

*La puberté, Angela Hines
La puissance de la vie positive, Norman Vincent Peale
La puissance de l'intention, Richard J. Leider
Qui a peur d'Alexander Lowen?, Édith Fournier
Réfléchissez et devenez riche, Napoleon Hill
La réponse est en moi, Micheline Lacasse
Les rêves, messagers de la nuit, Nicole Gratton
Les rêves portent conseil, Laurent Lachance
Rêves, signes et coïncidences, Laurent Lachance
Rompre pour de bon!, Joyce L. Vedral
Ronde et épanouie!, Cheri K. Erdman
*S'affirmer au quotidien, Éric Schuler
S'affirmer et communiquer, Jean-Marie Boisvert et Madeleine Beaudry
S'aider soi-même davantage, Lucien Auger
Sagittaire en amour, Linda Goodman
Scorpion en amour, Linda Goodman
Se comprendre soi-même par des tests, Collaboration
Se connaître soi-même, Gérard Artaud
*Le secret de Blanche, Blanche Landry
Secrets d'alcôve, Iris et Steven Finz
Les secrets de la flexibilité, Priscilla Donovan et Jacquelyn Wonder
Les secrets de l'astrologie chinoise ou le parfait bonheur, André H. Lemoine
Séduire à coup sûr, Leil Lowndes
*Se guérir de la sottise, Lucien Auger
S'entraider, Jacques Limoges
*La sexualité du jeune adolescent, Dr Lionel Gendron
La sexualité pour le plaisir et pour l'amour, D. Schmid et M.-J. Mattheeuws
Si je m'écoutais je m'entendrais, Jacques Salomé et Sylvie Galland
*Superlady du sexe, Susan C. Bakos
Surmonter sa peine, Adele Wilcox
La synergologie, Philippe Turchet
Taureau en amour, Linda Goodman
Te laisse pas faire! Jocelyne Robert
Le temps d'apprendre à vivre, Lucien Auger
Tics et problèmes de tension musculaire, Kieron O'Connor et Danielle Gareau
Tirez profit de vos erreurs, Gerard I. Nierenberg
Tout se joue avant la maternelle, Masaru Ibuka
*Travailler devant un écran, Dr Helen Feeley
Un autre corps pour mon âme, Michael Newton
*Un monde insolite, Frank Edwards
Une vie à se dire, Jacques Salomé
*Un second souffle, Diane Hébert
Verseau en amour, Linda Goodman
*La vie antérieure, Henri Laborit
Vieillir au masculin, Hubert de Ravinel
Vierge en amour, Linda Goodman
Vivre avec un cardiaque, Rhoda F. Levin
Vos enfants consomment-ils des drogues?, Steve Carper et Timothy Dimoff
Votre enfant est-il trop sensible?, Janet Poland et Judi Craig
Votre enfant est-il victime d'intimidation?, Sarah Lawson
Vouloir c'est pouvoir, Raymond Hull
Vous valez mieux que vous ne pensez, Patricia Cleghorn

Santé, beauté

Alzheimer — Le long crépuscule, Donna Cohen et Carl Eisdorfer
L'arthrite, Dr Michael Reed Gach
L'arthrite — méthode révolutionnaire pour s'en débarrasser, Dr John B. Irwin
Au cœur de notre corps, Marie Lise Labonté
Bien vivre, mieux vieillir, Marie-Paule Dessaint
Bon vin, bon cœur, bonne santé!, Frank Jones
Le cancer du sein, Dr Carol Fabian et Andrea Warren
La chirurgie esthétique, Dr André Camirand
*Comment arrêter de fumer pour de bon, Kieron O'Connor, Robert Langlois et Yves Lamontagne
Le corps heureux, Thérèse Cadrin Petit et Lucie Dumoulin
Cures miracles, Jean Carper
De belles jambes à tout âge, Dr Guylaine Lanctôt
*Dites-moi, docteur..., Dr Raymond Thibodeau
Dormez comme un enfant, John Selby
Dos fort bon dos, David Imrie et Lu Barbuto
Dr Dalet, j'ai mal, que faire?, Dr Roger Dalet
*Être belle pour la vie, Bronwen Meredith
La faim de vivre, Geneen Roth
Guide critique des médicaments de l'âme, D. Cohen et S. Cailloux-Cohen
*Guide de la santé (le), Clinique Mayo
L'hystérectomie, Suzanne Alix
L'impuissance, Dr Pierre Alarie et Dr Richard Villeneuve
Initiation au shiatsu, Yuki Rioux
*Maigrir: la fin de l'obsession, Susie Orbach
Maladies imaginaires, maladies réelles?, Carla Cantor et Dr Brian A. Fallon
*Le manuel Johnson & Johnson des premiers soins, Dr Stephen Rosenberg
*Les maux de tête chroniques, Antonia Van Der Meer
Maux de tête et migraines, Dr Jacques P. Meloche et J. Dorion
Millepertuis, la plante du bonheur, Dr Steven Bratman
La médecine des dauphins, Amanda Cochrane et Karena Callen
Mince alors... finis les régimes!, Debra Waterhouse
Perdez du poids... pas le sourire, Dr Senninger
Perdre son ventre en 30 jours, Nancy Burstein
La pharmacie verte, Anny Schneider
Plantes sauvages médicinales, Anny Schneider et Ulysse Charette
Pourquoi les femmes vivent-elles plus longtemps que les hommes?, Royda Crose
*Principe de la technique respiratoire, Julie Lefrançois
*Programme XBX de l'aviation royale du Canada, Collectif
Qi Gong, L.V. Carnie
Renforcez votre immunité, Bruno Comby
Le rhume des foins, Roger Newman Turner
Ronfleurs, réveillez-vous!, Jocelyne Delage et Jacques Piché
La santé après 50 ans, Muriel R. Gillick
Santé et bien-être par l'aquaforme, Nancy Leclerc
Savoir relaxer — Pour combattre le stress, Dr Edmund Jacobson
*Soignez vos pieds, Dr Glenn Copeland et Stan Solomon
Le supermassage minute, Gordon Inkeles
Vaincre les ennemis du sommeil, Charles M. Morin
*Vaincre l'hypoglycémie, O. Bouchard et M. Thériault
Vivre avec l'alcool, Louise Nadeau

---

* Pour l'Amérique du Nord seulement.
(2001/03)

Cet ouvrage a été achevé d'imprimer
au Canada en mars 2001.